S 730

Atlas fol S 215

LES ÊTRES VIVANTS

DES CINQ PARTIES DU MONDE

Paris. — Typographie du MAGASIN PITTORESQUE (J. Charton)
15, rue de l'Abbé-Grégoire.

LES PRINCIPAUX TYPES

DES

ÊTRES VIVANTS

DES CINQ PARTIES DU MONDE

TEXTE EXPLICATIF DE L'ATLAS

PAR

M. EDMOND PERRIER

Professeur au Muséum d'histoire naturelle

PARIS

JOUVET ET Cie, ÉDITEURS

45, RUE SAINT-ANDRÉ-DES-ARTS, 45

M DCCC LXXXII

LES ÊTRES VIVANTS

DES CINQ PARTIES DU MONDE

Quand le géographe a décrit la configuration du globe, assigné à la terre et aux mers leurs limites respectives, déterminé le relief des chaînes de montagnes, suivi les fleuves et les cours d'eau dans leurs méandres capricieux, dessiné le contour des lacs, tracé les limites des États, et jeté sur la carte les noms des peuples et des villes, il n'a accompli, si grande que paraisse son œuvre, que la première partie de sa tâche. Il nous a fait connaître un immense palais dont la grandiose architecture nous étonne, dont les puissantes beautés excitent notre admiration; mais notre œil inquiet demande quels sont les maîtres de ce palais; il lui semble que si le gros œuvre est parfait, ces mille riens qui donnent à la maison habitée quelque chose comme un air de fête font encore défaut; dans ce somptueux décor, il manque cette immense joie que partout la vie sait répandre autour d'elle.

L'esprit n'est satisfait que si le paysage s'anime ; il veut savoir quelles forêts viennent couvrir de leur vert manteau la croupe des montagnes ; il veut entendre le chant des oiseaux, voir la resplendissante parure que mettent les fleurs au front des collines ; il veut qu'on lui dise quels monstres terribles ou quelles gracieuses créatures s'abritent sous le bleu du ciel ; indifférent aux rigueurs des pôles comme à la brûlante chaleur de l'équateur, il veut qu'on évoque pour lui les mille bruits dont la nature emplit son oreille dans les pays habités, et qui tour à tour provoquent la pensée ou en sont comme l'harmonieux accompagnement.

Alors seulement la géographie est complète : la terre devient toute vibrante d'une activité féconde ; chaque contrée apparaît, non plus monotone répétition des contrées voisines, mais affirmant hautement les caractères nouveaux qui la distinguent entre toutes, et dont l'inépuisable variété sera l'éternel attrait des voyages.

Au Nord, l'ours blanc, les phoques, les rennes, les rares lichens, nous rappellent les immenses plaines de glace, l'interminable jour polaire suivi d'une interminable nuit, le soleil tournant en cercle dans le ciel, sans quitter l'horizon durant six mois de l'année, ou disparaissant sans retour durant six autres mois, et laissant à des météores mystérieux le soin d'éclairer d'une pâle lueur les mornes champs de neige.

Au contraire, les lions, les tigres, les panthères, les gigantesques éléphants, les hippopotames, les gracieuses et rapides gazelles, nous ramènent aux bois de palmiers, aux forêts impénétrables, à la puissante végétation des régions tropicales, à leur soleil brûlant, à leurs jours et à leurs nuits régulièrement de douze heures, à leur température égale et constamment élevée; et nous voyons entre ces deux extrêmes, les pôles et l'équateur, s'échelonner la double zone des régions tempérées avec leurs quatre saisons aux jours d'inégale durée, leur été resplendissant de fleurs et de brillants insectes, leur automne où la nature commence à s'engourdir, leur hiver où elle sommeille pour se ranimer au printemps.

Les régions polaires, les zones tempérées et la zone torride ont leurs animaux et leurs végétaux particuliers: l'ensemble des premiers constitue leur *faune*, l'ensemble des seconds constitue leur *flore*. L'homme lui-même éprouve des modifications sous ces climats divers. Le Lapon, l'Esquimau, le Samoyède des régions voisines du pôle nord, se distinguent au premier coup d'œil des habitants du centre et du midi de l'Europe; ceux-ci sont peut-être plus différents encore des nègres du centre de l'Afrique. Mais ce n'est pas seulement d'une zone à une autre que l'on observe de tels changements. Des continents s'étendent sur plusieurs d'entre elles à la fois, et sont séparés par d'immenses étendues d'eau des continents voisins; les êtres qui habitent un même continent peuvent se mélanger entre eux dans une certaine mesure, et leurs divers modes d'association lui donnent une physionomie propre, bien différente de celle des continents qui n'ont avec lui aucune communication.

Dans un même continent, de larges cours d'eau, de hautes montagnes, peuvent établir, d'un district à l'autre, des barrières infranchissables pour certains animaux et certaines plantes; ces districts peuvent donc présenter, à leur tour, une physionomie particulière. L'isolement est encore plus grand dans les îles et dans les lacs, qui possèdent souvent aussi des faunes et des flores spéciales. Enfin, le degré d'élévation au-dessus du niveau de la mer, le voisinage de hautes montagnes, celui de l'Océan, et bien d'autres circonstances, modifient profondément le climat de pays ayant, en apparence, la même position géographique.

Non seulement dans chacune des grandes régions du globe la vie demande une description détaillée, mais il faudrait aussi, par conséquent, pour être rigoureusement exact, diviser ces régions en provinces ou districts dont les flores et les faunes exigeraient une étude spéciale. Cette étude est l'objet de deux vastes sciences, la *géographie botanique* et la *géographie zoologique*, dont les bases sont encore à peine posées, mais dont les progrès sont néanmoins rapides et la marche sûre et précise.

Les animaux et les plantes qui se multiplient dans les diverses régions du globe présentent d'ailleurs entre eux de nombreuses ressemblances permettant de les rapprocher dans des groupes plus ou moins étendus, dont les représentants se modifient à mesure que l'on change de climat, mais que l'on retrouve dans le plus grand nombre des régions du globe. Nous devons jeter un coup d'œil sur les plus importants de ces groupes avant de montrer comment chacun d'eux se trouve représenté dans les diverses parties de la terre.

RACES HUMAINES

Les hommes ne se ressemblent pas absolument partout. Si l'on jette les yeux sur les tableaux I, IV, VII, X et XII, qui représentent des spécimens des habitants des principales contrées du globe, on reconnaît bien vite entre eux des différences profondes. Un examen plus attentif conduit cependant à conclure que, dans chacune des grandes parties du monde, le plus grand nombre des indigènes se ressemblent plus qu'ils ne ressemblent aux hommes des autres pays : aussi, en laissant de côté l'Océanie, formée de petites îles qui semblaient des appendices des grands continents, Blumenbach avait-il cru pouvoir distinguer quatre grandes races d'hommes :

1° La *race blanche* ou *caucasique*, habitant l'Europe;

2° La *race jaune* ou *mongolique*, habitant la plus grande partie du nord et de l'est de l'Asie;

3° La *race rouge* ou *américaine*, propre au nouveau monde;

4° La *race noire* ou *éthiopique*, peuplant l'Afrique, l'Australie et une partie de l'Océanie.

Cette division si simple est loin, malheureusement, de correspondre à l'infinie variété des formes que l'homme peut revêtir. Il est bien vrai que la plupart des Européens sont blancs, ont les cheveux noirs ou blonds et souvent onduleux, la barbe ordinairement abondante, les dents implantées droites dans les mâchoires, le visage ovale ; que beaucoup de peuples de l'Asie ont un teint jaunâtre, les cheveux noirs tout droits, la barbe rare, les yeux obliquement fendus, les pommettes saillantes, le nez long et plat, le crâne court ; que l'Afrique présente un grand nombre d'habitants au teint presque noir, aux cheveux lainus et crépus, à la barbe à peu près nulle, au nez écrasé, aux lèvres grosses et saillantes, aux dents implantées obliquement dans les mâchoires et s'inclinant en dehors ; que les Indiens de l'Amérique ont un teint plus ou moins bistré, et ne ressemblent guère aux hommes des autres pays. Mais nous verrons, en étudiant chaque tableau isolément, combien ces quatre grands types se fondent les uns dans les autres, combien il est difficile de décider entre eux lorsqu'il s'agit d'y ramener certains peuples, et aussi combien leur cadre est étroit lorsqu'on veut y faire rentrer tous les peuples du globe.

L'étude des races humaines a fait aujourd'hui de très grands progrès. On connaît dans tous leurs détails les différences anatomiques que présentent entre eux les hommes ; on a pu apprécier leur degré d'intelligence, on sait quelle parenté existe entre les langues qu'ils parlent, on a scruté minutieusement leurs croyances et leurs traditions. Trois sciences : l'*Anthropologie*, qui étudie surtout les variations de l'organisation humaine ; l'*Ethnographie*, qui s'attache plus particulièrement aux mœurs, aux coutumes et aux institutions politiques ou religieuses ; la *Linguistique*, qui compare les langues, — ont concouru à établir sur des bases solides nos connaissances sur notre espèce. On sait maintenant que certains hommes noirs n'ont de commun que leur couleur; que les peuplades de l'Afrique et de l'Amérique sont extrêmement variées, et l'on a trouvé des représentants des quatre grands types dans les pays les plus éloignés. Nous aurons à signaler ces faits à mesure que nous avancerons dans l'explication des tableaux relatifs à l'espèce humaine.

Il sera commode, néanmoins, pour cette explication, de prendre pour terme de comparaison le blanc, le Mongol, le peau-rouge et le nègre bien caractérisés, et d'indiquer en quoi les hommes que nous aurons à étudier se rapprochent ou s'éloignent de ces types. Dans la race blanche, dans la race mongolique et dans la race noire ainsi définies, on distingue, d'ailleurs, de grandes familles dont les représentants ont en commun certains traits généraux, certaines qualités intellectuelles, et parlent souvent des langues évidemment de même origine.

Dans la race blanche, il y a ainsi une branche *indo-européenne* à laquelle nous appartenons, une branche *sémitique* dont les principaux représentants sont les Juifs et les Arabes, et un assez grand nombre de branches secondaires, telles que les peuples chamitiques, les Basques (carte du tableau I, II), etc., qui se laissent difficilement rattacher à ces branches principales.

Les *Aryas* bruns, premiers représentants de la race indo-européenne, sont partis de l'Asie, où ils ont fondé la civilisation hindoue, et, apportant avec eux l'usage du bronze, se sont répandus sur l'Europe sous les noms de Thraces, d'Hellènes, de Ligures, de Celtes (I et III), de Slaves (V), auxquels sont venus ensuite se mêler les *Germains* blonds (IV), dont l'origine aryenne est moins certaine.—Les Sémites ont également une origine asiatique et se sont répandus surtout au nord de l'Afrique.

De même, la race jaune comprend deux divisions : l'une, peuplant le centre, l'est et une partie du midi de l'Asie, est la branche *mongole* proprement dite; l'autre, confinée dans les régions froides de l'hémisphère boréal et habitant même les régions avoisinant le pôle, est la *race hyperboréenne*, dont les Lapons, les Esquimaux, les Samoyèdes, sont des représentants.

La branche mongole se divise elle-même en plusieurs rameaux différents par la physionomie, le langage et les coutumes : 1° le rameau ouralo-altaïen, où viennent se ranger les Tartares, les Kalmouks, les Turcs, les Finnois auxquels se rattachent les Magyars ou Hongrois; 2° le rameau *japonais*; 3° le rameau *chinois*, auquel se rattachent les Chinois, les peuples de l'Indo-Chine, etc.; 4° le rameau malais, qui a peuplé une partie de l'Asie orientale, conquis Madagascar et occupé la Polynésie.

Une partie des peuplades américaines rappelle par certains traits la race jaune, par d'autres la race blanche; on retrouve parmi elles les yeux petits et parfois obliques, les cheveux noirs, longs et plats, et même le teint jaune des peuples mongoliques; mais le nez est généralement saillant au lieu d'être aplati, il est même parfois aquilin; d'autre part, la capacité du crâne est moindre et la boîte crânienne est souvent artificiellement déformée. Quant au teint, que l'on donne habituellement comme rouge et qui avait motivé la dénomination de *race rouge*, correspondent à celles de races blanche, jaune et noire, il est très variable et n'a paru uniformément rouge qu'en raison de l'habitude, très répandue chez les sauvages américains, de se peindre entièrement le visage. Les Botocudos sont naturellement d'un jaune pâle, les Californiens presque noirs.

Il existe des hommes au teint noir dans toute l'Afrique, et principalement dans les parties centrale et méridionale de ce vaste continent; une partie de l'Océanie a reçu le nom de Mélanésie parce qu'on l'a crue presque exclusivement habitée par des nègres, et les naturels de l'Australie ne sont pas moins foncés en couleur que les habitants de la Nigritie; mais ces nègres sont profondément différents des nègres d'Afrique.

En Afrique même, en dehors des Hottentots, des Boschimans et de quelques types du centre de l'Afrique, tels que les Peuls, qui méritent d'être mis à part, on distingue deux types de nègres bien accusés : le type *nigritien* et le type *cafre*. Les Yoloffs, les habitants du Dahomey et du Darfour, les Fantis, les Ashantis, etc., appartiennent au type nigritien. Les Zoulous peuvent être considérés comme le type des Cafres. Les Cafres sont intellectuellement très supérieurs aux Nigritiens : leur crâne est beaucoup plus volumineux, leur physionomie moins bestiale, leurs dents implantées moins obliquement dans les alvéoles, leurs lèvres moins grosses et moins saillantes.

Les Hottentots et les Boschimans, bien que présentant certains caractères des nègres, ne sont pas noirs, mais jaunes; ils ont une physionomie plus bestiale encore que celle des nègres les plus inférieurs, et les femmes sont affectées, surtout chez les Boschimans, de difformités toutes spéciales. Leurs cheveux crépus sont implantés par touffes au lieu de naître uniformément sur la surface du crâne. Les peuples nains du centre de l'Afrique, Akkas, Babongos, etc., paraissent se rattacher au même type que les Boschimans.

Les nègres de l'Océanie appartiennent aussi à deux types bien nets, le type *papou* et le type *négrito*, auxquels il faut ajouter le type australien et le type tasmanien; ce dernier est aujourd'hui entièrement éteint. Les Papous, dont le type le plus pur se trouve aux îles Salomon, aux Nouvelles-Hébrides, et se mélange un peu de négrito à la Nouvelle-Guinée, ont une taille élevée, des formes souvent athlétiques, un teint noir ou chocolat; leurs cheveux sont implantés par touffes de même que les poils assez abondants qui se trouvent sur leur corps; ils sont frisés, mais s'allongent autour de la tête par touffes divergentes, de manière à former ces vastes perruques qui ont fait désigner leur tête sous le nom de *tête en vadrouille*.

Les *négritos* des îles Andaman, de la presqu'île de Malacca, des Philippines, etc., sont de petite taille ($1^{m}47$ en moyenne); ils ont le teint noir, les cheveux laineux, ne se développant pas en vadrouille comme ceux des Papous, mais cependant implantés par touffes comme les leurs. Leur barbe est rare et leur corps presque entièrement dépourvu de poils.

Les Australiens se distinguent parmi tous les nègres par leurs cheveux lisses, droits ou légèrement frisés, et l'abondance des poils qui couvrent leur corps. Ils ont, d'ailleurs, à un haut degré les caractères du nègre : nez épaté, lèvres épaisses et saillantes, dents obliques, etc. On doit les considérer comme une des formes les plus inférieures que l'espèce humaine puisse revêtir.

Les Tasmaniens étaient plus grands, et leurs cheveux, au lieu d'être droits et lisses, s'enroulaient en tire-bouchons tombant tout autour de la tête.

Tels sont les principaux types qu'il convient de signaler dans les races humaines; nous indiquerons, en étudiant chaque région du globe en particulier, les mélanges qui ont eu lieu, les formes de transition qui viennent se placer entre les types extrêmes que nous venons de décrire rapidement, enfin les types spéciaux d'une importance secondaire.

LES ANIMAUX

Les animaux peuvent être répartis en sept grandes divisions, qui sont les suivantes :

1. — Protozoaires.
2. — Zoophytes.
3. — Echinodermes.
4. — Arthropodes.
5. — Vers.
6. — Mollusques.
7. — Vertébrés.

Les *Protozoaires* sont tous des animaux presque microscopiques.

Les *Zoophytes* comprennent les éponges, les hydres, les méduses, les madrépores, etc., presque tous sont marins.

Parmi les *Échinodermes*, on range principalement les étoiles de mer et les oursins, dont aucune espèce n'habite les eaux douces ou la terre. Nous n'aurons pas occasion d'en parler dans l'étude que nous devons faire des continents.

Les crevettes, les langoustes, les écrevisses, les crabes, qui sont les principaux types de la classe des CRUSTACÉS; les scorpions, les araignées, qu'on réunit en une classe sous le nom d'ARACHNIDES; les mille-pattes ou MYRIAPODES; enfin les INSECTES, sont des *Arthropodes*. On trouve à la fois, dans cette grande division du règne animal, des espèces exclusivement marines, d'autres qui vivent dans les eaux douces, d'autres qui sont exclusivement terrestres. La plupart des Myriapodes, des Arachnides et des Insectes sont dans ce dernier cas; presque tous les Crustacés sont, au contraire, aquatiques ou même marins. Les Arthropodes jouent dans la nature un rôle considérable. Le voyageur ne peut passer indifférent à côté de ces myriades d'insectes que nourrissent les régions chaudes et tempérées, et dont les uns charment ses yeux, comme les magnifiques papillons des régions tropicales, tandis que d'autres, comme les moustiques, les punaises, les puces, etc., le harcèlent de leurs piqûres. De grosses araignées, des scorpions, des scolopendres, forcent son attention par les douloureuses blessures qu'ils peuvent lui faire, tandis que les vers à soie, les cochenilles, les abeilles, se recommandent par leur utilité. Mais le nombre des Arthropodes est tel qu'on ne saurait songer à citer tous ceux qui, dans un pays, méritent d'être signalés; ce n'est que par exception que nous pourrons indiquer ceux qui sont tout à fait hors de pair par une raison quelconque.

En dehors des vers de terre, dont certaines espèces, au Brésil, à la Guyane, à la Nouvelle-Calédonie, dépassent un mètre de long; des sangsues, dont quelques-unes, à Ceylan et dans le sud de l'Asie, se tiennent cachées dans les buissons, à l'affût des mammifères et des hommes dont elles sucent le sang, les *Vers* sont presque tous aquatiques et passent facilement inaperçus.

Quant aux *Mollusques*, qui produisent les coquillages si connus de tous, ils sont presque aussi multipliés que les Arthropodes; mais leurs espèces les plus nombreuses et les plus intéressantes au point de vue de leurs rapports avec l'homme, sont marines.

C'est donc presque entièrement dans une seule des grandes divisions du règne animal, celle des *Vertébrés*, que se trouvent réunis les êtres les plus intéressants, ceux qui frappent l'œil le moins exercé et fournissent à l'homme ses plus précieuses ressources, mais lui font, en revanche, courir les plus grands dangers. La division des Vertébrés comprend, en effet, ces animaux que les naturalistes désignent, comme tout le monde, sous les noms de *poissons*, de *batraciens*, de *reptiles*, d'*oiseaux*, de *mammifères*.

Les *poissons* vivent dans l'eau; ils sollicitent rarement d'eux-mêmes l'attention : aussi ne les signale-t-on d'ordinaire que lorsqu'ils sont l'objet d'une pêche importante, comme le saumon ou l'esturgeon (pl. II, fig. 25).

Les *batraciens*, c'est-à-dire les animaux voisins des salamandres, des crapauds et des grenouilles, sont généralement de petite taille ; leur utilité est presque nulle, leur forme diffère peu de celle des animaux correspondants de nos pays; on a rarement occasion de les remarquer : ainsi, les reptiles, les oiseaux et les mammifères demeurent les classes caractéristiques sur lesquelles il est important de donner quelques détails.

REPTILES

Les Reptiles sont des Vertébrés à peau écailleuse ou même défendue par des plaques osseuses, généralement pourvus de quatre pattes, menant pour la plupart une existence terrestre, incapables dans tous les cas de respirer dans l'eau, pondant des œufs comme les oiseaux, et dont la température intérieure demeure voisine de celle de l'air dans lequel ils vivent.

On les divise en *Ophidiens* ou *Serpents*, *Sauriens* ou *Lézards*, *Crocodiliens*, et *Chéloniens* ou *Tortues*.

Les *Ophidiens* sont tous dépourvus de membres ou ne présentent que des rudiments à peine visibles de membres postérieurs, comme les pythons d'Afrique. On trouve de ces animaux dans toutes les régions du globe : beaucoup sont inoffensifs ; mais les *boas*, les *eunectes* et les *pythons* atteignent des dimensions qui les rendent redoutables même pour de gros animaux. L'homme est rarement attaqué par ces grands reptiles ; il est, au contraire, fréquemment victime de serpents beaucoup plus petits, n'ayant en général qu'une taille modeste, mais dont la morsure, toujours grave, est très souvent mortelle, surtout dans les pays chauds. Ces *serpents venimeux* sont armés de dents situées tantôt sur le devant de la bouche, tantôt plus ou moins en arrière, traversées par un canal ou creusées d'une gouttière qui communique avec une glande à venin ; le reptile, frappant sa victime de ses crocs, inocule le poison dont les effets ne se font guère attendre. Quelques minutes suffisent pour amener la mort d'un homme vigoureux mordu par un *serpent à sonnettes* ou un *cobra-capello*. La cautérisation, une ligature appliquée au-dessus de la morsure, une succion énergique destinée à extraire le venin qu'on peut avaler sans crainte si l'on n'a aucune écorchure à la bouche, peut-être une injection sous-cutanée de permanganate de potasse : voilà les seuls remèdes certains contre ces terribles empoisonnements.

Tous les *Sauriens* sont des animaux inoffensifs. Quelques-uns, comme les *orvets* de nos pays, manquent de pattes et ont tout l'aspect des serpents, dont ils diffèrent surtout par divers traits de leur organisation interne ; d'autres, appartenant aux familles des Chalcidiens ou des Scincoïdiens, n'ont que des pattes très courtes, mal conformées, ou n'en possèdent qu'une seule paire, tantôt antérieure, tantôt postérieure ; le plus grand nombre ont quatre pattes, terminées par des doigts allongés munis de griffes ou même, chez les *geckos*, d'organes d'adhérence qui permettent à l'animal de grimper sur des parois verticales bien lisses, ou de courir, à la façon des mouches, sur les plafonds.

Les sauriens sont ordinairement fort agiles pendant l'été ; ils grimpent aisément, se nourrissent d'insectes et d'autres petits animaux ; il en est même qui ne dédaignent pas un régime végétal, et ce ne sont pas ceux qui atteignent la moindre taille ; toutefois, cette taille, qui peut descendre à moins d'un décimètre, ne s'élève guère, même chez les plus grandes espèces, au-dessus d'un mètre.

Les *Crocodiliens* comptent, au contraire, parmi les plus grands animaux : les *gavials* du Gange (pl. VIII, fig. 34) dépassent huit mètres de long. Les Crocodiliens ont tous l'aspect extérieur de véritables lézards. Cependant leur queue puissante et comprimée, leurs doigts réunis par une membrane et constituant un pied palmé comme celui des canards, indiquent des animaux de mœurs aquatiques. Tandis que les sauriens affectionnent les endroits secs et chauds, les crocodiliens se tiennent au contraire sur les rives des fleuves, se plongent dans leurs eaux, sous lesquelles ils peuvent demeurer assez longtemps sans respirer. Ils attendent, immobiles, à demi cachés parmi les herbes, que quelque animal vienne se désaltérer, pour se jeter sur lui, le saisir dans leurs puissantes mâchoires et le dévorer. Des enfants, des femmes, des hommes même, ont été souvent victimes de la voracité des crocodiles de l'Afrique et des caïmans d'Amérique. Divers traits de l'organisation des crocodiles, et notamment la perfection de leur appareil circulatoire, mettent ces animaux bien au-dessus des sauriens.

Il en est de même des *Chéloniens* ou *Tortues*. Tout le monde connaît ces êtres bizarres enfermés entre leur *carapace* bombée, osseuse, résistante, et leur *bouclier* aplati, au corps large et court, aux mâchoires dépourvues de dents, aux lèvres garnies d'un bec corné comme celui des oiseaux, aux pattes courtes et robustes, aux mouvements lents et mesurés. Il y a des tortues marines, comme la *tortue luth*, la *tortue franche* et le *caret*, qui atteignent une taille énorme; d'autres tortues vivent dans les eaux douces, et quelques-unes, telles que les *trionyx*, sont à craindre à cause de leur cruelle morsure; d'autres enfin sont exclusivement terrestres. La forme des extrémités distingue bien nettement ces animaux les uns des autres; les doigts, bien que courts et robustes chez les tortues terrestres, sont généralement palmés chez les tortues d'eau douce, et l'ensemble du membre est converti, chez les tortues marines, en une puissante nageoire. Les tortues demeurent au-dessous des crocodiles au point de vue de la perfection de l'organisation ; on en connaît qui se nourrissent d'animaux vivants, d'autres de végétaux. La pêche et la chasse de la tortue sont pratiquées avec profit partout où l'on trouve quelques-uns de ces animaux de grande taille. Ce sont les espèces marines que l'on poursuit plus particulièrement.

Les œufs qu'elles viennent déposer à terre sont recherchés avec avidité dans certaines îles du Pacifique, et l'animal est souvent capturé lui-même au moment où, sa ponte achevée, il retourne vers la mer.

OISEAUX

L'Oiseau, couvert de plumes, marchant sur deux pieds, muni d'ailes avec lesquelles il peut généralement se soutenir et progresser rapidement dans les airs, dépourvu de dents, mais armé d'un bec qui atteint chez quelques espèces (toucans, calaos) d'énormes proportions ; l'Oiseau, si remarquable par sa tendre sollicitude pour ses petits, est trop connu pour avoir besoin d'être défini. L'organisation de ces êtres presque toujours gracieux est d'une remarquable uniformité, quand on la compare à celle des Reptiles, avec qui ils ne sont pas sans analogie, et surtout à celle des Poissons. Certaines particularités ne permettent pas moins de diviser les oiseaux en groupes qui sont assez bien caractérisés.

On sépare d'abord des autres oiseaux, sous le nom de COUREURS, ceux qui ne volent jamais, comme l'*autruche*, le *casoar*, et l'on range auprès d'eux d'autres oiseaux dont les ailes sont encore plus réduites et cachées sous les plumes du corps, mais dont l'organisation est toute spéciale, tels que les *Apteryx* de la Nouvelle-Zélande.

Les oiseaux ordinaires, plus ou moins bien organisés pour le vol, se divisent alors en ordres qui sont les suivants :

1° *Gallinacés;* — 2° *Pigeons ;* — 3° *Echassiers ;* — 4° *Palmipèdes ;* — 5° *Grimpeurs ;* — 6° *Passereaux ;* — 7° *Rapaces.*

Les *Gallinacés* sont des oiseaux au vol lourd, aux ailes arrondies au sommet, au bec assez long, fort, recourbé à la pointe, aux pattes robustes, aux ongles larges et plats. Ils vivent de grains, d'herbes et d'insectes, et dévorent même quelquefois de petits animaux tels que les lézards ; on peut donc les considérer comme à peu près omnivores, quoique le régime végétal soit chez eux prédominant. A cet ordre appartiennent beaucoup de nos oiseaux de basse-cour : les *poules*, les *pintades*, les *paons*, les *dindons*, les *faisans*, et un assez grand nombre d'oiseaux sauvages bien connus, les *cailles*, les *perdrix*, les *gélinottes*, les *coqs de bruyère*, les *lagopèdes*, les *argus*, les *hoccos*, etc. Leurs petits naissent en état de marcher ; ils mangent déjà tout seuls.

Les *Pigeons* ont de grandes ressemblances avec les gallinacés, auxquels on les réunit assez souvent. Mais ils se distinguent par leur bien plus grande aptitude au vol, leurs ailes pointues au bout, leurs pattes petites et peu faites pour la marche, leur bec plus faible, mou, bombé autour des narines, et quelques autres particularités de structure. Ils sont généralement aussi de moindre taille, et leurs petits naissent dans un état de faiblesse qui contraste avec l'agilité des jeunes poussins. Les pigeons vivent par couples qui s'associent parfois en bandes nombreuses, construisent des nids sur les arbres ou dans les rochers élevés, et entreprennent souvent de longs voyages périodiques que l'on nomme des *migrations*. Leur nourriture se compose à peu près exclusivement de graines et de semences. On en trouve dans toutes les parties du monde, et leur plumage est quelquefois splendide.

Les *Echassiers* sont essentiellement des oiseaux de rivage. Quelques-uns cependant, tels que les *outardes* et les *râles des genêts*, sont presque aussi terrestres que les gallinacés, auxquels ils ressemblent encore par plusieurs traits de leur organisation et par leurs habitudes. Il en est de même des *bécasses*, qui s'éloignent beaucoup plus des gallinacés, et à qui la longueur de leur bec et la position de leurs yeux donnent une physionomie toute particulière. Ces échassiers terrestres ont d'ailleurs des voisins qui habitent franchement les alentours des cours d'eau et des étangs, cherchent surtout dans l'eau leur nourriture, et les rattachent ainsi aux représentants les plus caractérisés du groupe. Les échassiers doivent leur nom à la longueur souvent extraordinaire de leurs jambes, qui les fait paraître comme montés sur des échasses. Leur cou s'allonge naturellement comme leurs jambes, sans cela ils ne pourraient fouiller la vase avec leur bec, qui présente aussi le plus souvent une grande longueur. Les *grues*, les *hérons*, les *cigognes*, donnent une idée bien nette de ce qu'on entend par le mot *échassier*. Les échassiers nous font assister au passage d'oiseaux se nourrissant indifféremment, comme les outardes, de graines et d'insectes, à des oiseaux exclusivement insectivores, et à d'autres qui se nourrissent surtout de grenouilles et de poissons ou même de petits mammifères, comme les hérons et les cigognes. Leur vol est quelquefois assez puissant et ils entreprennent de longs voyages. Il en est qui ne se bornent pas à marcher dans l'eau, mais qui savent aussi fort bien nager, et dont les doigts sont réunis par une membrane, comme ceux de nos canards.

Ce dernier trait d'organisation est le caractère fondamental de l'ordre des *Palmipèdes*. Les oiseaux qui composent ce dernier ordre sont vraiment les oiseaux aquatiques. Tous sont d'habiles nageurs ; quelques-uns même, tels que les *pingouins* et les *manchots*, ne volent pas et se servent de leurs courtes ailes comme de nageoires. D'autres doivent compter parmi les oiseaux qui ont le vol le plus puissant : les *frégates*, les *fous*, etc., ont les ailes tellement longues qu'ils ont de la peine à prendre leur essor lorsqu'ils sont à terre ; ce sont, comme les pingouins et les manchots, des oiseaux de mer. Beaucoup de palmipèdes vivent dans les marécages, sur les étangs et les rivières ; mais c'est au bord de la mer que se trouvent les espèces les plus nombreuses et les plus variées. Quelques-uns, comme les *oies* et les *canards*, sont à peu près omnivores et s'accommodent fort bien du régime ordinaire de nos basses-cours ; mais les oiseaux de mer vivent exclusivement de chair : les uns se contentent des innombrables vers et mollusques qui abondent sur les plages ; les autres dévorent avidement tous les débris d'animaux que les vagues apportent sur le rivage ; les plus forts sont de véritables carnassiers qui pêchent habilement le poisson et en font une énorme destruction. Les *albatros*, qui appartiennent à ce groupe, sont les plus grands des oiseaux doués de la faculté de voler.

Le nombre des oiseaux *Grimpeurs* est peu considérable. Ces oiseaux sont caractérisés par la disposition de leurs doigts, dont deux sont dirigés en avant et deux en arrière. Les *coucous*, les *pics*, les *toucans* au bec énorme, et les *perroquets* dont on fait quelquefois un ordre spécial, sont les plus remarquables grimpeurs. Les uns sont insectivores, les autres, les perroquets notamment, sont granivores.

A l'ordre des *Passereaux* se rattachent tous nos petits oiseaux chanteurs et aussi quelques autres de taille assez considérable, comme les *corbeaux*, les *geais*, les *pies*, les *calaos*. Tous ces petits êtres volent parfaitement ; ils passent presque toute leur vie sur les arbres où ils perchent, et sautent plutôt qu'ils ne marchent. C'est parmi eux que l'on trouve, aussi bien que des chanteurs sans rivaux comme le *rossignol* et l'*oiseau moqueur*, les plus habiles constructeurs de nids. Beaucoup, tels que les *oiseaux-mouches*, les *colibris*, les *souïs-mangas*, les *oiseaux de paradis*, etc., sont ornés des couleurs les plus éclatantes.

Les formes des passereaux sont tellement variées qu'elles défient toute description : leur régime alimentaire n'est pas moins différent avec les espèces. Tandis que les *martins-pêcheurs* vivent de poissons, à la manière de certains palmipèdes, les passereaux au bec fort, résistant et conique, que l'on appelle pour cette raison *conirostres*, vivent de grains; les *hirondelles*, au bec largement fendu, les *rossignols*, les *fauvettes* et autres *becs-fins*, se nourrissent d'insectes; les *corbeaux* se repaissent des cadavres à demi putréfiés des grands animaux, et les *pies-grièches*, malgré leur faible taille, ajoutent fréquemment de petits oiseaux aux insectes qui forment le fond habituel de leurs repas.

Nous sommes ainsi conduits aux oiseaux qui vivent exclusivement de chair et que l'on nomme, pour cette raison, des *Rapaces* ou *oiseaux de proie*. Ceux-là sont reconnaissables à leur bec fort, tranchant, crochu au bout, à leurs pattes robustes, terminées par des ongles recourbés et pointus. Les uns sont *nocturnes*, ont un plumage lâche, de gros yeux, un bec à demi caché dans les plumes de la tête, et un vol silencieux et peu soutenu : ce sont les *hibous*, les *grands-ducs*, les *chouettes*, etc.; les autres volent par la plus grande clarté du jour, planent au plus haut dans les airs et parcourent rapidement d'énormes distances. Leur taille, moyenne ou même petite chez beaucoup d'espèces, peut devenir considérable chez quelques autres; les *aigles*, les *gypaëtes*, les *vautours*, comptent parmi les plus grands oiseaux. Les vautours et quelques rapaces voisins se contentent ordinairement de chair morte; on a vu, au contraire, les aigles enlever des faons, des agneaux et jusqu'à des enfants de six à huit ans.

MAMMIFÈRES

Les Mammifères sont couverts de poils, à part quelques cas rares où la peau est à peu près nue, et d'autres où les poils se transforment soit en piquants comme chez le *hérisson* ou le *porc-épic*, soit en écailles comme chez les *pangolins* d'Afrique et d'Asie. Leurs mâchoires sont armées de dents de diverses sortes ; leur corps présente généralement quatre membres terminés par des doigts munis d'ongles, membres qui peuvent, dans certains cas, se convertir en nageoires comme on le voit chez les *baleines*, ou en organes de vol comme cela arrive chez les *chauves-souris*.

Au lieu de pondre des œufs comme les autres vertébrés dont nous nous sommes occupés jusqu'ici, les Mammifères mettent au monde des petits vivants et les nourrissent à l'aide d'un liquide spécial, le *lait*, que produisent des glandes en nombre proportionné à celui des petits et qu'on appelle des *mamelles*. Les *baleines*, les *cachalots*, les *marsouins*, les *dauphins* et les animaux analogues ont des mamelles, et c'est une des raisons les plus apparentes pour lesquelles on ne saurait les rapprocher des poissons, auxquels ils ne ressemblent que par leurs habitudes aquatiques et la forme extérieure de leur corps.

Les Mammifères se divisent en trois groupes :

1° Les *Monotrèmes*, qui ne comprennent que les *ornithorhynques* et les *échidnés*, singuliers animaux dont nous parlerons à propos de l'Australie ;

2° Les *Marsupiaux*, propres à l'Amérique et à l'Australie, qui naissent à peine formés et passent ensuite un certain temps dans une poche que leur mère présente sous le ventre, et où ils demeurent accrochés à ses mamelles ;

3° Les *Mammifères ordinaires* ou **placentaires**.

Ces derniers se répartissent à leur tour en plusieurs ordres qui sont les suivants : 1° les *Édentés*, 2° les *Cétacés*, 3° les *Pachydermes*, 4° les *Ruminants*, 5° les *Rongeurs*, 6° les *Insectivores*, 7° les *Cheiroptères*, 8° les *Carnassiers*, 9° les *Quadrumanes*.

Les *Édentés* peuvent être considérés comme les plus inférieurs des mammifères, au moins au point de vue des facultés intellectuelles. Leur nom provient de ce qu'ils manquent de dents sur le devant de la bouche ; quelques-uns, les *fourmiliers*, manquent même totalement de ces organes. En revanche, les *tatous*, loin d'être complètement édentés, comme le nom de l'ordre semblerait l'indiquer, présentent au contraire plus de dents que tous les autres mammifères terrestres : le nombre total de leurs dents peut atteindre à *cent*. A la vérité ces dents sont fort semblables entre elles, au lieu d'être différentes les unes des autres comme celles des autres mammifères. C'est dans l'ordre des édentés que viennent se ranger les plus singuliers mammifères ; le régime de la plupart d'entre eux est insectivore ; quelques-uns cependant ne mangent que des feuilles.

L'ordre des *Cétacés* comprend les mammifères aquatiques, presque tous marins, qui sont dépourvus de membres postérieurs et dont la queue aplatie horizontalement est transformée en nageoire. Il y a parmi eux de véritables édentés, les *baleines*, par exemple, dont les mâchoires sont seulement garnies de curieuses productions cornées nommées les *fanons* ; d'autres ont, au contraire, des dents fort nombreuses et à peu près semblables entre elles ; ils sont à cet égard comparables aux tatous ; les *marsouins* et les *dauphins* sont dans ce cas ; les *cachalots* n'ont de dents qu'à la mâchoire inférieure. Les cachalots se nourrissent de calmars ; les marsouins et les dauphins ajoutent des poissons à ce régime ; les baleines ne mangent, au contraire, malgré leur énorme taille, qui peut aller jusqu'à trente mètres, que de petits crustacés et autres frêles animaux nageurs qui voyagent par bandes immenses dans la mer, et dont elles engloutissent des milliers à chaque bouchée. Les *lamantins* sont des cétacés herbivores qui remontent les grands fleuves des pays chauds.

C'est dans l'ordre des *Pachydermes* que l'on rencontre les plus grands mammifères terrestres. Ces animaux sont herbivores : leur peau est épaisse ; les extrémités de leurs doigts sont enfermées dans des sabots, et leurs deux mâchoires présentent des dents sur le devant de la bouche. Ils ne portent jamais de cornes sur le front, mais les *rhinocéros* ont sur le nez une ou deux cornes que l'on peut considérer comme une masse de poils modifiés et soudés entre eux. Les plus grands pachydermes, ceux dont la peau est le plus épaisse, n'ont que des poils extrêmement rares : ils aiment à se baigner ou à se rouler dans la fange, et les *hippopotames* passent même dans l'eau des fleuves la plus grande partie de leur existence. Chez les *porcs*, les poils sont encore rares et grossiers, ce sont des *soies* ; enfin la robe des *tapirs* et des *chevaux* devient au contraire assez fournie et souvent lustrée. Les *éléphants* mis à part, les pachydermes se divisent naturellement en deux groupes, suivant que l'un des doigts moyens prédomine dans le pied, ou que, les deux doigts moyens étant égaux, le pied devient *fourchu*. Au premier groupe se rattachent les rhinocéros, les tapirs et les chevaux; au second, les hippopotames et les porcs.

Par la forme extérieure de leurs membres, les *Ruminants* rappellent ce dernier groupe de pachydermes; mais il s'est établi entre quelques-uns des os de ces mêmes membres des soudures particulières. Des quatre doigts, deux seulement peuvent être apparents. La mâchoire supérieure est totalement dépourvue de dents sur le devant; quelquefois elle porte de petites défenses, comme chez le *musc*, et, dans ce cas, le ruminant est toujours dépourvu de cornes. Les ruminants qui n'ont pas de défenses portent ordinairement sur le front des cornes osseuses plus ou moins développées, tantôt nues, ramifiées, et tombant tous les ans, comme chez le *cerf*, tantôt simplement recourbées, persistantes et revêtues d'une sorte d'étui corné qui fournit la substance industrielle employée sous le nom de *corne*. Ce sont là des armes redoutables chez les grands ruminants, mais ils les emploient exclusivement à leur défense, car tous sont herbivores. Ils ont la singulière habitude d'avaler sans les mâcher les herbes et les feuilles qu'ils rencontrent sur leur chemin ; cette herbe s'accumule dans une partie de leur estomac, la *panse* ou *rumen*; quand l'animal est au repos et se croit en sûreté, il fait remonter cette herbe dans sa bouche, la mâche soigneusement et la renvoie dans l'un des trois autres compartiments de son estomac : cela s'appelle *ruminer*. Les *chameaux*, les *lamas*, les *girafes*, les *cerfs*, les *chevrotains*, les *antilopes*, les *moutons*, les *chèvres*, les *bœufs*, appartiennent à l'ordre des ruminants, dans lequel on trouve, à côté d'animaux lourds et massifs, les mammifères les plus gracieux et les plus rapides à la course.

Les *Rongeurs* sont presque tous de petite taille et presque tous d'une grande agilité. Ils sont reconnaissables à leurs longues dents antérieures ou *incisives* qui grandissent pendant toute la vie de l'animal et se renouvellent conséquemment par en bas tandis qu'elles s'usent par en haut. Les incisives sont séparées par un intervalle vide des dents mâchelières ou *molaires* disposées pour fonctionner comme des limes ; chez la plupart des autres mammifères, cet espace vide est occupé par une dent pointue, conique, legèrement recourbée en crochet, la *canine*. Les membres des rongeurs sont terminés par des doigts assez longs, ordinairement libres et munis de griffes pointues, d'ongles assez développés pour figurer de petits sabots. Beaucoup de rongeurs vivent sur les arbres et se nourrissent de graines et de fruits, tels sont les *loirs* et les *écureuils* ; d'autres, les *spalax*, par exemple, sont fouisseurs et vivent plus constamment sous terre que la taupe elle-même. Les *rats d'eau*, les *myopotames*, les *castors*, sont aquatiques et nagent fort bien. C'est à l'ordre des rongeurs qu'appartiennent le *porc-épic*, le *cochon d'Inde*, l'*agouti*, la *gerboise* aux pattes postérieures énormes par rapport à celles de devant, les *rats*, les *souris* et aussi les *lièvres* et les *lapins*. Cette énumération montre qu'à côté d'êtres essentiellement herbivores, il y a des rongeurs beaucoup moins difficiles et qui mangent, comme les rats, un peu de tout.

Les *Insectivores* présentent avec les rongeurs de curieuses analogies de forme extérieure. Les *hérissons* sont épineux comme les porcs-épics, les *musaraignes* ont tout à fait l'air de petites souris ; les *tupaja* rappellent les écureuils ; les *macroscélides*, les gerboises ; les *taupes*, les spalax. Mais leur nourriture et leur dentition sont bien différentes : ils vivent surtout d'insectes et de baies, et leurs dents molaires, au lieu de former une bande continue, striée comme une lime, présentent une série de pointes qui s'emboîtent réciproquement d'une mâchoire à l'autre et sont merveilleusement propres à écraser la carapace des insectes.

On peut dire que les *Cheiroptères* ou *chauves-souris* ne sont que des insectivores dont les membres antérieurs se sont extraordinairement développés et ont pu devenir ainsi des organes de vol. Ce développement porte principalement sur les doigts, entre lesquels s'étend une mince membrane qui se continue sur les flancs, sur les pattes postérieures et embrasse même la queue. Le pouce des pattes antérieures demeure libre, et l'animal se sert de son pouce et de ses pattes postérieures pour grimper le long des rochers ou des murailles, en s'accrochant à leurs aspérités, ou pour se mouvoir parmi les branches des arbres, ce qu'il fait avec une agilité bien plus grande qu'on ne pourrait le supposer. Les chauves-souris dorment la tête en bas, enveloppées dans leurs ailes comme dans un manteau, et suspendues par leurs pattes postérieures. Presque toutes sont nocturnes ; les unes sont insectivores, les autres frugivores. Il y en a dans tous les pays.

Nous retrouvons dans les *Carnassiers* des mammifères de grande taille. Il faut faire de ces animaux deux sous-ordres : les uns sont presque aussi aquatiques que les cétacés; on les désigne sous le nom d'*amphibies*. Ils ne passent pas, en effet, toute leur vie dans l'eau; on les voit assez souvent venir à terre; mais leurs membres courts, leurs pattes postérieures disposées longitudinalement et rapprochées du corps, ne leur permettent pas une marche rapide. Comme ils sont ardemment chassés par l'homme, ceux qui se laissent surprendre loin du rivage sont pour ainsi dire voués à la mort. On les a quelquefois fort justement appelés des *empêtrés*; mais cet embarras ne se manifeste que sur terre; dans l'eau, ces empêtrés défient les plus habiles nageurs. Les pattes postérieures des *morses* et des *otaries* sont d'ailleurs encore suffisamment libres pour que ces animaux puissent s'appuyer dessus et bondir. Les *phoques* sont moins bien partagés.

Les amphibies ne sont pas aussi éloignés qu'on le croit quelquefois des autres carnassiers. Ils présentent avec les ours de notables ressemblances, et la grande *loutre de mer* de l'Amérique du Nord a déjà quelque chose de la physionomie des phoques. Les amphibies ne vivent, bien entendu, que de poissons.

Les *Carnassiers terrestres* ont des allures assez différentes : les uns marchent en appuyant à terre la plante entière de leurs lourdes pattes sur lesquelles ils peuvent souvent se tenir debout, et grimpent facilement sur les arbres; ce sont les carnassiers *plantigrades*, parmi lesquels se rangent les *ours*, les *blaireaux*, les *gloutons*, les *coatis*, les *ratons*, les *kinkajous*, etc. Après eux viennent des carnassiers de plus petite taille, parfois même très petits, auxquels leur corps allongé et leurs pattes courtes

ont fait donner le nom de carnassiers *vermiformes* ([1])
ou *mustélidés*. Beaucoup sont presque plantigrades. Les
fouines, les *martres*, les *putois*, les *belettes*, les *hermines*,
les *visons*, les *loutres*, sont des carnassiers vermiformes.
Par une série de formes intermédiaires, on peut passer
de ces animaux aux *civettes* et aux *genettes*, qui forment
la famille des *Viverridés*. Les Viverridés marchent ordinairement en n'appuyant sur le sol que l'extrémité de leurs
doigts. Dans beaucoup d'espèces, les ongles se redressent
pendant la marche, moins cependant que ceux des chats.

Les *chiens*, les *hyènes* et les *chats* complètent la série
des carnassiers. Ce sont des animaux nettement *digitigrades*, c'est-à-dire marchant sur l'extrémité de leurs
poigts seulement.

Les *loups*, les *renards* et les *chacals* comptent parmi
les chiens.

Les hyènes sont peu nombreuses; elles ont le train
postérieur plus bas que celui de devant, ce qui leur
donne une allure toute particulière.

Au groupe des chats appartiennent les plus grands et
les plus féroces carnassiers; leurs dents sont peu nombreuses et leurs molaires sont tranchantes comme des
lames de ciseaux; leurs ongles, puissants et aigus, se
redressent toujours pendant la marche. Les *chats sauvages*, les *lynx*, les *chats-tigres*, les *guépards*, les *panthères*,
les *tigres*, les *jaguars*, les *couguars*, les *lions*, sont des
chats de diverses tailles, mais tous également carnassiers.

Les Mustélidés et les Viverridés ne se nourrissent
guère également que de chair.

[1] En forme de vers.

Parmi les chiens, l'espèce domestique s'est accommodée de toute sorte de nourriture. Les carnassiers plantigrades se contentent souvent, même à l'état sauvage, de miel ou de substances végétales ; mais il y a aussi parmi eux de féroces mangeurs de chair, l'*ours blanc* et le *glouton*, par exemple.

Avec les *Quadrumanes*, nous arrivons à des animaux de mœurs plus douces, bien que leur taille puisse devenir considérable, et qu'ils soient fort bien doués sous le rapport de l'agilité et de la force. On les désigne vulgairement sous le nom de *Singes*. Il faut distinguer des singes proprement dits les *Lémuriens*, qui ont, comme eux, leurs quatre membres terminés par des mains munies d'un pouce opposable aux autres doigts, mais dont le museau s'allonge ordinairement comme celui d'un renard, et dont l'organisation et le mode de développement sont assez différents. Leur dentition se rapproche de celle des insectivores ou de celle des carnassiers, ou même de celle des rongeurs. Leur deuxième doigt postérieur, au lieu de porter un ongle, est muni d'une griffe. Les *galéopithèques*, qui sont des Lémuriens volants, et les *aye-aye*, qui rappellent les écureuils, ont même des griffes à tous les doigts ; les *makis*, les *indris*, les *loris* et les *galagos* sont les principaux Lémuriens.

Les vrais Singes ont des dents dont la forme et le nombre se rapprochent beaucoup des nôtres. Il n'y a parmi eux que les *ouistitis*, si bien nommés *singes-écureuils*, dont les doigts portent des griffes. Les singes d'Amérique ont trente-six dents, la cloison du nez large, la queue souvent *prenante*, c'est-à-dire susceptible de s'enrouler en spirale autour des branches, auxquelles l'animal peut ainsi se suspendre; ils s'éloignent par ces caractères des singes de l'ancien continent, qui n'ont que trente-deux dents comme nous, et dont les narines ne sont jamais séparées que par une mince cloison. Parmi ces singes, qui presque tous n'habitent que les pays chauds, on donne le nom d'*anthropomorphes* à ceux qui se rapprochent le plus de l'homme par l'absence de queue et par les autres traits de leur organisation. Les singes anthropomorphes sont peu nombreux : ce sont les *gibbons*, aux bras d'une longueur démesurée, les *orangs-outangs*, les *chimpanzés* et les *gorilles*.

LES VÉGÉTAUX

Plus encore que les animaux, les végétaux, couvrant le sol d'un tapis de verdure ou se dressant en vastes forêts, contribuent à donner à une contrée son caractère.

Comme les animaux, ils commencent aux dimensions les plus humbles; mais ils parviennent à une taille qu'aucun animal n'a jamais atteinte, et la durée de quelques-uns d'entre eux paraît indéfinie. Elle dépasse certainement, pour quelques arbres, un millier d'années.

Suivant que les végétaux ont des fleurs ou qu'ils en sont dépourvus, on les divise en *Cryptogames* et en *Phanérogames*. La fleur peut d'ailleurs être très réduite chez les phanérogames, et les organes de fructification qui la remplacent atteindre chez les cryptogames des proportions relativement considérables.

Les phanérogames sont toujours des plantes à structure assez compliquée, comme l'exige d'ailleurs la production d'une fleur. On distingue nettement, chez presque toutes, une tige, une racine et des feuilles, ou des organes qui ne sont que des modifications de ces parties fondamentales.

Les cryptogames nous conduisent, au contraire, jusqu'aux formes les plus simples que l'on puisse concevoir, jusqu'à des dimensions telles que les plus forts grossissements du microscope sont nécessaires pour rendre apparents les êtres qui les présentent. C'est dans les deux classes des *champignons* et des *algues* que se trouvent les plus infimes représentants du règne végétal, ce qui n'empêche pas nombre de champignons, certains *lycoperdons*, par exemple, et certaines algues, surtout les algues marines, d'atteindre une fort belle taille.

Les champignons n'ont pas la couleur verte des autres végétaux; les algues sont presque toutes aquatiques; ces deux classes sont, par conséquent, pour peu de chose dans la physionomie générale des paysages d'une contrée.

Il y a cependant parmi les champignons des espèces qui ont une réelle importance comme comestibles : les *truffes*, les *cèpes*, divers *agarics*, etc. D'autres, souvent très petites, vivent en parasites, produisent les fermentations, ou deviennent les agents des maladies contagieuses les plus redoutées, telles que le charbon, la variole, etc.

Les *lichens*, dont chaque espèce résulte de la curieuse association d'une algue et d'un champignon sont éminemment terrestres et jouent un rôle plus important encore. Ce sont toujours les premiers végétaux qui apparaissent sur un sol dénudé. On voit leurs croûtes jaunes, vertes, rousses ou blanches recouvrir les rochers les plus arides, les troncs des vieux arbres, et ils s'avancent dans le Nord jusqu'à des latitudes où nulle autre plante ne saurait prospérer. Quelques-uns deviennent alors, pour les animaux et même pour l'homme, de précieux aliments. Les débris des lichens ont plus d'une fois préparé la terre végétale sur laquelle de frêles phanérogames ont pu commencer à végéter.

Les *hépatiques*, les *mousses*, les *chara*, s'élèvent déjà dans la série végétale. Les mousses recouvrent souvent de vastes étendues dans les bois humides et les forêts. Les *prêles*, à la tige cylindrique et formée d'anneaux faciles à séparer les uns des autres, atteignent des dimensions bien supérieures, mais vivent dans des conditions toutes spéciales; enfin, les *lycopodes* et surtout les *fougères* sont des végétaux de structure compliquée; les fougères surtout sont répandues partout, peuvent acquérir une grande taille, et deviennent, dans les pays chauds, de véritables arbres qui ont un aspect tout particulier et qui donnent à la flore un caractère éminemment tropical.

Les *plantes phanérogames*, ou *plantes à fleurs*, se divisent, comme le règne végétal lui-même, en deux grandes sections, d'après la façon dont germe leur graine. La jeune plante, au moment où elle apparaît, est réduite à une ou à deux feuilles de forme spéciale, souvent épaisses et charnues, qu'on appelle les *cotylédons*. Si la plante ne présente qu'un seul cotylédon, elle appartient à la grande division des *monocotylédones*. Si elle présente deux cotylédons, simples ou divisés en plusieurs autres, elle appartient à la grande division des *dicotylédones*. Ces deux divisions contiennent, comme la classe des fougères, des herbes et des arbres qui, dans l'une et l'autre, peuvent parvenir à de gigantesques dimensions. Aussi bien que par leur structure anatomique, les monocotylédones et les dicotylédones diffèrent très notablement par leur port.

On doit ranger parmi les monocotylédones les *graminées*, qui forment la majeure partie du gazon des prairies, et servent dans une si large mesure à l'alimentation des animaux herbivores. Une de leurs espèces est la *canne à sucre*; quelques autres, les *bambous*, pouvant presque atteindre la taille des arbres, sont employées aux usages les plus variés; nos céréales, le *blé*, l'*orge*, l'*avoine*, le *riz*, le *maïs*, etc., appartiennent toutes à la famille des *graminées*. Parmi les plantes importantes de l'embranchement des monocotylédones, il faut encore citer : les *joncs*, les *aroïdées*, dont plusieurs espèces fournissent une fécule comestible; les *liliacées* et les familles voisines, superbes plantes d'ornement; les *broméliacées*, parmi lesquelles se range l'ananas; les *scitaminées*, au nombre desquelles on compte le bananier, le gingembre; les superbes *canna*, les *maranta*, d'où on tire l'*arrow-root*; les curieuses *orchidées* aux fleurs étranges, souvent imprégnées de parfums qui s'étendent quelquefois jusqu'aux fruits, comme dans la vanille; et surtout les *palmiers*, si remarquables par l'unique bouquet de feuilles que porte leur tronc presque cylindrique. Les palmiers sont, comme les fougères arborescentes, des végétaux des pays chauds; c'est à eux surtout que la végétation tropicale doit son aspect si tranché; ils comptent d'ailleurs, nous le verrons, parmi les végétaux les plus utiles; rien n'égale la variété des produits qu'ils fournissent à l'homme.

La plupart de nos herbes et de nos plantes appartiennent à la grande division des dicotylédones. Mais on doit encore distinguer parmi elles deux divisions importantes, les *Gymnospermes* et les *Angiospermes*. Les *Gymnospermes* n'ont que des fleurs très simples, le plus souvent réunies en bouquets de forme toute particulière, qu'on appelle des *cônes*. Leurs feuilles ont, dans la famille des *cycadées*, la forme de longues palmes disposées en bouquets terminaux comme chez les *palmiers*. Ce sont chez les *conifères* des aiguilles plus ou moins longues, diversement groupées. A la famille des conifères appartiennent tous nos arbres résineux : *pins, sapins, sequoia, araucaria, cyprès, genévriers, cèdres, ifs*, etc., et l'on sait quelle résistance quelques-uns de ces arbres opposent au froid, quelle rusticité ils présentent, et quelles dimensions quelques-uns (*Wellingtonia*) peuvent atteindre.

Les *Dicotylédones angiospermes* sont tous les autres végétaux. Leur nombre est infini, leur rôle dans la nature immense. Ils doivent être placés en première ligne parmi les êtres vivants, pour les services qu'ils nous rendent. On en trouve dans toutes les régions du globe. Tous ceux de nos arbres forestiers qui ne sont ni des palmiers, ni des arbres résineux, tous les arbres fruitiers de nos pays, appartiennent à ce sous-embranchement du règne végétal ; les familles des *amentacées*, comprenant tous les arbres à fleurs incomplètes ; des *légumineuses* ou *papilionacées*, aux fleurs irrégulières et aux feuilles plus ou moins semblables à celles des *acacia* vulgaires ; des *rosacées*, où viennent se ranger, avec les rosiers, les pommiers, poiriers, pêchers, etc. ; des *urticées*, où l'on trouve côte à côte le chanvre, le houblon, l'orme, les figuiers, le mûrier et l'ortie ; des *crucifères*, des *euphorbiacées*, des *solanées*, à laquelle appartient la pomme de terre ; des *ombellifères*, des *composées*, etc., sont particulièrement remarquables. Mais les dicotylédones angiospermes sont si nombreuses que nous ne saurions indiquer ici, même brièvement, les caractères des familles dans lesquelles on les classe.

Aussi bien ces quelques mots suffisent-ils pour faire

comprendre la nature de la végétation qui couvre les diverses parties du globe; les particularités remarquables des végétaux et leurs usages particuliers trouveront naturellement place dans la description de la flore propre à chacune des grandes régions du globe.

PLANCHE I

RACES HUMAINES D'EUROPE.

Fig. 1. Lapons. — Les Lapons sont les plus petits des hommes d'Europe; leur taille s'élève rarement au-dessus de 1^m.50. Les traits de leur visage rappellent assez nettement ceux des races mongoliques. Ils ont la face courte, les joues plates, le front large et bas, le menton pointu, les yeux petits, noirs et enfoncés, le nez court et assez aplati. Leurs cheveux sont bruns, leur barbe rare. Ils sont aujourd'hui confinés dans le nord de la Suède et de la Norvège ainsi que dans le nord-ouest de la Russie. La plupart sont nomades et vivent de poisson, de lait ou de la chair des rennes. L'été ils portent des vêtements de laine, mais l'hiver leurs habits sont faits de peaux d'animaux; ils suspendent à leur large ceinture des plaques de métal qui leur servent d'ornement et des objets de première nécessité. Un assez grand nombre a été converti au christianisme; mais le fond de leur religion est une croyance aux mauvais esprits et aux sorciers, qu'on appelle le *chamanisme* et qu'ils partagent avec plusieurs autres peuples du Nord.

Fig. 2. Samoyèdes. — Les Samoyèdes sont, comme les Lapons, confinés dans les régions polaires; ils habitent le nord de la Russie et de la Sibérie, depuis la source de l'Iénisséi jusqu'à la mer Glaciale, entre l'Amour et le Mezer. Leur taille est petite, mais plus élevée cependant que celle des Lapons ; leur visage est plus allongé, mais arrondi plutôt qu'ovale, et aplati. Leur nez est camus, élargi au bout; leurs yeux petits, noirs ; leurs paupières très fendues. Leur teint est olivâtre, leurs cheveux noirs, leur barbe très rare. Ce sont là des traits qui les rattachent, comme les Lapons, à la race jaune. Ils vivent de chasse et de pêche, mais sont aussi pasteurs et possèdent d'immenses troupeaux de rennes. — La chair crue et à demi putréfiée des poissons est leur nourriture habituelle; ils boivent le sang chaud des rennes, mais s'adonnent volontiers à l'abus des boissons alcooliques. Ce sont des peuples idolâtres, ayant pour prêtres des sorciers, qu'ils ne consultent d'ailleurs que dans les grandes circonstances, tout en les redoutant beaucoup.

Fig. 3. SCANDINAVES. — Les Scandinaves contrastent singulièrement par leur haute taille, leurs traits réguliers, leurs cheveux blonds, leurs yeux bleus, avec les peuplades dont nous venons de nous occuper. Ils sont d'origine germaine, et semblent avoir conservé avec une assez grande pureté le type germain primitif, qui s'est tellement altéré en Allemagne qu'on aurait peine à trouver quelque caractère physique commun aux hommes que la Prusse tient actuellement sous sa domination.

Fig. 4. RUSSES. — Les habitants du vaste empire russe ne sauraient être considérés comme formant une race distincte. Il y a parmi eux, en dehors des Lapons et des Samoyèdes, plusieurs types bien caractérisés, savoir :

1° Les *Slaves,* qui dominent et comprennent les *Grands-Russes,* les *Petits-Russes,* dont les *Cosaques* sont un rameau, les *Polonais,* les *Serbes,* les *Croates,* les *Bulgares* ;

2° Les *Finnois,* qui semblent se rattacher, par certains caractères, aux peuples de race mongolique, et auxquels on a quelquefois réuni les *Samoyèdes* ;

3° Les *Lithuaniens,* de race aryenne ;

4° Les *Allemands*, qui forment surtout la noblesse de certaines provinces et qu'on rencontre également parmi les fonctionnaires ;

5° Les *Tartares,* dont nous nous occuperons plus tard ;

6° Les peuplades du Caucase, elles-mêmes assez nombreuses.

Nous devons donner ici quelques détails sur les Slaves et les Finnois.

Les Slaves sont généralement considérés comme les descendants des anciens Sarmates d'origine aryenne. Ils sont répartis sur un vaste territoire, mais divisés en un assez grand nombre de nations comprises, pour la plupart, dans de plus vastes empires. Ils ont, en général, la face carrée, le nez plutôt court, droit ou légèrement relevé du bout; les yeux petits, les sourcils un peu obliques et se touchant presque sur le nez; la moustache forte, mais la barbe peu fournie, de couleur châtain comme celle des cheveux. Ces caractères peuvent d'ailleurs aujourd'hui varier beaucoup, de même que la couleur des yeux et celle des cheveux.

Les *Finnois,* moins nombreux, se ressemblent aussi dadavantage entre eux. Les vrais Russes les appellent Tchoudes; les uns habitent les bords de la Baltique, les autres sont dispersés sur les bords du Volga et dans la région de l'Oural, notamment dans le gouvernement de Perm. Ces derniers se rapprochent par beaucoup de leurs caractères des hommes de race jaune, tandis que les Finnois de la Baltique ont des ressemblances bien décidées avec les autres Européens. Ce sont des hommes de grande taille, au teint blanc, aux cheveux blonds, aux yeux bleus, au nez droit ou légèrement busqué, à la figure amincie vers le bas; ils forment le peuple le plus éclairé de la Russie. Les Finnois orientaux sont loin d'être aussi bien partagés; il en est de bruns et de blonds, mais la plupart sont roux et couverts de taches de rousseur; leur industrie est fort peu développée, et quelques-uns sont encore demeurés idolâtres. Ils ont cependant constitué autrefois une race puissante et riche, et étaient encore au XIIe siècle plus civilisés que les Finnois occidentaux. On croit les Finnois originaires d'Asie, mais ils ne se sont jamais constitués en nation distincte; ils sont paisibles et ont adopté le plus souvent les mœurs et les usages des peuples au milieu desquels ils vivaient.

Fig. 5. TSIGANES. — Les Tsiganes, Zingaris, Gitanos, Gypsies, aussi désignés improprement sous le nom de Bohémiens ou d'Égyptiens, sont essentiellement nomades, et ils ont conservé, dans l'Europe civilisée, leur amour des voyages. Ils vont par familles isolées, exerçant les métiers les plus variés et les plus humbles, fréquemment ceux de musiciens ambulants ou de montreurs d'animaux. Ils ont un teint basané, les yeux et les cheveux noirs, et parlent une langue qui n'a de parenté que sur les bords de l'Indus. Ils sont nombreux surtout en Espagne et en Turquie, et partout redoutés et méprisés à cause de leurs mœurs étranges et de leur mauvaise foi. On ne peut douter qu'ils viennent d'Asie comme les Aryas.

Fig. 6. MAGYARS. — Les *Magyars, Madgyars*, possèdent la partie méridionale de la Hongrie, les parties septentrionale et orientale de la Transylvanie. On a fait dériver le nom de Hongrois des mots *Ongres* ou *Ogres*, désignant des envahisseurs féroces, d'une taille au-dessus de la moyenne et d'une force herculéenne. Ces hommes, passés dans les légendes et les contes de fées, seraient, suivant certains auteurs, apparentés aux Huns d'Attila et auraient la même origine asiatique que les Finnois; ils parlent, en effet, une langue assez semblable à la leur. La laideur des compagnons du *Fléau de Dieu* se retrouverait difficilement aujourd'hui dans la noblesse hongroise, où il existe des types dont la beauté est encore rehaussée par la magnificence des vêtements nationaux; les paysans et les simples soldats présentent quelquefois des traits analogues à ceux sous lesquels les historiens nous ont décrit les Huns. En général, les Magyars sont de taille moyenne, mais très vigoureux. Leur tête est carrée, leur teint foncé, leurs cheveux noirs ou bruns. Ils sont vifs, remuants, belliqueux, pleins de courage, et ont toujours conservé un gouvernement propre, alors même qu'ils se sont soumis soit à la Turquie, soit, comme de nos jours, à l'Autriche.

Fig. 7. SERBES. — Les Serbes sont un petit peuple slave d'un million d'hommes environ. Ils ont été longtemps tributaires de la Turquie, mais leur indépendance est aujourd'hui complète. Une partie de leurs lois est calquée sur les institutions françaises. L'agriculture, le commerce et l'industrie sont peu développés en Servie ; la religion est la religion grecque.

Fig. 8. TARTARES. — Les Tartares d'Europe, qu'il ne faut pas comprendre avec ceux d'Asie qui sont de vrais Mongols, appartiennent cependant, comme eux, à la race jaune, mais sont un rameau détaché des Turcs venus en Europe à la suite de Gengis-Khan. Ils habitent, en Russie, les provinces de Kazan, d'Astrakan et de Crimée, et ont pris beaucoup des caractères de l'Européen. Leur teint est basané ; leurs yeux et leurs cheveux noirs, leurs yeux presque droits. Ils mènent une vie nomade et transportent en voiture, d'un lieu à un autre, leur famille et leur avoir.

Fig. 9. TURCS. — Les Turcs ottomans ou Osmanlis, qui tentèrent autrefois de convertir par les armes le monde entier au mahométisme, ne possèdent plus aujourd'hui en Europe que la région désignée sous le nom de Turquie. Ils sont d'origine asiatique, et appartiennent à la branche ouralo-altaïque de la race jaune. Ils diffèrent cependant beaucoup des représentants bien caractérisés de la race mongolique : leur teint est presque blanc, leurs traits réguliers, leur barbe abondante, leurs yeux droits non relevés à l'angle externe, leurs proportions fort belles. Les Turcs ont conservé en Europe leurs coutumes et leurs usages traditionnels ; leurs femmes, au moins dans les classes élevées, vivent séquestrées dans des harems et ne jouissent d'aucune influence. De nombreuses alliances avec les Grecs et les peuples du

Caucase ont profondément modifié leurs caractères extérieurs.

Fig. 10. Espagnols. — Bien des peuplades se sont réunies et confondues pour constituer le peuple espagnol. Les Celtes et les Ibères se partagèrent d'abord le pays, qu'envahirent ensuite les Carthaginois et les Romains, puis des hordes germaniques (Suèves, Vandales, etc.), enfin les Mores. Les Espagnols acquirent, au moyen âge, une grande puissance; mais leur richesse, leur indolence, les privilèges excessifs de la noblesse et du clergé, les vices de leur administration, les conduisirent peu à peu à la décadence. Ils n'en sont pas moins demeurés un peuple fier, indépendant, ami du mouvement, grand appréciateur de tout ce qui brille. Leur taille est moyenne, leur teint brun, leurs yeux et leurs cheveux noirs, leurs traits souvent nobles et distingués, et relevés, dans certains pays, par un costume pittoresque, dans lequel les plus vives couleurs s'allient aux broderies les plus variées. Les Espagnols passent pour très attachés aux pratiques de la religion catholique, qui est seule reconnue comme religion de l'Etat.

Les Basques, qui sont probablement les descendants de l'antique race qui vivait en Europe à l'âge du renne et du mammouth, forment une partie importante de la population du nord de l'Espagne.

Fig. 11. Italiens. — Les Italiens sont aussi un peuple très mélangé. On reconnaît parmi eux, en Toscane, les types de ces Étrusques dont certains vases nous ont conservé les portraits, tandis que dans le sud et à l'est de l'Apennin les types grecs se sont conservés avec une assez grande pureté. Dans l'Italie centrale et occidentale dominent les Latins, à tête large et aplatie sur le haut, à front peu élevé, à face courte, à nez aquilin, à mâchoire inféreure large et à menton saillant, tels que nous les montrent les bustes des premiers empereurs romains; dans le nord se trouvent les descendants des anciens Ligures, qui étaient des Celtes.

Les Italiens de nos jours, généralement bruns et bien faits, n'en ont pas moins un type assez spécial. Ils se distinguent par leur goût pour la poésie et la musique; autrefois divisés en une foule de principautés, ils se sont unis depuis peu, grâce à l'intervention des armes françaises, en une nation remuante, mais qui se fait remarquer par plus de finesse que de fierté.

Les Espagnols, les Italiens et les Français constituent ce qu'on appelle les *races latines*.

Fig. 12. GRECS. — Le type grec est généralement considéré comme un type de suprême beauté, dont l'Apollon du Belvédère, la Vénus de Milo et beaucoup d'autres statues antiques sont des modèles achevés. Ce type n'est pas une simple conception idéale; on le trouve encore aujourd'hui représenté, quoique avec de notables variations, dans diverses parties de la Grèce moderne. Il y a, en effet, des Grecs blonds et d'autres bruns. Le front élevé, l'intervalle entre les deux yeux assez grand, l'absence d'un enfoncement entre le front et le nez, qui est droit et se continue sans inflexion avec le profil du front, les yeux grands et bien ouverts, la lèvre supérieure courte, le menton bien arrondi, l'ovale gracieux du visage, caractérisent le beau type grec.

Autrefois puissants, les Grecs, longtemps asservis, n'en ont pas moins conservé l'amour de l'indépendance; ceux qui l'ont reconquise cherchent à reconstituer une Grèce plus étendue sur les débris de la Turquie d'Europe. Ils possèdent un costume national, parlent une langue dérivée du grec ancien, lui-même apparenté aux langues aryennes, et sont constitués en Église indépendante.

Fig. 13. CIRCASSIENS. — Les habitants du versant nord du Caucase se divisent en un assez grand nombre de peuplades différentes, dont deux, les *Circassiens* ou *Tcherkesses* et les *Géorgiens*, ont mérité, à cause de la beauté de leurs traits, d'être considérés comme les types de la *race blanche;* de là le nom de *race caucasique* que l'on donne souvent au rameau de l'humanité auquel nous appartenons.

Les Circassiens sont grands et forts, plus souvent bruns que blonds. Les femmes sont surtout renommées pour la blancheur de leur teint, et les Turcs les achètent souvent pour peupler les harems des grands seigneurs. Les Circassiens sont d'ailleurs ignorants et pillards, bien qu'hospitaliers; ils n'ont cessé de maintenir leur indépendance vis à vis des Russes. Ils professent, au moins nominalement, la religion musulmane; quelques-unes de leurs peuplades (Lesghis) adorent encore les astres.

Les Géorgiens habitent le bassin du Kour. Ils ont une civilisation plus avancée que celle des Circassiens et possèdent une littérature; ils sont d'ailleurs batailleurs et indépendants; leur religion est le catholicisme grec.

PLANCHE II

LES ANIMAUX DE L'EUROPE.

L'Europe comprend des régions froides ou même glaciales et d'autres tempérées, de hautes montagnes et des plaines, enfin une région privilégiée, le pourtour de la Méditerranée, où les hivers sont presque supprimés, où la température demeure toujours clémente. Chacune de ces régions a ses hôtes spéciaux.

Fig. 1. OURS BLANC. — Les climats glacés du Nord nourrissent l'un des plus grands et des plus féroces carnassiers d'Europe : l'*Ours blanc*. Les mammifères terrestres sont rares dans les régions arctiques; l'Ours blanc s'attaque souvent aux phoques et aux morses qu'il poursuit jusque dans l'eau; il nage et plonge, en effet, facilement; mais c'est aussi un ennemi redoutable pour les rennes et même pour l'homme. Il se contente, du reste, de toutes les proies mortes qu'il peut rencontrer, voire des poissons rejetés par la mer. Quelquefois ces redoutables animaux sont portés par les glaces sur les côtes d'Islande et de Norvège; affamés par le voyage, ils sont alors particulièrement dangereux.

Fig. 2. PHOQUES. — Les Phoques, dont plusieurs espèces peuplent les grèves des régions hyperboréennes, sont une précieuse ressource pour les habitants de ces régions déshéritées, qui les attaquent à terre où ces animaux viennent souvent se reposer, les poursuivent à la mer et en détruisent d'innombrables quantités. Tout dans le phoque est utilisé : sa chair remplace notre viande de boucherie, son huile devient une boisson réconfortante sinon agréable ; sa peau sert à faire des vêtements, des tentes, des canots ou des courroies ; ses tendons sont utilisés pour fabriquer des cordes, et son sang lui-même entre dans la préparation d'une sorte de soupe. Les phoques ne se sont pas d'ailleurs exclusivement confinés dans les régions polaires. On en trouve jusque sur les bords de la mer Caspienne, et l'espèce représentée dans cette planche n'est pas très rare sur les côtes de France.

Fig. 3. LEMMINGS. — Les Lemmings, curieux petits rongeurs de la taille d'un rat, habitent les montagnes de la Laponie. Leur pelage est varié de blanc, de noir et de jaune ; ces animaux recherchent pendant la nuit les mousses, les lichens, dont ils se nourrissent, et se reposent pendant le jour dans des terriers ; mais on les prend difficilement, car ils se défendent des dents et des griffes. A des époques irrégulières, les Lemmings se rassemblent en colonnes serrées et descendent ainsi jusqu'en Allemagne, suivant toujours une direction déterminée, dont aucun obstacle ne saurait les faire dévier. C'est peut-être pour trouver une nourriture plus abondante que ces animaux quittent ainsi leur patrie, mais durant la route, il en périt une grande quantité.

Fig. 4. RENNE. — Le Renne est un cerf au museau velu,

aux jambes robustes et recouvertes de poils même au-dessous du pied, ce qui lui permet de courir sur la glace et la neige durcie ; il habite les régions du pôle arctique et les contrées les plus septentrionales où l'homme puisse s'établir. On le rencontre en Russie, en Sibérie, en Tartarie, au Canada et dans les îles voisines. Les Rennes se réunissent pour changer de climat aux différentes saisons ; tantôt ils se rapprochent du bord de la mer, tantôt ils descendent les vallées ou grimpent les montagnes, attirés par les mousses et les lichens.

Le Renne, docile et doux, se réduit facilement à l'état domestique, et devient précieux pour les peuples du Nord ; les Lapons surtout savent admirablement l'utiliser. Ils l'attellent à leurs traîneaux. Ils emploient sa fourrure, épaisse et chaude, pour faire des vêtements ; ses cornes pour fabriquer divers instruments ; enfin le lait excellent et la chair de ce précieux animal nourrissent presque complètement les familles laponiennes.

Fig. 5. Glouton. — Le Glouton se trouve dans les régions arctiques des deux continents. Cet animal grimpe sur les arbres et attend qu'une proie vienne passer à sa portée ; il s'élance alors sur le dos de sa victime, la saisit à la gorge et l'étouffe ; en vain l'élan ou le renne s'efforce-t-il de lutter contre ce perfide ennnemi, ces grands ruminants périssent souvent étranglés sous la dent du glouton, dont la taille est peu considérable, mais dont la voracité est extrême. Le glouton est un carnassier plantigrade, comme les ours et les blaireaux.

Fig. 6. Mouettes. — Les Mouettes se trouvent partout, au bord de la mer et des grands cours d'eau, mais elles sont particulièrement abondantes dans les climats glacés : le Groenland et la mer de Baffin sont leur séjour de prédilection. Plusieurs espèces se rencontrent dans l'Europe tempérée, en Angleterre, en Hollande, en Allemagne, où elles nichent au bord de la mer et à l'embouchure des fleuves.

Ce sont des Palmipèdes; elles se nourrissent de poisson qu'elles pêchent adroitement et de tous les débris que la mer rejette.

La Mouette cendrée, appelée pigeon de mer, est commune en été dans les régions arctiques, en automne et en hiver sur les côtes maritimes de l'Europe méridionale. Par les temps orageux on voit ces oiseaux voler en bandes innombrables, en poussant des cris perçants, précurseurs de la tempête.

Fig. 7. EIDER. — L'Eider habite aussi les régions septentrionales; c'est une sorte de canard sauvage, dont le duvet, chaud et léger, se vend fort cher en Suède et en Norvège. Il a donné son nom à *l'édredon*.

Fig. 8. LOUP. — Le Loup se trouve dans presque toute l'Europe, en Asie et en Amérique; il ressemble au chien, mais il est plus fort, et surtout plus sanguinaire. Le Loup se nourrit du produit de sa chasse. L'été, il se contente souvent de lièvres, de lapins et autres petits animaux; mais l'hiver, quand la faim le presse, il devient plus cruel, enlève des moutons au milieu des troupeaux, cherche à pénétrer dans les bergeries, où il fait, quand il peut, un grand carnage, et s'associe à ses semblables pour poursuivre son gibier. Dans les plaines de l'Allemagne, dans les steppes de la Russie et de la Pologne, où la terre est pendant de longs mois couverte de neige, les Loups deviennent des ennemis dangereux pour l'homme. On les voit par bandes nombreuses poursuivre les traîneaux, que les chevaux affolés de terreur entraînent dans une course vertigineuse. Parfois hommes et chevaux s'épuisent dans cette lutte, et, ne rencontrant aucun village sur la route, cernés de toutes parts, deviennent les victimes de ces carnassiers.

Fig. 9. ÉLAN. — Ainsi que le renne, l'Élan habite les parties septentrionales des deux continents. En Europe, on le trouve dans la Scandinavie, la Prusse, la Pologne et la Russie. Sa chair savoureuse, sa peau épaisse, sa fourrure, ses bois, le rendent presque aussi utile que le renne, quoiqu'on ne cherche plus à le domestiquer, comme on le faisait autrefois en Suède. On le chasse avec ardeur dans tous les pays où il se trouve. On le poursuit à l'aide de meutes nombreuses, ou bien on tâche de l'attirer dans des pièges en imitant son cri.

Fig. 10. CHAT SAUVAGE. — Le Chat sauvage, commun en Europe, a les habitudes de chasse des grands félins; il se nourrit d'oiseaux, de lièvres, de lapins, etc., et habite les forêts. Son pelage est brun, marqué de raies noires. Il existe en divers pays, tels que le Bengale et l'Égypte, plusieurs espèces de Chats sauvages, qui se distinguent des nôtres par les nuances de leur pelage.

Fig. 11. AUROCHS. — Le Bison Aurochs est une sorte de bœuf gigantesque, autrefois assez abondant quand l'Europe était boisée, et dont il ne reste plus que quelques rares troupeaux, défendus par des lois spéciales, dans les forêts de la Lithuanie.

Fig. 12. Ours brun. — L'Ours brun vit dans les contrées montagneuses et notamment dans les Pyrénées et dans les Alpes, recherchant les lieux boisés, où il se nourrit de baies, de racines, de fruits, et quelquefois de fourmis. Lorsque cette nourriture est peu abondante, l'Ours descend dans les plaines et ravage les champs d'avoine et de maïs. Dans sa vieillesse, l'Ours brun devient quelquefois plus dangereux; il aime à se nourrir de chair, et se jette sur les animaux qu'il peut rencontrer. L'Ours ordinaire, si l'homme l'attaque, dérobe ses petits, ou dérange son sommeil, se jette sur lui, le terrasse, l'étreint dans ses bras puissants, et l'étouffe. L'Ours s'endort, pendant l'hiver, comme les marmottes et les loirs.

Fig. 13. Gypaète. — Le Gypaète ou *Vautour des agneaux*, le plus grand rapace de l'ancien continent, est, à certains égards, intermédiaire entre les aigles et les vautours; il établit son aire dans les hautes montagnes et les rochers inaccessibles de l'Europe, de l'Asie et de l'Afrique. Sa force musculaire est telle qu'il ne craint pas d'attaquer les daims et les chamois. S'il en trouve à sa portée, il se rue sur eux la poitrine en avant, les frappe des ailes, déchire leur chair des serres et du bec, et s'efforce ainsi de les faire tomber dans des précipices. On en a vu attaquer de jeunes enfants, et il n'est pas rare qu'ils enlèvent des agneaux.

Fig. 14. Moufflon. — Les Mouflons vivent en troupes nombreuses dans les montagnes de Corse et de Sardaigne; leur taille est celle du mouton, leur toison laineuse, leur couleur d'un brun clair uniforme, leurs cornes grandes et triangulaires.

On a fait du Mouflon l'ancêtre du mouton, quoiqu'il existe une grande différence entre ces animaux, vifs et agiles, et les paisibles habitants de nos campagnes. Mais c'est là une simple supposition, et l'ancêtre de notre mouton est encore inconnu.

Fig. 15. OUTARDES. — Les Outardes, voisines des gallinacés par leur bec court et leurs formes ramassées, se rapprochent des échassiers par leurs jambes nues et leurs tarses allongés. Ces oiseaux, fort communs en Russie et en Tartarie, se voient aussi en France, notamment en Champagne, d'où ils ne tarderont sans doute pas à disparaître; l'Outarde comptant parmi nos plus gros oiseaux et possédant une chair assez estimée est, en effet, un objet d'ardente convoitise pour les chasseurs.

Fig. 16. SAÏGA. — L'Antilope Saïga habite la frontière asiatique de l'Europe et la Tartarie. Cet animal est activement chassé, mais son odorat subtil et la vitesse de sa course le mettent presque toujours à l'abri des poursuites.

Fig. 17. BOUQUETIN. — Le Bouquetin est une sorte de chèvre sauvage; il habite presque toutes les hautes montagnes de l'Europe; il est vif, léger, et court sur les pentes les plus abruptes avec une étonnante rapidité.

La chasse au Bouquetin n'est pas dépourvue de dangers; serré de trop près, l'animal fond sur le chasseur et le fait rouler dans les précipices parmi lesquels il aime à se jouer.

Fig. 18. CHAMOIS. — Les Chamois, voisins des Antilopes, reconnaissables à leurs petites cornes en forme de crochet, vivent dans les Pyrénées et les Alpes, ainsi que sur quelques montagnes de la Grèce. Ces gracieux animaux se rassemblent par petites bandes et se plaisent à franchir les précipices, escalader les rochers et bondir près des abîmes, avec une vivacité et une élégance extrêmes. Les chasseurs bravent le danger pour approcher des pics habités par les Chamois ; mais, par la rapidité de leur course, ceux-ci réussissent souvent à se mettre à l'abri de leurs coups.

Fig. 19. Marmotte. — Les Marmottes habitent, en Europe, les hautes cimes des Alpes de Suisse et de Savoie. Réunis par deux ou trois familles, ces animaux se creusent, à l'entrée de l'hiver, des terriers composés de deux vastes chambres, où dès les premiers froids chacun s'endort, pelotonné près de son voisin, pour conserver plus de chaleur. Vers le milieu d'avril, les habitants des terriers se réveillent et commencent à s'aventurer au dehors. L'été venu, les Marmottes quittent leurs habitations et s'en vont sur le sommet de la montagne, où elles élèvent leurs petits ; il est alors fort difficile de s'en emparer, car leur prudence et leur vivacité sont telles qu'au premier bruit toute la bande détale ; les montagnards, grands chasseurs de marmottes, attendent donc l'hiver afin de les prendre endormies.

La Marmotte est un animal doux et assez intelligent ; elle s'apprivoise facilement, et devient souvent le compagnon des Savoyards, qui lui apprennent différents tours et en font des objets d'exhibition. Elle appartient à l'ordre des Rongeurs.

Fig. 20. Flammant. — Le Flammant est un des plus beaux et des plus curieux échassiers. Ses jambes et son cou interminables accompagnent un petit corps aux plumes blanches et roses d'une couleur admirable. Son

bec est relativement gros et comme coudé vers le milieu
de sa longueur. Ces oiseaux préfèrent le bord des lacs
aux bords de la mer. Ils vivent de poissons, grenouilles
et autres petits animaux aquatiques. On les trouve en
abondance dans les régions chaudes, telles que l'Égypte,
la Sardaigne et certaines îles de l'Amérique. Pendant
l'été, les Flammants arrivent en troupes sur nos côtes
méridionales, où ils viennent chercher un climat plus
tempéré. Ces oiseaux construisent un nid fort curieux :
c'est une sorte de monticule formé de vase sèche, au
sommet duquel se trouve une cavité contenant deux
œufs; le Flammant les couve en s'asseyant pour ainsi
dire dessus, ses longues jambes pendant de chaque côté
du nid.

Fig. 21. PÉLICANS. — Les Pélicans habitent l'Afrique
et l'Amérique plutôt que nos climats tempérés; certaines
espèces cependant sont fort communes en Hongrie et en
Russie, où elles se tiennent au bord des lacs et des rivières. Ces oiseaux possèdent, sous le bec, une vaste
poche où ils gardent quelque temps leur proie avant de
l'avaler. Ils se réunissent pour cerner le poisson, qu'ils
prennent en grand nombre et mangent ensuite en commun. Le pélican dépose ses œufs dans les anfractuosités
des rochers, et nourrit ses petits en dégorgeant dans leur
estomac le poisson contenu dans sa poche. Ils appartiennent à l'ordre des Palmipèdes, et leur palmure s'étend
même sur les quatre doigts du pied, au lieu de laisser le
doigt postérieur en dehors, comme d'ordinaire; les palmipèdes qui présentent cette particularité sont appelés
totipalmes.

Fig. 22. MAGOT. — Les Magots sont les seuls singes d'Europe ; ils se distinguent des autres macaques, leurs voisins, par une queue presque nulle. On les rencontre à Gibraltar et en Afrique, se rassemblant en troupes et entreprenant des expéditions parfaitement organisées pour la maraude. Les uns escaladent les palissades et volent les fruits, tandis que d'autres, postés en sentinelle, avertissent la bande au premier danger. De caractère doux et timide, les Magots se plaisent dans la société de l'homme et s'attachent à sa personne.

Fig. 23. CAMÉLÉON. — Le Caméléon, sorte de lézard, habite le midi de la France et l'Algérie ; sa langue, très longue, terminée par un petit tampon qu'il peut projeter assez loin, lui sert à capturer les insectes dont il se nourrit. Il demeure des heures entières immobile. Ses doigts sont divisés en deux paquets, l'un de trois, l'autre de deux doigts, entre lesquels il saisit les branches, tandis que sa queue s'enroule autour d'elles. Ses deux gros yeux, dont les paupières sont couvertes d'écailles, peuvent regarder, simultanément, à des endroits opposés. A ces singularités, le Caméléon ajoute la faculté de changer de couleur suivant les impressions qu'il éprouve ou le milieu dans lequel il se trouve placé.

Fig. 24. SCORPION. — Les Scorpions, malgré la ressemblance avec les écrevisses que leur donne leur paire de pinces, appartiennent à une tout autre classe que ces animaux ; ils se rapprochent beaucoup des araignées et font, en conséquence, partie de la classe des Arachnides. Ils comptent, après certains serpents, parmi les animaux venimeux les plus à craindre des pays chauds.

Ce sont des arthropodes nocturnes, se cachant le jour sous les pierres et dans les lieux obscurs, mais courant la nuit avec une assez grande agilité. Leur corps se termine par une sorte de queue grêle et noueuse. Leur venin, contenu dans un aiguillon placé au bout de la queue, produit de graves inflammations qui peuvent avoir de funestes conséquences et même, dit-on, entraîner la mort. Les Scorpions de l'espèce commune dans le midi de la France ne paraissent pas produire d'aussi douloureuses piqûres. Relativement à celle des espèces des pays chauds ou même d'Algérie, leur taille est d'ailleurs petite.

Fig. 25. ESTURGEON. — L'Esturgeon compte parmi les plus grands poissons de nos rivières, car sa taille peut atteindre de cinq à six mètres de longueur. Son corps est parsemé de plaques osseuses ayant l'aspect de petits boucliers, mais son squelette demeure cartilagineux. On trouve l'Esturgeon dans la mer du Nord, l'Océan, la Méditerranée ; il remonte les grands fleuves de l'Europe à l'époque de la ponte, et on le pêche alors avec ardeur, à cause de l'excellent goût de sa chair et de la grande quantité de ses œufs, avec lesquels on fait le caviar, mets estimé dans certaines parties de la Russie. Dans la mer, l'Esturgeon se nourrit de poissons de taille moyenne, comme les maquereaux et les harengs ; il ne craint pas de poursuivre les saumons lorsque ceux-ci remontent les fleuves.

Fig. 26. BUFFLE. — Le Buffle est une sorte de bœuf qui paraît être originaire des parties chaudes et humides de l'Inde ; mais il s'est répandu dans la Grèce, l'Italie, la Perse, l'Arabie, et dans toute la partie orientale de l'Afrique. Le Buffle vit en troupeaux nombreux et recherche les prairies herbeuses. De nature farouche, il est fort difficile à apprivoiser. On y réussit pourtant, et dans plusieurs pays, principalement dans la campagne de Rome, on se sert du Buffle pour labourer la terre et porter les fardeaux. On le dirige à l'aide d'un anneau de fer passé dans ses narines.

Fig. 27. Porc-Épic. — Le Porc-Épic appartient à l'ordre des Rongeurs; il habite, en Europe, l'Italie, la Grèce et l'Espagne; son corps est recouvert de baguettes pointues qui deviennent autant d'armes offensives lorsque l'animal est attaqué et redresse ses dards afin de les présenter de toutes parts à l'ennemi. Il se précipite sur ce dernier en marchant de côté ou à reculons, de manière à n'offrir que des parties armées de pointes. Les Porcs-Épics sont herbivores; ils sont d'un caractère farouche, vivent dans la solitude et se creusent des terriers qu'ils quittent seulement pour aller chercher leur nourriture.

Fig. 28. Grue. — Les Grues, de l'ordre des Échassiers, sont de beaux oiseaux aux formes sveltes, au plumage fin, d'un gris cendré, à l'exception du cou qui est noir. Elles habitent les plaines et se tiennent de préférence au voisinage des eaux, où elles trouvent les poissons, grenouilles et autres petits animaux dont elles se nourrissent. Ces oiseaux migrateurs traversent la France vers le mois d'avril ou de mai, et vont passer la belle saison dans les contrées septentrionales de l'Europe. Dès les premiers froids, ils se réunissent par plusieurs centaines, s'envolent rangés sur deux lignes, de façon à former un triangle dont un seul oiseau occupe le sommet, et se dirigent ainsi vers l'Égypte et l'Abyssinie. Elles font un nid grossier placé généralement sur une éminence; on en trouve jusque sur le haut des colonnes ou les ruines des temples d'Égypte.

Fig. 29. CIGOGNE. — Les Cigognes, de l'ordre des Échassiers comme les grues, habitent comme elles, et pour les mêmes raisons, le bord des eaux et les marécages. Blanche avec l'extrémité des ailes noires, les ailes et les pattes rouges, elle peut atteindre jusqu'à $1^m.20$ de hauteur. Les Cigognes s'apprivoisent aisément et jouissent dans plusieurs pays d'une sorte de protection. Elles émigrent comme les Grues.

Fig. 30. CHACAL. — Le Chacal habite la Grèce méridionale, l'Afrique et l'Asie, où il vit par troupes; on en connaît plusieurs variétés considérées quelquefois comme des espèces. Il ressemble beaucoup au chien; sa taille est intermédiaire entre celle du renard et celle du loup; son pelage est fauve. Le Chacal s'approche des habitations et suit les caravanes au milieu du désert, dans l'espoir de saisir quelque aubaine. Il mange des débris de toutes sortes et se contente généralement de proies mortes. Toutefois, poussé par la faim, il ne craint pas de se jeter sur les bœufs et les chevaux lorsqu'il est en chasse, mais n'attaque jamais l'homme. On peut même l'apprivoiser, car son caractère caressant ressemble à celui du chien, dont on a voulu quelquefois en faire l'ancêtre.

Fig. 31. TORTUE GRECQUE. — La Tortue grecque est très abondante en Europe; on la trouve en Grèce, en Italie, en Espagne et dans la France méridionale. Elle mange des insectes, des vers, des limaces, ou même des herbes et des racines, et s'engourdit pendant l'hiver, après s'être enterrée quelquefois à cinq ou six décimètres de profondeur. De même que celle des autres tortues terrestres, sa chair est quelquefois employée à faire un bouillon savoureux. Il existe en Europe plusieurs espèces de Tortues ; l'une des plus répandues est la Cistude commune, qui vit dans les marais.

PLANCHE III

VÉGÉTAUX D'EUROPE.

Fig. 1. LICHEN D'ISLANDE. — Le Lichen d'Islande ne se trouve que dans les régions polaires et sur les plus hautes montagnes. C'est une petite plante brune, demi-transparente, dont la substance se réduit en gelée quand on la fait bouillir dans l'eau. Cette gelée est un aliment sain et nourrissant que les habitants des régions arctiques mêlent avec du lait, et qui devient ainsi pour eux une précieuse ressource. On peut aussi faire sécher le lichen comestible, le réduire en poudre et le mêler avec de la farine, soit pour en faire du pain, soit pour en faire des galettes. La médecine l'emploie dans les convalescences et dans les affections pulmonaires.

Fig. 2. LICHEN DES RENNES. — Un autre Lichen devient dans les mêmes régions, durant les longs hivers polaires, l'aliment presque exclusif des rennes, serviteurs indispensables des Lapons. A lui seul, ce lichen rend habitables les régions polaires pendant la saison la plus rigoureuse, en permettant au renne et par conséquent à l'homme d'y subsister. Il végète même sous la neige, où les rennes savent très bien aller le chercher.

Fig. 3. BOULEAU NAIN. — Ce Bouleau, variété du *Bou-*

leau blanc, est l'arbre qui s'avance le plus loin vers les régions polaires. On le rencontre jusque vers le 70ᵉ degré de latitude. Les Bouleaux forment au nord de l'Europe et de l'Asie des forêts entières et servent aux usages les plus variés : les Groenlandais et les Kamtschatdales mangent leur écorce quand elle est jeune; quand elle est vieille, ils l'emploient à confectionner des chaussures et s'en servent aussi pour couvrir leurs cabanes. Les Suédois et les Russes tirent de leur tronc une liqueur fermentescible. A mesure qu'il s'avance vers le nord, ou qu'il monte sur le flanc des montagnes vers la région des neiges éternelles, le Bouleau blanc se rabougrit de plus en plus; ses branches deviennent noueuses, ses feuilles rares et petites : c'est à cette variété qui pousse en buissons que l'on donne le nom de *Bouleau nain*.

Fig. 4. CARDÈRE A FOULONS. — La Cardère à foulons, ou *herbe des bonnetiers*, est une belle plante herbacée à végétation vigoureuse, à feuilles longues et larges, portant des épines sur leur nervure médiane. Les fleurs forment à l'extrémité des tiges des espèces de têtes semblables à celles des chardons : ce sont ces têtes ou épis, présentant de nombreuses petites épines, que l'on emploie pour peigner les draps, usage pour lequel on n'a trouvé aucune machine propre à les remplacer. Les cardères poussent à l'état sauvage dans nos pays; mais on les cultive en grand pour les usages de l'industrie. Les abeilles sont très avides du suc sécrété par leurs fleurs.

Fig 5. SALICORNE (*Salicornia herbacea*). — Plante de la famille des Chénopodées, qui croît dans les terrains imprégnés d'eau de mer, et fixe dans ses tissus une telle quantité de sels alcalins qu'on l'emploie à la fabrication de la soude. On prétend que les anciens découvrirent la fabrication du verre en brûlant des plantes semblables sur du sable avec qui se combina accidentellement la soude qu'elles contenaient. Les jeunes pousses de Salicorne se mangent en salade ou servent de condiment comme les câpres.

Fig. 6. GARANCE. — La Garance appartient à la même famille que le Café, mais on la cultive pour des usages tout différents. Elle fournit, en effet, deux matières colorantes, l'une rouge, l'*alizarine*, l'autre jaune, la *xanthine*. L'alizarine est la couleur qui sert à teindre les pantalons de nos soldats. On l'extrait de la racine de la plante. La garance a été longtemps une richesse pour nos départements du midi; mais son importance a singulièrement diminué depuis qu'on a réussi à fabriquer artificiellement l'alizarine.

Fig. 7. CARTHAME. — Le Carthame, de la famille des Synanthérées ou *Composées,* est cultivé dans les jardins orientaux, tant à cause de son utilité que comme plante d'agrément. Les fleurs, d'un jaune safran, deviennent orangées en vieillissant. On en extrait une matière colorante servant principalement à teindre les étoffes de soie et de coton. Cette matière, réduite en poudre fine et mêlée au talc, constitue un fard très recherché. En Orient, la graine de Carthame était autrefois employée en médecine comme médicament purgatif.

Fig. 8. SAFRAN. — Le Safran est principalement cultivé en Italie et dans le midi de la France. C'est une plante voisine des iris et des glaïeuls, à racine bulbeuse. Sa culture demande beaucoup de travail et de soin ; ses stigmates, séchés et réduits en poudre, forment le safran du commerce. On l'emploie comme matière colorante et surtout comme médicament. Cette substance contient un principe stimulant et antispasmodique. Dans le midi de l'Europe, en Orient, on emploie journellement le Safran dans un grand nombre de préparations alimentaires. Les bulbes de Safran se plantent vers la fin de mai ; la plante fleurit en septembre et octobre, mais la récolte est toujours aléatoire.

Fig. 9. GNAPHALIUM. — Le *Gnaphalium Leontopodium* est une petite plante de la famille des composées, qui ne vit qu'à une assez grande hauteur sur les montagnes ; elle est remarquable par l'abondance du duvet blanc qui recouvre ses feuilles ; elle est caractéristique des régions alpestres.

Fig. 10. RHODODENDRON. — Les Rhododendrons, de la famille des Ericacées, à laquelle appartiennent aussi les bruyères, sont de petits arbres ou plutôt des arbustes remarquables par leur feuillage luisant, persistant, et leurs magnifiques fleurs réunies en bouquets de couleurs éclatantes et variées ; les Rhododendrons se plaisent sur les hautes montagnes et dans les pays à température chaude. Avec quelques précautions, on les cultive facilement dans le centre de la France, où ils font un des plus beaux ornements des jardins.

Fig. 11. PIN PUMILIO. — Le Pin pumilio est un arbrisseau dépassant à peine quatre mètres, formant quelquefois des buissons. Il habite principalement les parties calcaires des Alpes, les Carpathes, les Pyrénées et presque toutes les régions de l'Europe occidentale où l'altitude devient considérable.

Fig. 12. Pin cembro. — Le Pin cembro croît dans les montagnes hautes, humides et froides; on le rencontre en abondance dans les Alpes, les Carpathes, les monts Oural et dans la Sibérie. Ce pin pousse droit jusqu'à une grande hauteur; ses branches diminuent de longueur de la base du tronc au sommet, et donnent à l'arbre la forme d'une pyramide. Ses graines sont comestibles et fort recherchées dans les pays froids. Le Pin cembro est employé pour la menuiserie et aussi pour la sculpture. On s'en sert fréquemment pour la mâture des navires.

Fig. 13. Chataignier. — Le Châtaignier peut s'élever à une assez grande hauteur et atteindre de fortes dimensions. Il prospère dans les terrains argileux ou sablonneux, et devient la richesse des pays dont le sol montagneux est peu fertile. Son fruit succulent et très nourrissant est, pendant l'hiver, dans certaines régions de la France, dans le Limousin, les Cévennes, la Corse, l'aliment journalier des paysans; il peut même remplacer le pain. On mange les châtaignes bouillies dans l'eau après avoir enlevé leur double enveloppe, ou bien cuites sous les cendres et sans autre préparation préalable. Une partie de la récolte est séchée au feu, et la châtaigne sèche, décortiquée, se mange également bouillie. Le bois de Châtaignier, dur et résistant, s'emploie pour la menuiserie, la charpente et la carrosserie.

Fig. 14. Platane. — Le Platane est un des arbres les plus anciennement connus; les Grecs et les Romains le cultivaient dans leurs villes et dans leurs jardins pour son beau feuillage, son ombrage épais, sa taille élevée; le bois de Platane, de couleur brune et veinée, se polit facilement : aussi les menuisiers en font-ils de fins objets d'ameublement. La résistance de ce bois permet aussi de l'utiliser pour les charpentes et les constructions navales. Cet arbre si utile se cultive facilement dans les terres fortes et humides. On l'a acclimaté dans presque tous les pays d'Europe. En France, on le plante souvent au bord des routes; il est reconnaissable à ses feuilles larges et profondément découpées, à ses fruits réunis en têtes arrondies, à son écorce qui se détache chaque année par larges plaques et met à nu une écorce nouvelle d'un gris argenté.

Fig. 15. Maïs. — Le Maïs était cultivé, dès l'antiquité, dans presque toutes les régions du monde. Chaque partie de cette précieuse graminée a son utilité particulière. Coupé encore en herbe après la floraison, le maïs est un excellent fourrage pour les bestiaux; parvenu à sa maturité, son bel et long épi, chargé de gros grains d'un jaune pâle, fournit une farine presque aussi alimentaire que celle du blé. La farine et le grain de maïs sont la nourriture fondamentale de certaines populations méridionales. C'est avec la farine de maïs qu'on fabrique dans le midi de l'Italie la *polenta*, sorte de bouillie qui est le mets national des Napolitains, mais qu'on accuse de déterminer une grave maladie de peau, la *pellagre*. On se sert partout avec succès des grains de maïs pour l'élevage des animaux, et notamment des grosses volailles. La tige du maïs, semblable à la canne à sucre, contient également du sucre, mais en moindre quantité; ses feuilles larges et résistantes peuvent faire un excellent papier. Enfin, on emploie aussi les bractées, résistantes et élastiques, qui enveloppent les épis, pour garnir la paillasse des lits.

Fig. 16. MURIER BLANC. — Le Mûrier blanc est originaire de la Chine et a été pour ce pays la source de grandes richesses; sa feuille est en effet la nourriture presque exclusive des vers à soie; de là vient que les riches et belles étoffes de cette matière furent longtemps le monopole de la Chine et des pays orientaux. Plus tard, le mûrier fut cultivé en Grèce, en Afrique et en Italie, d'où quelques gentilshommes français le rapportèrent en 1340. Les premiers mûriers furent plantés à Avignon. Louis XI, François Ier, Henri II et surtout Henri IV, à l'instigation d'Olivier de Serres, firent les plus grands efforts pour encourager les cultivateurs à acclimater un arbre de ce prix, et c'est à leur zèle que la France doit une de ses plus grandes et plus riches industries. Le Mûrier est aujourd'hui répandu dans tout le midi de la France.

Fig. 17. PISTACHE. — La Pistache, graine du Pistachier, est une amande dont le fruit d'un vert gris possède un goût délicat et parfumé qui la fait employer par les glaciers et les confiseurs. La Pistache, renfermant une huile nourrissante et adoucissante, est aussi employée en médecine.

Fig. 18. PISTACHIER. — Le Pistachier, petit arbre originaire de Syrie, fut importé en Italie et en France, où on le cultive dans les contrées méditerranéennes; ses fruits, de la grosseur d'une olive, s'ouvrent en deux valves à leur maturité. Le Pistachier peut aussi être cultivé dans le centre de la France, à condition d'être exposé au soleil et soutenu par un espalier.

Fig. 18. Pin pignon ou Parasol. — Le Pin pignon ou Parasol vit en abondance dans les contrées méditerranéennes. Il est dénudé, souvent tordu, et se termine par un bouquet de branches horizontales : de là vient son nom de Parasol. Les graines de ce Pin sont grasses et d'un goût agréable, aussi les méridionaux s'en servent-ils dans diverses préparations culinaires. Le bois du Pin Parasol, quoique peu résistant, s'emploie dans la menuiserie et dans la construction des embarcations.

Fig. 19. Cyprès. — Le Cyprès appartient, comme le pin, à la famille des Conifères; c'est un arbre au feuillage sombre et serré, qui atteint une très grande hauteur dans les pays méridionaux de l'Europe. Il est aussi répandu dans le nord de la France, mais il décroît de hauteur lorsque le climat se refroidit. On le plante fréquemment dans les cimetières, et les poètes en ont fait l'emblème de la douleur. Les cônes du Cyprès sont de forme presque sphérique, et relativement petits.

Fig. 20. Olivier. — L'Olivier est généralement un petit arbre à branches tordues, rabougries et un peu épineuses; il vit dans tout le midi de l'Europe, où on le cultive avec soin à cause de l'huile abondante et éminemment comestible que l'on extrait de ses fruits. Les feuilles sont petites, épaisses, d'un vert sombre et persistantes, de sorte qu'on doit ranger l'Olivier parmi les arbres toujours verts. L'Olivier possède une longévité remarquable, et peut, avec l'âge, atteindre de très grandes dimensions; on en a vu de 15 mètres de haut et de 3 ou 4 mètres de circonférence. Son pays d'origine paraît être la Syrie, mais il est cultivé, depuis un temps immémorial, surtout le littoral de la Méditerranée. En dehors de l'huile qu'elle fournit, l'olive est par elle-même un condiment agréable, mais elle demande quelques préparations avant d'être comestible. Pour extraire l'huile d'olive, on écrase le fruit, y compris son noyau, dans un moulin; on obtient ainsi l'*huile vierge;* on additionne ensuite le moût d'eau bouillante et on presse de nouveau pour en extraire l'*huile comestible,* qui rancit plus facilement que l'huile vierge. Les huiles de qualité inférieure sont employées à l'éclairage ou à la fabrication des savons.

Fig. 21. ACANTHE. — Les Acanthes, plantes herbacées et vivaces, de la famille des Acanthacées, sont remarquables par la beauté de leurs feuilles et leurs fleurs disposées en pyramides. Leurs feuilles ont servi de type à un ornement architectural des plus répandus. Les Acanthes sont fort nombreuses dans toute l'Europe méridionale et dans la partie chaude de la France.

Fig. 22. ORANGER. — L'Oranger, type d'une famille spéciale de plantes, est un petit arbre de forme arrondie et gracieuse, aux feuilles oblongues et luisantes, cultivé dans toute la partie méridionale de l'Europe. L'Oranger se couvre, au printemps, de jolies fleurs blanches d'une odeur exquise et dont on extrait la liqueur calmante si connue sous le nom d'*eau de fleurs d'oranger.* Les oranges sont un des plus beaux fruits du Midi, l'un des plus agréables, et l'un de ceux qui se conservent le plus facilement; on extrait de leur écorce une essence parfumée, l'essence de *bigaradier.*

Fig. 23. Grenadier. — Le Grenadier, importé de la Mauritanie, vit dans toute l'Europe méridionale et remonte même assez haut dans le centre de la France; c'est un bel arbuste, appartenant à la même famille que les myrtes, aux feuilles petites et pointues, aux fleurs d'un rouge éclatant et quelquefois de nuances variées; le bois du Grenadier, fort dur et d'une jolie couleur, est employé dans les arts pour l'ornementation. La grenade, un peu plus grosse que l'orange, renferme, sous une dure écorce, de nombreux petits pépins d'un goût aigrelet fort agréable; on emploie beaucoup, en médecine, l'écorce du Grenadier et son fruit comme fébrifuge et anthelmintique.

Fig. 24. Figuier. — Le Figuier est répandu dans tous les pays chauds du monde et dans le midi de la France; ses larges feuilles découpées forment un ombrage agréable, et quelques individus acquièrent des dimensions vraiment colossales : il existe à Roscoff, en Bretagne, un Figuier sous lequel une centaine de personnes tiendraient à l'aise. Les fruits du Figuier sont savoureux, de nuance verte ou violacée. Il existe plusieurs variétés de figues inégalement appréciées; les plus recherchées sont celles de Smyrne. Les figues peuvent aisément être desséchés au soleil; on les expédie alors dans les pays du Nord.

Fig. 25. Myrte. — Le Myrte, type de la famille des Myrtacées à laquelle appartient aussi le grenadier, charmant petit arbre au feuillage serré et fin, aux fleurs blanches et odorantes, vit dans le midi de l'Europe et aux îles Baléares, aimant les terrains pierreux secs et exposés au soleil. Le Myrte était cultivé avec sollicitude par les Grecs et les Romains, qui le mêlaient à leurs jeux et à leurs triomphes. Ses fruits épicés servent à parfumer les mets, et ses feuilles aromatiques, d'où on tire une essence d'une odeur très agréable, étaient autrefois employées à des usages divers, en médecine et dans l'économie domestique. On les utilise encore en Italie et en Grèce pour le tannage des peaux.

Fig. 26. LAURIER. — Le Laurier est un bel arbre aux feuilles entières qui croît sur tout le littoral de la Méditerranée; ses feuilles aromatiques donnent une huile aux propriétés toniques et excitantes qui les a fait employer de diverses façons à un certain nombre d'usages médicinaux. On s'en sert fréquemment dans les préparations culinaires, d'où le nom de *Laurier sauce* par lequel on désigne souvent l'arbre, que les botanistes ont nommé *Laurier noble* ou *Laurier d'Apollon*. Les baies et les graines du Laurier contiennent aussi une huile odorante d'un goût amer dont on se sert pour composer certains médicaments; les branches de Laurier couronnaient autrefois les poètes et les vainqueurs. Au moyen âge, une couronne de branches de Laurier chargées de leurs baies était décernée aux vainqueurs des jeux académiques; c'est là l'origine du mot *baccalauréat*. Le Laurier est encore l'emblème de la victoire et du succès. On le cultive jusque dans le centre de la France, mais il est sensible aux grands froids.

Fig. 27. FIGUIER DE BARBARIE. — Le *Cactus Opuntia*, ou Figuier d'Amérique ou de Barbarie, vit dans le midi de l'Europe sur tout le littoral de la Méditerranée. Il est, comme tous les Cactus, originaire d'Amérique; sa tige est formée d'une série de palettes épaisses, de forme ovale, irrégulièrement implantées les unes sur les autres, dépourvues de feuilles, mais munies de robustes épines. En raison de la forme de ces palettes, l'Opuntia est souvent désigné sous le nom vulgaire de *Raquette*. Les fleurs de l'Opuntia sont superbes, et ses fruits, de la grosseur et de la forme d'une figue, bien qu'ils soient défendus par des épines très pénétrantes, sont d'un goût agréable et fort appréciés des populations méridionales.

Fig. 28. CAPRIER. — Le Câprier, plante grimpante, aux larges fleurs blanches ou pourpres, souvent disposées en grappes, est cultivé dans le midi de la France comme plante d'ornement et aussi pour les boutons de ses fleurs. Ces boutons, d'un vert jaspé, confits dans le vinaigre, constituent un condiment agréable et entrent dans la préparation d'un grand nombre de mets. Le Câprier est fort commun dans toutes les régions chaudes.

Fig. 29. AGAVE. — L'Agave, de la famille des Amaryllidées, voisine de celle des Liliacées, et dont le narcisse des jardins est le type, est, comme le Cactus Opuntia, originaire de l'Amérique. On le trouve en abondance dans toute l'Europe méridionale, où il se développe surtout dans les terrains pierreux et sur les rochers exposés au midi qui bordent la mer; les larges feuilles, robustes, épineuses et serrées, de l'Agave, servent souvent à faire des haies de clôture; parmi elles s'élève une hampe immense garnie au sommet d'une quantité de fleurs d'un jaune pâle, et qui atteint quelquefois en une quinzaine de jours 6 à 7 mètres de hauteur. Les feuilles d'Agave contiennent des filaments très solides dont on se sert pour fabriquer des cordages et des étoffes grossières.

Fig. 31. CHÊNE-LIÈGE. — Le Chêne-Liège, abondant dans tout le midi de l'Europe, possède une écorce épaisse, élastique, légère et spongieuse, dont tout le monde connaît l'aspect. Tous les dix ans, aux mois de juillet et d'août, on enlève l'écorce de l'arbre; cette écorce, le liège, est employée aux usages les plus variés; l'un des plus importants est la fabrication des bouchons, mais ce n'est que vers l'âge de vingt-cinq ans que l'arbre produit un liège ayant toute la finesse désirable.

Fig. 30. PALMIER ÉVENTAIL, OU CHAMÆROPS HUMILIS. — Le Palmier éventail, ou *Chamaerops humilis*, notre seul Palmier indigène, est très commun dans les contrées méditerranéennes les plus chaudes; il est également répandu en Italie, en Espagne, en Portugal et en Algérie, où il atteint une plus grande hauteur, probablement sous l'action d'une chaleur plus intense. Ses belles feuilles, plissées et découpées en éventail, lui donnent un aspect très ornemental. Son fruit est de la grosseur d'une cerise. Dans le centre de la France, on l'élève en serre comme plante d'appartement.

Fig. 32. CAROUBIER. — Le Caroubier, petit arbre aux branches tortueuses et pendantes, aux fleurs pourpres et disposées en petites grappes, aux feuilles rappelant celles de l'acacia et des autres Légumineuses, est fort commun dans le midi de l'Europe et sur toutes les côtes de la Méditerranée, où il aime les terrains pierreux, exposés au soleil. Le fruit du Caroubier est une sorte de gousse qui peut atteindre une longueur de 20 centimètres; il renferme une pulpe sucrée, d'un goût assez agréable; on s'en sert généralement pour nourrir les bestiaux, qui en sont très friands, mais les pauvres gens s'en nourrissent parfois. Ce fruit est légèrement purgatif, et on en extrait une eau-de-vie commune. Le bois du Caroubier, connu sous le nom de *carouge*, est, à cause de sa dureté, fort utile en menuiserie et en ornementation.

PLANCHE IV

PEUPLES D'AFRIQUE.

Fig. 1. Yoloffs. — Ce sont les plus beaux et les plus robustes de tous les nègres. Ils habitent le centre de la Sénégambie et le bassin inférieur du Sénégal ; leur peau est absolument noire, mais leur nez est assez saillant. Ils possèdent quelques villes et pratiquent une sorte d'islamisme modifié par les pratiques les plus superstitieuses. Les Yoloffs cultivent la terre, chassent et pêchent ; ils vivent de riz, de laitage et de poisson. Nos officiers ont pu en faire de très bons soldats ; mais ils sont souvent paresseux et s'adonnent volontiers à l'ivrognerie.

Fig. 2. Nègres du Dahomey. — Ils passent, à juste titre, pour les plus féroces de tous les nègres, et sont soumis à un roi qui a droit absolu de vie ou de mort sur tous ses sujets. Ils sont guerroyeurs et se livrent au commerce des esclaves. Abomey est la capitale de leur vaste pays, qui forme un véritable empire et qui s'étend de la Guinée supérieure jusqu'au golfe de Guinée.

Fig. 3. Berbères. — Les Berbères appartiennent nettement à la race dite blanche, bien que leur teint puisse se foncer jusqu'à devenir aussi noir que celui des nègres ; mais on trouve quelquefois parmi eux des blonds à l'œil bleu. Les plus connus sont les Kabyles et les Touareg. Les Kabyles se distinguent des Arabes par leur tête plus ronde, leurs traits moins fins, leur nez ordinairement droit. Ils habitent, dans les montagnes, des villages pauvres, sales, formés de cabanes ou *gourbis* assez mal construits. Ils sont agriculteurs et se livrent à un assez grand nombre d'industries; ils fabriquent des instruments de fer, des armes, de la poudre, de l'huile, du savon, etc. Ils émigrent momentanément pour revenir à leur village quand ils ont gagné quelque argent. Ce ne sont pas, comme les Arabes, d'excellents cavaliers; ils voyagent à pied; leur loyauté est proverbiale, mais ils sont extrêmement violents et vindicatifs.

Fig. 4. FELLAHS. — On désigne sous ce nom les paysans égyptiens qui se rattachent au type arabe. Les Fellahs sont essentiellement agriculteurs.

Fig. 5. BARI OU BÉRI. — Les Bari, habitants des bords du Nil Blanc, présentent les traits du nègre notablement atténués. Le nez n'est pas épaté, les lèvres ne sont ni grosses ni saillantes, les traits sont réguliers; mais la chevelure est crépue; ils n'en gardent d'ailleurs qu'une touffe qu'ils ornent de plumes sur le sommet de la tête. Les femmes se rasent même généralement la chevelure. Elles portent un petit tablier de perles et d'anneaux de fer unis comme dans une cotte de mailles; le tablier est attaché à une ceinture qui se termine en arrière par une sorte de queue faite de lanières de cuir et de feuilles de coton : c'est probablement un ornement analogue qui a donné lieu à la légende des *hommes à queue*. Leurs bijoux favoris sont des anneaux de fer;

elles s'en mettent aux jambes le plus qu'elles peuvent.

Les hommes portent toujours avec eux un tabouret, une longue pipe, et des armes consistant en une massue d'ébène, un arc toujours tendu et des flèches. On les regarde comme les plus dangereux des habitants du bassin du Nil Blanc. Leurs cabanes sont construites sur une sorte d'aire soigneusement égalisée, entretenues avec une grande propreté et entourées de haies impénétrables d'euphorbes. La nourriture habituelle est une pâte faite de la farine de lotus.

Fig. 6. HAOUSSA. — Tribu de nègres habitant au sud du Sahara et à l'ouest de l'Abyssinie.

Fig. 7. DARFOUR. (Imprimé par erreur typographique ALFOUROU dans l'atlas.) — Ce sont des tribus nègres habitant comme les précédents le sud du Sahara, mais plus à l'ouest.

Fig. 8. — FOULBES, FOULAHS, FELLATAS ou PEULS. Ces habitants de la côte occidentale d'Afrique, et notamment de la Sénégambie, se retrouvent aussi dans le Soudan où ils ont une civilisation relativement avancée. Ils ne sont pas noirs, mais d'une teinte acajou foncé; ils s'éloignent d'ailleurs des nègres par tous leurs autres caractères; leurs cheveux sont noirs, lisses et plats; leur nez n'est pas épaté; leurs traits sont réguliers et l'ovale de leur visage assez gracieux, et leur port ne manque pas d'une certaine élégance. La langue des Peuls diffère de celle des nègres voisins. Pour toutes ces raisons, on a considéré souvent ces hommes comme se rattachant au rameau sémitique de la race blanche, mais ils paraissent plutôt constituer un type rouge particulier. Les Peuls n'arrivent pas à un très haut degré de civilisation; ils ont cependant dominé les noirs partout où ils se sont trouvés en contact avec eux. Ils sont courageux, prudents et habiles trafiquants; la plupart sont mahométans.

Fig. 9. TOUAREG. — Les Touareg des oasis du Sahara sont de vrais blancs, qui se rattachent étroitement aux Kabyles, mais mènent une tout autre existence. Ils sont à la fois pasteurs et brigands, rançonnent à outrance les caravanes, et vont même jusqu'en Nigritie enlever des noirs qu'ils revendent ensuite comme esclaves; un grand nombre d'entre eux se livrent également au commerce. Ils sont mahométans, mais professent cependant pour leurs femmes le plus grand respect; on rencontre assez souvent des blondes parmi elles. Le costume des Touareg est assez remarquable : leur tête est couverte d'une calotte rouge retenue par un turban plat duquel pendent deux voiles bleus, l'un, percé de deux trous pour les yeux, qui leur couvre le haut de la figure, l'autre qui leur cache le menton. Ils se préservent ainsi du rayonnement des sables et de la poussière. Leurs armes sont un long poignard qu'ils tiennent toujours appliqué contre leur bras gauche, un sabre droit à deux tranchants qu'ils portent sur le dos, une lance en fer, un fusil, et un bouclier de peau d'éléphant.

Fig. 10. NUBIENS. — Bien que d'une teinte foncée qui est plutôt brun-chocolat que noire, les Nubiens, dont on voyait récemment de beaux spécimens au Jardin d'acclimatation de Paris, ont des caractères particuliers qui les distinguent des nègres du centre de l'Afrique; leur langue se rattache au type chamitique. Leur nez, assez

gros et jamais aquilin, n'est cependant pas épaté; leurs
lèvres ne sont pas retroussées en dehors, et leurs cheveux, quoique frisés, ne sont pas crépus de manière à
présenter l'aspect de la laine de mouton. Ils les arrangent d'une façon particulière en mèches qui descendent
toutes à la même hauteur et qui sont enduites d'une
graisse blanche dont ils se frottent aussi le corps. Une
longue aiguille de bois passée dans leurs cheveux leur sert
à se gratter la tête sans déranger leur coiffure, à laquelle
ils attachent une grande importance et qu'ils considèrent
comme les distinguant nettement des nègres, bien au-dessus desquels ils se placent eux-mêmes. Les Nubiens de
la mer Rouge sont surtout commerçants; ceux du Nil, ou
Barabras, s'adonnent aussi à l'agriculture et passent pour
industrieux, hospitaliers et remarquablement probes. —
Ils sont mahométans.

Fig. 11. ABYSSINS. — Les Abyssins présentent aussi
un ensemble de caractères qui les distinguent nettement des populations noires qui les entourent. Ils ont
la tête ovale, et leur angle facial est supérieur à celui des
nègres; leur nez est gros et assez court, mais non épaté;
leurs lèvres sont charnues, mais non retroussées en
dehors; leurs pommettes sont saillantes; leur teint variant du noir au rouge cuivreux; leurs cheveux généralement frisés, quelquefois lisses, rarement crépus. On
observe donc chez eux une variabilité plus grande que
d'habitude, et, chose remarquable, les caractères en
apparence les plus opposés peuvent se rencontrer soit
parmi les membres d'une même famille, soit sur le
même individu. Le teint le plus clair s'unira, par exem-

ple, avec des cheveux crépus; des parents de teinte rouge auront des enfants presque noirs. C'est là le propre des races mêlées, et l'on peut en conclure que les Abyssins ont dû avoir des blancs et des noirs parmi leurs ancêtres. Ils parlent une langue spéciale, l'*amahné*, mais qui paraît avoir beaucoup emprunté à l'arabe. Les Abyssins sont actifs, industrieux; ils possèdent une littérature, une histoire, et professent un christianisme très modifié. Un d'entre eux, l'abbé Grégoire, a eu même une certaine renommée. Leur roi porte le titre de *Négus*.

Fig. 12. GALLAS. — Les Gallas sont parvenus à s'emparer d'une grande partie de l'Abyssinie. Ils sont nomades et constituent un grand nombre de tribus assez différentes par leurs mœurs, leur langue et leur religion. Ils ont le visage plus arrondi que les Abyssiniens, le nez plus court et séparé du front par un léger enfoncement; ils se rapprochent également des nègres par leurs lèvres épaisses et leurs cheveux presque crépus. Malpropres, pillards et cruels, mangeant même de la viande crue, ils passent une grande partie de leur vie à cheval et sont des voisins redoutables.

Fig. 13. SOMALI. — Les Somalis sont un type métis intermédiaire entre le type européen et le type guinéen. Leur sang européen proviendrait d'une phalange de Macédoniens. Ils adorent un Dieu nommé Wak, croient aux sortilèges, tirent des présages de l'inspection des entrailles des victimes qu'ils lui sacrifient, et ont des cérémonies pour les funérailles. Ils s'occupent de culture et élèvent des troupeaux.

Fig. 14. ASHANTIS. — Habitant la côte de Guinée, les

Ashantis nous présentent un type de nègres beaucoup plus élevé que les nègres du Soudan. Ils ont le nez épaté, mais les lèvres rouges, les dents petites et très soignées, les cheveux tombant quelquefois jusqu'aux épaules, et le teint noir, mais peu foncé. Ils formaient déjà au dix-huitième siècle un État important et se livraient à la vente des esclaves. Ils savent aujourd'hui tisser des étoffes, fabriquer des armes, faire un commerce fructueux, ce qui ne les empêche pas d'être idolâtres et même anthropophages, quand l'occasion s'en présente.

Fig. 15. KANORIS. — Nègres du Soudan habitant une région voisine de celle occupée par les Haoussa.

Fig. 16. MONBOUTTOUS. — Les Monbouttous sont de tous les habitants de l'Afrique centrale ceux dont la peau est le moins foncée. Ils ont la couleur brune du café en poudre; il y a même parmi eux un assez grand nombre d'individus à cheveux blonds, quoique crépus, et qui paraissent être des albinos.

Les Monbouttous diffèrent encore des nègres par le caractère de leur crâne et la forme de leur nez. Les hommes sont habillés d'une étoffe qu'ils fabriquent en battant l'écorce d'une espèce de figuier; les femmes vont presque nues, mais elles se couvrent de tatouages. Les cheveux sont arrangés en une sorte de chignon cylindrique soutenu par des roseaux, et que les hommes couvrent d'une sorte de chapeau orné de plumes. Ils se percent l'oreille pour y mettre un bâtonnet de la grosseur du doigt. Leurs armes sont la lance, l'arc, les flèches, des sabres recourbés en faucille pendus à leur ceinture, des poignards bizarres à plusieurs tranchants, et des hachettes de dimensions variées. Ils savent très bien forger sur l'enclume et fabriquent avec une grande habileté des fers de lance, des armes, des colliers, des chaînes de fer; mais leur métal précieux est le cuivre, et c'est avec lui qu'ils font leurs bijoux et leurs armes de parade. Ils façonnent aussi des poteries ornementées avec un certain art, et construisent avec les pétioles bruns et polis des feuilles d'un palmier, le *raphia*, de véritables palais. Les Monbouttous ont un roi auquel ils prodiguent les plus grandes marques de respect. Ils n'ont pas de troupeaux, travaillent la terre, mais d'une façon irrégulière; ils chassent et pêchent, et leur pays, riche en animaux sauvages, ne les expose pas à manquer de nourriture; cela ne les empêche pas d'être anthropophages et de dévorer leurs ennemis morts et leurs prisonniers. Les enfants sont spécialement réservés, paraît-il, pour la table du roi. Ils tiennent en profond mépris les nègres du sud, qui ont le privilège d'alimenter fréquemment leur cuisine.

Fig. 17. NYAM-NYAM. — Les Nyam-Nyam sont aussi cannibales, et leur nom, dans le dialecte dinka, signifie *grands mangeurs*. Ils ne se bornent même pas, comme les Monbouttous, à manger leurs ennemis, ils dévorent, surtout en temps de guerre, les faibles de leurs propres tribus et les individus qui meurent naturellement, si leur famille ne s'y oppose pas. Ils se font des colliers avec les dents des individus qu'ils ont mangés, et placent leurs crânes parmi leurs trophées. Leurs tatouages consistent en carrés remplis de points placés n'importe où sur le visage, en lignes de points, en zigzag sur la poitrine et le haut des bras, et en une sorte de cartouche en forme d'X au haut de l'abdomen. Ils se liment en pointe les incisives supérieures. Leur vêtement est une peau de singe ou de genette qu'ils se mettent autour de la taille, laissant pendre la queue en arrière. Les hommes accordent une attention toute spéciale à leur chevelure, qu'ils nattent et tressent de toutes façons; les nattes sont ensuite disposées avec beaucoup d'art suivant un type constant. Les dents d'hommes et d'animaux, ainsi que l'ivoire, fournissent les principaux ornements.

Leurs armes sont la lance, le cimeterre et un instrument spécial, le *troumbache*, sorte de projectile en bois, à plusieurs lames, qui sert à tuer le petit gibier. Ils se protègent à l'aide d'un bouclier en rotin, orné de croix ou de dessins blancs et noirs. Les Nyam-Nyam n'ont pas de bétail; dans leur pays éminemment fertile, l'agriculture est peu avancée et réservée aux femmes, la chasse et la guerre fournissant une abondante nourriture. Les Nyam-Nyam ont un roi dont l'autorité est très grande, mais dont les habitudes sont moins fastueuses que celles du roi des Monbouttous. Ils s'appellent, pour la guerre, la chasse ou les fêtes, au moyen d'énormes tambours placés à poste fixe à l'entrée des villages.

Fig. 18. BABONGOS. — Les Babongos habitent l'intérieur du Loango, et sont quelquefois désignés sous le nom de Pygmées de l'Afrique équatoriale. Ils forment un type parallèle au type négrito des îles du Pacifique. Leur taille est très faible, leur teint semblable à celui du vieux cuir, leurs cheveux implantés par touffes. C'est un type à peu près détruit, qui se mélange peu avec ses voisins, dont il a adopté cependant certaines coutumes. Les Babongos sont cantonnés dans les bois à l'est des Oroungous et le long de l'Ogooué.

Fig. 19. AKKAS. — Les Akkas habitent au sud des Monbouttous, auxquels ils sont en partie soumis. Ce sont les plus petits des hommes connus, de véritables nains au gros ventre et aux jambes courtes et arquées; leur crâne est large, presque sphérique; leur nez séparé du front par une sorte de creux; leurs mâchoires et leurs dents tellement projetées en avant qu'elles leur font comme une sorte de museau; leur teint roux cuivré ou café. Leurs cheveux ne sont pas implantés par touffes comme ceux des Babongos et Boschimans. Le roi des Monbouttous en entretient toujours, comme curiosité, quelques-uns à sa cour. Les Akkas sont vifs, remuants, rusés, adroits, d'une agilité surprenante, doués de sens d'une extrême finesse, mais très peu intelligents et cruels comme des enfants. Ils n'ont d'animaux domestiques que des poules; l'arc et les flèches sont leurs armes principales.

Fig. 20. DINKAS. — Les Dinkas, nègres par leurs principaux caractères, mais de couleur assez claire et à tête longue et étroite, sont loin d'être aussi industrieux que les Nyam-Nyam et les Monbouttous. Ils habitent un pays bas, marécageux, et doivent à cela leurs jambes longues et maigres. Leurs cheveux crépus sont l'objet d'un soin extrême; ils les arrangent en longues mèches, raides, rayonnant autour de la tête, et leur donnent une couleur rousse en les lavant fréquemment avec de l'urine de vache. Leur barbe est peu fournie et ils la coupent habituellement. Dix rayons partant de la base

du nez et traversant le front et les tempes forment un
tatouage qui est constant chez les hommes; les femmes
ne se tatouent pas. Hommes et femmes s'arrachent les
dents incisives de la mâchoire inférieure; les oreilles
sont percées en plusieurs endroits et portent des anneaux
de fer ou des bâtonnets à pointe ferrée; les femmes se
percent aussi la lèvre supérieure et y mettent une perle
de verre; tous leurs autres bijoux, consistant en chaînes
ou en bracelets, sont en fer; l'ivoire, les plumes, les
queues d'animaux, complètent la parure des deux sexes.
Le fer est le seul métal usité. Les hommes n'usent d'aucun vêtement et traitent de femmes tous ceux qui en
portent; les femmes se couvrent de deux tabliers de
peau non tannée, l'un en avant, l'autre en arrière. Les
arcs et les flèches sont inconnus; les armes sont la lance,
la massue et le bâton; un bouclier de peau et des espèces
de bâtons arqués, destinés à parer les coups de massue,
sont les armes défensives. Les Dinkas habitent des espèces
de fermes; ils élèvent des vaches, des chèvres et des volailles. Ils ont pour leur bétail un grand attachement et
le soignent avec une curieuse sollicitude.

Fig. 21. BONGOS. — Les Bongos ont la tête plus large
que les Dinkas, mais sont comme eux d'une couleur
d'un rouge cuivré; leur taille moyenne est élevée (1^m.70)
et leurs membres sont d'une vigueur remarquable. Ils
ne sont pas unis en une sorte de peuple comme les Dinkas; leurs villages sont indépendants les uns des autres.
Ils n'élèvent guère de bétail : les chiens, les chèvres et
les poules sont presque leurs seuls animaux domestiques; mais ils cultivent soigneusement la terre et font

grand usage de tubercules, de fruits et de champignons; ils savent produire des céréales. L'hiver, ils se livrent à la chasse et à la pêche, où ils se montrent fort peu difficiles. Tout leur est gibier : chenilles, termites, scorpions, serpents, rats, etc. Ils prennent à une sorte de trébuchet le plus gros gibier. Les Bongos extraient et travaillent le fer avec une grande habileté. Les instruments les plus grossiers leur suffisent pour produire des pièces d'un admirable fini; ils sculptent également le bois avec une grande adresse, et fabriquent des fléaux pour battre le blé, des auges pour presser l'huile, des pilons et des mortiers pour écraser le grain, des sièges variés, des paniers et des corbeilles parfois très remarquables. Les femmes sont aussi d'excellents potiers. Les Bongos s'adonnent avec passion à une musique grossière dans laquelle ils chantent en accompagnant leur voix à l'aide d'instruments. Leur vêtement est un simple tablier de cuir; les femmes ne portent guère que des colliers. Celles qui sont mariées se mettent dans la lèvre inférieure une cheville dont elles augmentent graduellement les dimensions jusqu'à lui donner 2 ou 3 centimètres de diamètre; en outre, les anneaux, les baguettes, les plumes passées dans le nez, les lèvres, les oreilles, les tatouages, les bracelets de cuivre et de fer aux jambes, sont d'un usage constant. Enfin, on se lime et on s'arrache les dents de façons variées. Les vieillards sont tenus pour sorciers; on les tue au moindre soupçon de maléfice ayant occasionné la mort d'un homme jeune.

Fig. 22. ZOULOUS. — Les Zoulous se sont acquis une célébrité par les luttes que, dans ces dernières années, ils ont soutenues contre les Anglais. Ils appartiennent au rameau cafre de la race nègre, et se distinguent par la beauté de leurs proportions, qui rappellent, à certains égards, celles des Européens. Leur peau est brune, leurs cheveux assez longs, leur front élevé, leur nez long et saillant; mais ils ont les mâchoires projetées en avant, les lèvres épaisses et retroussées et les grandes oreilles des vrais nègres. Leur intelligence est plus développée que celle des nègres de Guinée; ils ont fait preuve d'une véritable science de la guerre dans leurs guerres récentes. Ils savent exploiter et forger le fer, construisent parfois des maisons en pierre, et élèvent des troupeaux qui sont entre eux et leurs voisins un perpétuel sujet de guerre. Les familles vivent isolées, et chacune d'elles a un chef à qui tout doit obéir : ils ne possèdent pas d'ailleurs une vraie civilisation. Ce sont, comme on l'a dit, « de magnifiques sauvages. »

Fig. 23. CONGO. — Les nègres du Congo se rapprochent à certains égards des Cafres; ils se distinguent par leurs pommettes élargies qui les font un peu ressembler aux hommes de race jaune : leur tête est pyramidale, la voûte du crâne bien arrondie, et la dépression qui sépare le nez du front présente une courbure graduelle et non pas brusque, comme on le voit dans d'autres types.

Fig. 24. SOUAHILI. — Nègres du rameau cafre habitant la côte de Zanzibar. — Ils sont nomades et guerriers, et habitent de vastes camps. Leur peau est brune, leurs cheveux laineux, leur front élevé, leurs lèvres épaisses; ils se passent des anneaux dans le nez et les oreilles. Leur vêtement consiste en un manteau et un lambeau d'étoffe à la ceinture. Ils croient à un être suprême qu'ils appellent Uhlunga.

Fig. 25. Fanti. — Type peu connu, voisin des Ashantis. Ce sont des hommes assez beaux, au teint noir peu foncé, aux lèvres assez minces, au nez non épaté. Les Fantis sont des peuples guerriers; ils adorent des fétiches.

Fig. 26. Hottentots. — Les Hottentots, ou Koins-Koins, habitant la côte occidentale d'Afrique, au-dessus de la colonie du Cap, sont des hommes généralement d'assez petite taille, quoique pouvant atteindre jusqu'à $1^m.80$. Leurs proportions sont assez régulières, mais leur physionomie est hideuse. Leur tête est aplatie en dessus, plus longue que large; leurs yeux, bien fendus et châtains; leur nez, épaté et aussi large que la bouche qui est elle-même énorme; leurs mâchoires et leurs incisives sont projetées en avant; leur teint est jaunâtre. Les femmes adultes présentent assez souvent, au bas des reins, une masse graisseuse extraordinairement développée, et sur laquelle elles peuvent asseoir leur enfant. Les Hottentots sont apathiques, paresseux et d'une malpropreté repoussante. Ils se couvrent de peaux d'animaux non préparées et se frottent de graisse et d'urine. Ils se construisent des huttes hémisphériques; rarement ils se livrent à la chasse, mais ils possèdent des troupeaux qui leur fournissent le laitage et la viande qui leur sont nécessaires.

Fig. 27. Boschimans. — Voisins des Hottentots, les Boschimans, plus petits et plus faibles, présentent un type physique encore plus dégradé. Ils sont de couleur pâle, et leur taille ne s'élève guère au-dessus de $1^m.40$. Ils ont les pommettes très saillantes, des mâchoires et des dents très inclinées en avant, des incisives moyennes beaucoup plus longues que leurs voisins. Les femmes ont constamment une gibbosité semblable à celle que les Hottentotes présentent assez souvent. On a montré, à Paris, une *Vénus hottentote* dont le moulage existe au Muséum. Les Boschimans sont actifs et rusés; ils ont des arcs et des flèches, dont n'usent pas leurs voisins les Cafres, et s'en servent avec une habileté extrême. Ils connaissent admirablement les mœurs des animaux, qu'ils savent surprendre et qu'ils mangent sur le lieu même de leur chasse. La chasse est, d'ailleurs, leur occupation à peu près exclusive. Les familles boschimanes sont toujours errantes et couchent dans des trous dont le fond est garni d'herbes.

Fig. 28. HOVAS. — Les Hovas tiennent à peu près complètement sous leur dépendance l'île de Madagascar. Leur langue les rapproche incontestablement des Malais du type indonésien de qui ils descendent, mais ils ont perdu tous les caractères de ce type sans se rapprocher ni de l'Européen, ni du nègre. Leurs cheveux frisés pourraient faire penser à une parenté avec ces derniers, mais ces cheveux sont frisés et non crépus. Les relations constantes des Hovas avec les Européens ont, d'ailleurs, profondément modifié leur civilisation.

PLANCHE V

ANIMAUX DE L'AFRIQUE.

Fig. 1. DROMADAIRE. — Le Dromadaire, ou Chameau d'Afrique, grand Ruminant sans cornes, se distingue du chameau d'Asie, que nous aurons bientôt à décrire, parce qu'il ne présente qu'une seule de ces masses graisseuses dorsales qui constituent les deux bosses de ce dernier. Il rend autant de services aux habitants des contrées sahariennes que le Chameau aux peuples asiatiques. Sobre et doux, il sert de monture, transporte les fardeaux et peut entreprendre sans fatigue de longs voyages sur le sable brûlant du désert. Le Dromadaire et le Chameau appartiennent à l'ordre des Ruminants; une disposition particulière de leur estomac leur permet d'y conserver une certaine quantité d'eau que l'animal reprend quand il a soif. C'est à cela que les Chameaux doivent, en grande partie, leur aptitude à voyager dans le désert.

Fig. 2. HAMADRYAS. — L'Hamadryas ou Tartarin est un singe voisin des Papions, pourvu d'une crinière et d'une queue terminée par un bouquet de poils; il habite l'Abyssinie, le Sennaar et l'Arabie. Dans l'antiquité, cet animal était regardé comme une divinité par les

Égyptiens. De nos jours, les Orientaux se servent des Hamadryas comme de jouets, et les dressent à mille tours comiques pour les montrer au public.

Fig. 3. BALÆNICEPS. — Les Balæniceps sont des oiseaux dont la physionomie est des plus singulières. Ils appartiennent à l'ordre des Échassiers; mais, dans cet ordre, leur énorme et large bec, terminé par un fort crochet recourbé, leur fait une place à part. Ils sont hauts sur pattes, ont un corps robuste, des ailes longues et larges, et vivent en troupes sur les bords du Nil Blanc, où ils se nourrissent de poissons et dévorent même de jeunes crocodiles. Leur nid est fort simple et construit au ras du sol.

Fig. 4. CROCODILE. — Le Crocodile du Nil habite les rivages et les lieux marécageux. C'est un des plus grands Reptiles, sa taille pouvant atteindre quatre à cinq mètres de longueur, et aussi l'un des plus dangereux. Il se nourrit exclusivement de chair, et guette sa proie caché dans une complète immobilité parmi les roseaux. Sa force est assez grande pour en faire un animal redoutable même pour l'homme. Les femmes et les enfants deviennent souvent ses victimes en allant puiser l'eau. Il est fort difficile à tuer à cause de la dureté de sa peau, sur laquelle viennent glisser lances et balles de fusil.

On trouve souvent des œufs de Crocodile déposés dans le sable et cachés sous un monticule d'herbes et de feuilles dont la fermentation les fait éclore. Ces œufs ont, à peu près, la grosseur d'un œuf de poule.

Fig. 5. CERCOPITHÈQUE. — Les Cercopithèques ou Guenons sont caractérisés, parmi les singes de l'ancien continent, par leur longue queue. Leur nom scientifique, tiré du grec, signifie même singe à queue; ils se rencontrent en troupes dans les forêts, où ils vivent dans une perpétuelle agitation, passant d'arbre en arbre et exécutant les sauts, les cabrioles les plus étonnantes avec la plus grande facilité. Les Cercopithèques se nourrissent de feuilles, de racines, d'œufs d'oiseaux et surtout de fruits qu'ils vont prendre dans les vergers, trop souvent complètement dévastés par eux. Grâce à leur agilité merveilleuse, ces animaux sont fort difficiles à prendre; à la moindre attaque, la troupe se poste au sommet des arbres et accable l'ennemi d'une pluie de branchages. La plupart ont une très belle fourrure, et la *guenon callitriche*, ou guenon à beau poil, représentée dans cette figure, est une des plus remarquables sous ce rapport.

Fig. 6. IBIS. — Les Ibis, ces échassiers au plumage blanc et noir, au bec long et légèrement recourbé, au crâne et au cou dénudés, au caractère paisible et doux, entreprennent chaque année de longs voyages d'un continent à l'autre. On les rencontre par petites troupes dans les endroits humides et marécageux de l'Afrique, où ils vivent de vers, de mollusques et d'insectes. Cet oiseau, autrefois adoré des Égyptiens, parce qu'il se montrait au moment de la crue du Nil, qu'il semblait ainsi présager, était élevé dans les temples, et, après sa mort, embaumé avec beaucoup d'honneurs.

Fig. 7. GAZELLE. — La Gazelle vit en nombreux troupeaux dans différentes parties de l'Afrique. Ces animaux inoffensifs et doux n'opposent aux bêtes féroces, dont ils semblent la proie naturelle, que la vitesse de leur fuite.

La Gazelle est la plus élégante des Antilopes; sa taille est celle d'un chevreuil, mais ses membres sont plus fins et son corps plus élancé; son pelage est jaune-isabelle, ses yeux grands et d'une douceur remarquable. Les Gazelles s'apprivoisent aisément, mais ne se reproduisent pas en captivité.

Fig. 8. PERCNOPTÈRE. — Le Percnoptère est une sorte de vautour. Il se distingue des vautours ordinaires en ce que sa face seule est nue, tandis que chez ces derniers le cou est aussi dégarni de plumes. Il est fort commun en Afrique. Sa taille est celle d'une Poule, d'où son nom de *Poule de Pharaon;* il se nourrit surtout, comme les Corbeaux, de proies mortes.

Fig. 9. CÉRASTE. — Le Céraste ou Vipère cornue habite l'Égypte, le Sahara et le Maroc. Elle s'enterre ordinairement dans le sable, dont elle a la couleur, laissant seulement saillir sa tête munie de deux petites cornes au-dessus des yeux; sa morsure, ainsi que celle des autres vipères, peut être mortelle, si l'on n'opère immédiatement une ligature au-dessus de l'endroit mordu et si l'on ne cautérise la plaie.

Fig. 10. SERPENTAIRE. — Le Serpentaire, habitant de l'Afrique méridionale, est un rapace fort utile parce qu'il combat à outrance les serpents dont il fait sa principale nourriture. Se couvrant d'une de ses ailes comme d'un bouclier, il se sert de l'autre pour frapper son ennemi à grands coups, ou le lance en l'air pour l'étourdir et l'avaler tout entier. Par la longueur de ses pattes, le Serpentaire ressemble à un Échassier; mais tous ses autres caractères sont ceux d'un oiseau de proie. Quelques longues plumes qui tombent derrière sa tête lui ont fait aussi donner le nom de Secrétaire. Ce bel oiseau a été introduit aux Antilles, à la Guadeloupe et à la Martinique, dans le but de diminuer le nombre des serpents venimeux, si abondants dans ces pays. On dresse assez souvent le Serpentaire à la garde des basses-cours.

Fig. 11. MARABOUT. — Le Marabout ou Cigogne à sac, reconnaissable à son gros bec et à la nudité de son crâne, au sac membraneux, capable de se gonfler d'air, qui pend au-devant de son cou, habite le Sénégal, quelques autres parties de l'Afrique, et il est fort commun aux Indes; il se nourrit de reptiles et de détritus.

Cet oiseau est respecté dans les villes orientales, où il abonde parfois, non seulement à cause des services qu'il rend au point de vue sanitaire, mais encore à cause des légères plumes qu'il fournit et qui sont si recherchées en Europe.

Fig. 12. AUTRUCHE. — L'Autruche est fort commune au centre de l'Afrique, jusqu'au cap de Bonne-Espérance : c'est le plus grand des oiseaux. Sa taille peut atteindre jusqu'à trois mètres de hauteur. D'une voracité extrême, l'Autruche avale graines, reptiles, cailloux, insectes ou mollusques, même des morceaux de verre, sans se faire aucun mal. Son caractère doux et pacifique se soumet parfaitement à la domesticité; les Autruches ne volent pas, mais elles courent avec une grande rapidité; elles servent de monture et traînent les fardeaux comme des bêtes de somme quand on les dresse à cet usage.

Cet oiseau du désert dépose ses œufs dans un large trou creusé dans le sable et l'entoure d'une légère palissade de terre; parfois plusieurs Autruches s'unissent pour défendre le nid contre leurs ennemis. Les mâles prennent part à la couvaison.

Fig. 13. COUAGGA. — Le Couagga, d'un pelage brun foncé, est un peu plus petit que le zèbre, avec qui il vit souvent en troupes sur les plateaux de la Cafrerie; mais, loin d'avoir le caractère indomptable de ses compagnons, il s'apprivoise facilement et rend alors de véritables services aux colons en défendant les troupeaux contre les hyènes, fort abondantes dans ce pays.

Fig. 14. LÉOPARD. — La grande Panthère d'Afrique, ou Léopard, est un des plus terribles carnassiers; douée d'une formidable puissance, elle peut faire des bonds de douze mètres, et tombe sur sa proie qu'elle terrasse en un instant; fort commune en Algérie, la Panthère, caractérisée par sa robe mouchetée de taches disposées en cercle, cause des ravages épouvantables parmi les populations indigènes, massacrant les troupeaux, enlevant les enfants qui s'écartent du village, s'attaquant même aux hommes, qui peuvent rarement lui échapper quand elle fond sur eux, tant ses coups sont rapides et imprévus. Elle est cependant inférieure au lion par sa taille, mais elle est plus cruelle et plus perfide.

Fig. 15. ÉLÉPHANT D'AFRIQUE. — L'Éléphant d'Afrique se distingue de l'Éléphant d'Asie par sa tête moins longue, son front régulièrement arrondi, ses défenses plus fortes et ses oreilles plus grandes. On le rencontre depuis l'Égypte jusqu'au cap de Bonne-Espérance, vivant par troupes dans les forêts et les lieux humides, où il se nourrit d'herbe, de branchages et de racines. Les chasseurs africains s'emparent par différents procédés de ce monstrueux pachyderme, non plus, comme autrefois, pour le dresser au combat, mais uniquement pour se servir de sa chair et de ses défenses. On a longtemps considéré l'Éléphant d'Afrique comme moins intelligent que l'Éléphant d'Asie; mais on commence aujourd'hui à lui demander les mêmes services, et tout fait espérer qu'il sera d'un grand secours pour l'exploration et la colonisation des parties encore inconnues du grand continent africain.

Fig. 16. HIPPOPOTAME. — L'Hippopotame habite l'Afrique méridionale et orientale, où il vit en petites troupes au bord des fleuves et dans les eaux. Cet énorme pachyderme, peu éloigné des porcs, au corps ramassé, à la tête monstrueuse, paraît porter son propre poids avec peine : aussi ne vient-il sur terre qu'à l'approche de la nuit; Il broute les jeunes pousses des arbres et les herbes aquatiques. Cet animal, paisible mais stupide, ne devient agressif que lorsqu'il se croit menacé. Lorsqu'on le chasse dans les rivières, un coup de ses défenses culbuterait la barque la plus solide : aussi les nègres, fort avides de sa chair et de ses défenses, préfèrent-ils l'attaquer lorsqu'il quitte le fleuve.

Fig. 17. GORILLE. — Le Gorille, le plus grand des singes et celui qui se rapproche le plus de l'homme, habite au Gabon les plus sombres et les plus impénétrables forêts, qu'il parcourt en tous sens pour trouver les graines et les fruits dont il se nourrit. Sa force égale celle du lion, et l'on court, en le chassant, les plus grands dangers. A la vue de son ennemi, le Gorille, retranché le plus souvent près d'un rocher, pousse des rugissements effrayants, et, si on le manque, se précipite sur le chasseur, qu'il brise et déchire de ses énormes pattes, ou qu'il lance en l'air à une hauteur prodigieuse. On a vainement cherché à apprivoiser de jeunes Gorilles ; leur méchanceté a à son service toutes sortes de ruses pour surprendre leur gardien et le blesser le plus dangereusement possible.

Fig. 18. CHIMPANZÉ. — Le Chimpanzé est aussi l'un des singes dont l'organisation est le plus voisine de celle de l'homme et qu'on nomme, pour cette raison, *anthropomorphes*. Il vit dans le même pays que le gorille et recherche les mêmes endroits, mais diffère de lui en bien des points ; sa taille est beaucoup plus petite, sa force moins redoutable, ses instincts moins féroces. Le Chimpanzé n'attaque jamais l'homme ; il fuit à son approche. Pris jeune, il s'apprivoise complètement et recherche les caresses de son maître. Son intelligence remarquable se prête à tout ce qu'on veut lui apprendre. On a vu des Chimpanzés servir à table et rendre avec adresse mille petits services.

Fig. 19. PYTHON. — Les Pythons d'Afrique sont les plus grands de tous les reptiles ; leur taille peut mesurer douze mètres de longueur, et leur corps dépourvu de sternum est dilatable à ce point que l'animal peut engloutir un singe ou une gazelle après les avoir étouffés dans ses replis monstrueux. Les Pythons vivent dans les lieux chauds et humides ; leur queue est généralement enroulée aux branches d'arbres, afin de laisser le corps libre de se balancer et de s'élancer à l'improviste sur la proie qui passe à portée. Ces serpents se distinguent des boas, presque aussi grands qu'eux, mais qui habitent le nouveau monde, par la présence de deux crochets situés à la naissance de la queue et qui sont, probablement, des vestiges de pattes postérieures.

Fig. 20. COCHON DE TERRE. — L'Oryctérope, ou Cochon de terre, est l'un des plus curieux animaux de l'Afrique méridionale. Il appartient à l'ordre des Édentés, c'est-à-dire des animaux dépourvus de dents sur le devant de la bouche, et ses dents ont elles-mêmes une structure toute particulière. Sa conformation paraît, au premier abord, tout à fait bizarre : il a une tête étroite, allongée, terminée par une sorte de groin portant une bouche petite, par laquelle peut faire saillie une langue démesurément longue ; les oreilles sont grandes, les yeux petits, les membres courts, munis d'ongles extraordinairement robustes; la peau épaisse, parsemée de poils rares et rudes. Toutes ces particularités sont parfaitement appropriées aux mœurs de l'Oryctérope, animal inoffensif, qui s'abrite dans des terriers creusés par lui, et se nourrit presque exclusivement de termites. Il se procure cette proie singulière en défonçant, au moyen de ses ongles robustes, les nids de termites, et en allongeant sa langue parmi ces insectes en émoi. Les termites englués sur ce piège d'un nouveau genre sont avalés sans avoir pu résister.

Fig. 21. ICHNEUMON. — L'Ichneumon, petit carnassier de la taille des civettes, est le type du genre Mangouste. On le trouve en Égypte et dans la région du Nil, où il se nourrit d'oiseaux, de reptiles, et principalement d'œufs de crocodile, qu'il excelle à trouver. On a réussi de nos jours à apprivoiser l'Ichneumon en Égypte, où il est fort utile pour donner la chasse aux rats et aux souris.

Fig. 22. PINTADE. — Les Pintades, originaires d'Afrique, sont fort nombreuses en Arabie; elles vivent par bandes dans les lieux humides. Depuis longtemps acclimatées en Europe pour leur chair excellente, les Pintades peuvent donner cent œufs par an; mais elles couvent difficilement et s'occupent peu de leur progéniture.

Fig. 23. PHACOCHÈRE. — Les Phacochères, espèces de porcs à tête énorme et hideuse, à canines supérieures relevées vers le haut de manière à former, avec les canines inférieures, deux paires de défenses, sont doués d'une force considérable pour leur taille et d'un grand courage; ils se retirent dans les bois, où leurs habitudes sont à peu près les mêmes que celles des sangliers européens, mais ils sont beaucoup plus sauvages et l'on ne réussit que difficilement à les apprivoiser.

Fig. 24. LION. — Le Lion, voisin des Chats par toute son organisation, est, avec le tigre, le plus grand et le plus fort des carnassiers. Son port noble, sa tête calme et fière, sa force prodigieuse, semblent lui donner une supériorité qui l'avait fait considérer par les anciens comme le roi des animaux. Les Lions restent ordinairement cachés dans les bois pendant le jour, mais au crépuscule ils sortent de leur repaire et commencent à chasser; on voit parfois les Lions s'allier entre eux pour faire des battues en règle et se servir de ruses pour surprendre leurs victimes. Rarement ils s'attaquent à l'homme; mais lorsqu'ils sont affamés, ils deviennent terribles; ils s'approchent des villages, à la recherche des troupeaux dans lesquels ils espèrent trouver une proie, franchissent les palissades d'un bond formidable, et n'hésitent plus à attaquer l'homme. S'il n'est pas, à proprement parler, un sujet d'épouvante pour les colons algériens, le Lion ne leur cause pas moins de grands dommages. Les Arabes se réunissent par plusieurs villages pour donner la chasse au Lion, qui commence à devenir rare dans la colonie.

Fig. 25. BUFFLE. — Les Buffles sont des animaux très répandus et voisins de nos bœufs. Le Buffle du Cap se distingue des autres espèces par ses grosses cornes aplaties dont la base lui couvre une partie de la tête. On le trouve en troupes nombreuses dans les forêts de l'Afrique méridionale, depuis le cap de Bonne-Espérance jusqu'en Guinée. La chasse au Buffle est fort dangereuse pour les indigènes, qui s'y livrent avec ardeur. Attaqués dans les bois, ces animaux farouches et agressifs se précipitent sur les chasseurs et les poursuivent s'ils les voient fuir.

Fig. 26. VAUTOUR AURICULAIRE. — Le Vautour auriculaire, ou Oricou, habite principalement les hautes montagnes de l'Afrique. Sa voracité est telle qu'on le voit se précipiter sur les animaux morts, malgré la présence de l'homme, et les dépecer en un instant. Ces rapaces établissent leur aire au milieu des rochers les plus escarpés : aussi est-il presque impossible de s'en emparer. L'Oricou doit son nom à deux espèces de crêtes situées de chaque côté de sa tête et qui simulent deux oreilles.

Fig. 27. HYÈNE TACHETÉE. — Deux espèces d'Hyènes habitent l'Afrique : l'Hyène rayée et l'Hyène tachetée. Ces animaux ont un peu la physionomie du chien, mais, outre les caractères particuliers de leur dentition, ils se distinguent par leur train de derrière beaucoup plus bas que leur train de devant, ce qui leur donne une allure toute particulière, et par une sorte de crinière qui se dresse sur leur cou. Les Hyènes sont beaucoup moins carnassières que les animaux du genre Chat ou du genre Chien ; elles vivent surtout de cadavres et déterrent fréquemment les morts dans les cimetières pour les dévorer. C'est seulement pressées par la faim qu'elles s'attaquent aux animaux vivants; leur force est telle qu'on en a vu, dit-on, emporter jusqu'à des ânes. Les Hyènes contribuent efficacement, avec les chacals, à débarrasser le sol des charognes abandonnées à sa surface; leurs habitudes en ont fait cependant un objet d'horreur et d'effroi. Les deux espèces ont à peu près les mêmes mœurs ; l'Hyène tachetée est peut-être moins sauvage que l'Hyène rayée. Prise jeune, elle s'apprivoise facilement avec de bons traitements, et peut rendre des services à son maître auquel elle est fort attachée.

Fig. 28. SCOLOPENDRE. — Les Scolopendres sont répandues dans tous les pays; ce sont des Myriapodes, et en cette qualité elles ont le corps long, aplati, composé d'anneaux distincts portant chacun une paire de pattes, dont elles se servent pour se mouvoir avec rapidité. Cachés pendant le jour sous les pierres ou dans les creux d'arbres, ces Myriapodes sortent la nuit pour chasser les insectes dont ils se nourrissent, et qu'ils tuent à l'aide de deux crochets venimeux qui arment leur bouche. Leur morsure est redoutable, même pour l'homme, dans les pays chauds. Il en existe en Afrique de grandes espèces de la grosseur du petit doigt et pouvant dépasser quinze centimètres de long.

Fig. 30. TERMITE. — Les Termites sont des insectes névroptères qui vivent en sociétés nombreuses composées de plusieurs sortes d'individus; savoir : les *mâles*, les *femelles* et les *neutres;* ceux-ci se divisent en *ouvriers* et en *soldats*. Les mâles sont ailés, les ailes des femelles tombent de bonne heure, les ouvriers et les soldats sont dépourvus d'ailes; les soldats ont la tête aussi grosse que le corps, et ils sont armés de longues mandibules avec lesquelles ils mordent cruellement lorsqu'ils croient leur habitation menacée. Cette habitation, faite de terre, atteignant quelquefois plusieurs mètres de hauteur et assez solide pour supporter le poids d'un cheval, est l'œuvre des ouvriers. Les femelles peuvent acquérir la grosseur d'un œuf de pigeon. Quelques Termites établissent leur nid dans les bois et souvent dans les bois de charpente, au centre des plus grosses pièces, rongeant complètement l'intérieur, de façon que rien ne paraisse au dehors. On voit ainsi les poutres destinées à soutenir les édifices s'effondrer subitement, par suite des ravages de ces dangereux ouvriers.

Fig. 31. ZÈBRE. — Le Zèbre habite l'Afrique méridionale et se plaît à vivre en troupes dans les montagnes. Son beau pelage rayé, sa course légère, le rendent fort élégant. On a en vain essayé de l'apprivoiser; jamais son caractère farouche et capricieux ne se soumet absolument à la volonté de l'homme.

Fig. 32. ANTILOPE CAAMA. — L'Antilope Caama, une des belles espèces africaines, habite le Cap.

Fig. 33. Rhinocéros. — Les Rhinocéros sont peut-être, après les éléphants, les plus volumineux des animaux terrestres. Ils appartiennent à l'ordre des Pachydermes, et se distinguent, dans cet ordre, par les cornes qu'ils portent sur le nez et qui sont formées de poils agglutinés; des racines, des feuilles, des herbes, constituent leur unique nourriture. On en connaît plusieurs espèces habitant l'Afrique, l'Asie et les îles de la Sonde. Le Rhinocéros d'Afrique diffère de l'espèce indienne parce qu'il a deux cornes sur le nez au lieu d'une. Il recherche les épaisses forêts et les lieux marécageux, où il aime à se vautrer; ses formes épaisses, ses jambes courtes, en font un animal disgracieux. D'un caractère farouche, il recherche la solitude. Jamais le Rhinocéros n'attaque l'homme le premier; mais s'il lui faut défendre sa vie, il devient redoutable; furieux, il fond sur ses ennemis, renversant tout ce qui lui fait obstacle, mais courant toujours en ligne droite sans pouvoir se détourner. Il est donc relativement facile aux chasseurs de l'éviter.

Fig. 34. Gnou. — Le Gnou est une antilope de la grandeur d'un âne; son corps est trapu et musculeux; sa tête ressemble à celle d'un bœuf; il a d'ailleurs la croupe d'un cheval, la crinière d'un âne et les jambes d'un cerf: son agilité est merveilleuse. On le rencontre en troupes dans l'Afrique méridionale et dans les montagnes voisines du cap de Bonne-Espérance.

Fig. 35. Girafe. — La Girafe, si curieuse par la disproportion de ses formes, vit par familles sur la lisière des déserts, depuis le cap de Bonne-Espérance jusqu'en Nubie; c'est le plus grand des Ruminants; sa tête peut s'élever jusqu'à 5 mètres de hauteur. Sa nourriture se compose de jeunes pousses d'arbres que son long cou lui permet d'atteindre. Son caractère est doux jusqu'à la timidité ; les Hottentots chassent la Girafe, estimant beaucoup sa chair, mais s'en emparent difficilement, tant sa course est rapide.

Fig. 36. Coudou. — L'Antilope Coudou est remarquable par sa crinière et par ses cornes plusieurs fois enroulées en spirale, présentes seulement chez le mâle. Il est propre à l'Afrique méridionale. Sa taille est assez élevée. Habitant les plaines où l'on peut voir de loin, ces Antilopes, comme leurs congénères, vivent en famille et font le guet tour à tour, afin de veiller à la sûreté commune. A la moindre alerte, la troupe détale, un vieux mâle en tête pour diriger la route.

Fig. 37. Grue couronnée. — La Grue couronnée, ou Oiseau royal, habite les côtes orientales et septentrionales de l'Afrique ; sa tête, garnie d'un bouquet de plumes raides, sans barbes, divergentes, d'un jaune d'or, pouvant s'étaler en éventail, semble entourée d'une couronne ; son corps est svelte et gracieux, son plumage d'un gris cendré ; ces Grues s'apprivoisent facilement et recherchent même le voisinage des habitations.

Fig. 38. Anhinga. — Les Anhingas (1) ont la tête effilée, le cou long et grêle, semblable à celui d'un reptile, particularité qui les a souvent fait appeler *Oiseaux serpents*. Ce sont des Palmipèdes, et ils comptent même parmi les meilleurs nageurs de ce genre d'oiseaux aquatiques. Ils

---

(1) Lire dans l'Atlas *Anhinga*, et non *Aschinga*.

se nourrissent de poissons qu'ils guettent du bord de l'eau et qu'ils poursuivent en plongeant avec une adresse remarquable. Ils nichent au haut des arbres; leur plumage est sombre, noir sous le ventre.

Fig. 39. Héron Goliath. — Le Héron africain, appelé Héron Goliath, a presque les mêmes formes et les mêmes mœurs que le Héron commun. Il vit autour des lacs ou des cours d'eau pour pêcher les petits poissons dont il aime à se nourrir.

Fig. 40. Lémurien. — Les Lémuriens ou Makis sont des animaux dont l'aspect extérieur rappelle un peu celui de la fouine et du renard, mais dont la structure est bien différente et dont les membres sont terminés, comme ceux des singes, dont ils ont les habitudes, par de véritables mains; leur pelage épais, leur queue touffue, leurs mouvements vifs, les rendent fort gracieux. Les Lémuriens vivent par bandes dans les endroits exposés au soleil, et ne sortent que le soir ou la nuit pour récolter les fruits dont ils se nourrissent. D'humeur sociable, ces animaux s'apprivoisent facilement et vivent fort longtemps en esclavage. Ils sont surtout nombreux en espèces à Madagascar, qui paraît être leur pays d'origine.

Fig. 41. Tortue éléphantine. — La Tortue éléphantine habite la côte orientale de l'Afrique et l'île de Madagascar. Sa taille peut atteindre plus d'un mètre, et son poids trois cents kilogrammes. Comme presque toutes les Tortues de terre, la Tortue éléphantine est bonne à manger.

PLANCHE VI

VÉGÉTAUX DE L'AFRIQUE.

Fig. 1. DATTIER. — Le Dattier, sorte de palmier du genre Phœnix, est répandu en abondance dans toute l'Afrique septentrionale ; les fruits du Dattier ont une chair sucrée très nourrissante et très utile aux populations arabes dont ils forment la principale nourriture. Les dattes se mangent dès qu'elles sont cueillies, ou se font confire dans des peaux de mouton : elles deviennent alors d'un jaune doré et d'un goût plus sucré et plus agréable ; c'est à cet état qu'on les envoie dans les pays tempérés.

Fig. 2. DOUM. — Le Doum est une espèce de palmier qui se distingue entre tous par son tronc ramifié au lieu d'être droit, comme chez la plupart des arbres de cette famille ; il produit un fruit comestible que l'on vend sur les marchés du Caire.

Fig. 3. TAMARINIER. — Le Tamarinier, originaire de l'Inde, est maintenant cultivé dans les îles de France, de Bourbon et dans toutes les parties chaudes de l'Afrique. Ce bel arbre porte des fleurs jaunes rayées de rouge, disposées en grappes légères et agréablement parfumées. Il appartient à la classe des Légumineuses. Le Tamarinier est cultivé comme arbre d'agrément et comme arbre utile. Les fruits du Tamarinier, d'une saveur sucrée et un peu aigrelette, rappelant celle des groseilles, se mangent crus ou préparés en confitures et en sirops. La pulpe de ce fruit, contenant des principes légèrement purgatifs, est aussi employée en médecine.

Fig. 4. Sorgho. — Le Sorgho est une plante de la famille des Graminées. Son chaume est une sorte de canne analogue à celle du maïs ou de la canne à sucre, pouvant s'élever jusqu'à trois mètres. On le coupe ordinairement en herbe pour le donner comme fourrage aux bestiaux qui en sont très friands. Mais sa graine fournit une farine qui possède de précieuses qualités alimentaires et fait la base de la nourriture d'un grand nombre de peuples de l'Afrique. Les tiges d'une espèce de Sorgho contiennent suffisamment de sucre pour qu'on ait tenté de les exploiter comme plantes saccharifères.

Fig. 5. Riz. — Le Riz, petite plante de la famille des Graminées, est répandu en abondance sur toutes les parties chaudes du globe; il remplace le froment pour de nombreuses populations africaines, américaines et asiatiques. Le grain est contenu dans un épillet lâche, où il est enfermé entre deux balles; on le débarrasse, avant de le livrer à l'exportation, de ses balles et de son enveloppe. Le Riz se cultive de différentes façons, selon le climat et la fécondité du sol, mais demande généralement une terre extrêmement humide; il fournit une nourriture saine, légère et réconfortante. On l'apprête chez nous de diverses façons; mais dans les pays de production, on le mange très ordinairement cuit à l'eau et mêlé à de fortes épices.

Fig. 6. Sycomore. — Le Sycomore, sorte de figuier,

peut prendre de grands développements; son bois passa pour incorruptible et servait aux anciens Égyptiens à fabriquer les sarcophages de leurs momies. Son fruit est petit, jaunâtre, d'une saveur peu agréable.

Fig. 7. LOTUS. — Le Lotus était autrefois un aliment fort recherché des Égyptiens. C'est une espèce de nénuphar qui produit une sorte de tige rampante, tuberculeuse, riche en matières féculentes, et par conséquent nourrissante au même degré que la pomme de terre. Il existe encore des peuples lotophages.

Fig. 8. PAPYRUS. — Le Souchet Papyrus, plante de la famille des Cypéracées, ressemblant un peu aux joncs, croît en abondance dans les marais d'Égypte, d'Abyssinie, de Syrie, de Sicile et de Calabre. Sa longue et belle tige se termine par une ombelle composée de nombreux rayons allongés. Ses épis sont oblongs et portent de six à douze fleurs. La racine du Papyrus servait autrefois d'aliment; mais ce qui rend cette plante à jamais célèbre, c'est que sa partie baignant dans l'eau et par cela même rendue blanche, servait de papier aux anciens. On enlevait successivement toutes les pellicules composant la plante, celles du centre étant les plus fines et les plus propres à écrire. Après certaines préparations, les feuilles étaient reliées ensemble et trempées dans l'huile afin d'en éviter l'altération. C'est grâce à ces précieux Papyrus retrouvés chez les Égyptiens que l'on a pu refaire l'histoire de ce peuple intéressant. Les anciens pontifes et les premiers rois de France se servaient également de Papyrus.

Fig. 9. SÉSAME. — Le Sésame, plante à graine oléagineuse, originaire de l'Inde et appartenant à la famille des Bignoniacées, a été ensuite importée dans le Levant et cultivée principalement en Égypte, où elle est d'une grande utilité. On extrait des graines du Sésame une huile douce ressemblant à l'huile d'olive. Les Orientaux s'en servent pour préparer les mets, pour lisser leurs cheveux et pour plusieurs autres usages. Chaque année, on importe en Europe une quantité énorme de cette huile. L'huile de Sésame s'extrait, comme l'huile d'olive, à froid et à chaud. Préparée à chaud, elle est comestible; préparée à froid, elle a un mauvais goût, mais sert à la fabrication du savon de Marseille. On falsifie souvent l'huile d'olive avec l'huile du Sésame qui est moins chère. On se sert encore du Sésame comme plante médicinale. Les graines de Sésame grillées servent aux nègres d'Afrique à préparer une sorte de café.

Fig. 10. CANNE A SUCRE. — La Canne à sucre, grande et belle graminée, maintenant répandue dans presque tous les pays chauds, comprend plus de huit cents variétés. Chaque peuple a successivement implanté et acclimaté dans ses colonies cette plante précieuse, dont la culture rapporte des sommes immenses. Les Cannes à sucre peuvent se multiplier par graines, mais plus facilement par racines ou par drageons. Les plantations mettent à peu près quinze mois pour parvenir à leur maturité. On coupe alors la Canne, dont on extrait les sucs qui contiennent le sucre : c'est aussi avec cette liqueur que l'on fait le rhum aux colonies.

Fig. 11. INDIGOTIER. — L'Indigotier, plante herbacée ou petit arbuste de la famille des Légumineuses, est acclimaté dans presque toutes les régions chaudes; en Afrique, on le cultive surtout à Madagascar, à Maurice, à Bourbon et au Sénégal; on extrait de cette plante et de quelques autres du même genre la matière colorante bien connue sous le nom d'indigo, dont on fait un grand commerce. La culture de l'Indigotier demande une terre excellente, de l'humidité pour faire germer les graines, et beaucoup de soin pour les récolter. L'indigo se produit par l'action de l'air sur le jus extrait des feuilles : il se dépose naturellement dans la liqueur. L'Afrique n'a pas le monopole de la production de l'indigo ; on en exporte aussi du Bengale, de l'Inde, des îles de la Sonde, de l'Amérique et des Antilles.

Fig. 12. Casse. — Les Casses, de la famille des Légumineuses ou Papilionacées, renferment des principes purgatifs, et sont connues dans le commerce sous le nom de Séné. Ce sont leurs feuilles que l'on utilise comme médicaments. Les Casses sont répandues dans presque toutes les régions chaudes : ce sont de jolis arbustes variant de grandeur et portant des fleurs presque toujours jaunes.

Fig. 12. Dragonnier et ses fleurs. — Le Dragonnier peut atteindre avec l'âge des dimensions colossales. Un Dragonnier, mort récemment aux îles Canaries, comptait parmi les arbres les plus anciens et les plus gros du globe. Les belles fleurs blanches, jaunes ou violacées du Dragonnier, qui appartient à la même famille botanique que les Lis, sont disposées en grappes ayant quelquefois plusieurs pieds de longueur. Le fruit est une baie globuleuse contenant d'une à trois graines. Le Dragonnier, originaire de l'Inde, s'est acclimaté en Afrique. On en extrait une des espèces de sang-de-dragon employé quelquefois comme médicament astringent, mais qui sert surtout à la fabrication des vernis rouges.

Fig. 14. ORSEILLE. — Le nom d'Orseille, en latin *Roccella,* est commun à plusieurs sortes de lichens s'attachant aux rochers et aux troncs d'arbres. Les propriétés colorantes de certains lichens sont très anciennement connues, et ces végétaux ont donné lieu à un commerce étendu. C'est avec cette matière colorante que les anciens teignaient en rouge leurs plus belles étoffes. La matière colorante ne se produit dans les lichens qu'après qu'on les a fait macérer dans l'ammoniaque ; elle porte le nom d'*orséine;* on a réussi, de même que pour l'alizarine fournie par la garance, à la préparer artificiellement. Il existe des lichens à Orseille en beaucoup de pays ; les plus estimés sont ceux des Canaries.

Fig. 15. ARACHIDE. — L'Arachide, herbe annuelle, rameuse et poilue, de la famille des Légumineuses, porte de petites fleurs jaunes et produit une gousse renfermant des graines de la grosseur d'une petite noisette. Aussitôt après la floraison, le pédoncule qui porte le jeune fruit se recourbe vers le sol, s'y enfonce de 8 à 10 centimètres, et le fruit n'arrive à acquérir que sous terre le dernier degré de maturité. C'est pourquoi ce fruit est aussi appelé Pistache de terre. On en extrait une huile épaisse, d'une saveur agréable. Le Sénégal en exporte plus de trente millions de kilogrammes.

Fig. 16. ACACIA DU NIL. — Les Acacias du Nil, jolis arbres, au bois dur, au feuillage léger, se couvrent de petites fleurs réunies en boules, et ensuite de longues gousses, qui sont exportées sous le nom de *neb neb* pour le tannage des cuirs.

Fig. 17. Manglier. — Le Manglier ou Palétuvier croît en abondance sur les rivages des mers et les montagnes environnantes, de façon à former des forêts impénétrables, refuge ordinaire des oiseaux marins. Le Manglier porte une quantité de branches, les unes feuillues, les autres dépourvues de rameaux; ces dernières courent sur le sol, s'enlacent les unes les autres en un treillis serré, s'enfoncent dans la terre pour y prendre racine, se multipliant ainsi indéfiniment. Cet arbre produit un fruit coriace. La graine des Mangliers présente cette particularité remarquable qu'elle germe sur l'arbre même avant de tomber dans la vase, où elle continue, sans interruption, son développement. L'écorce des Palétuviers est considérée comme fébrifuge; elle sert plus ordinairement au tannage des peaux.

Fig. 18. Palmier a vin (*Raphia vinifera*). — Le Palmier à vin, bel arbre aux longues palmes touffues et de forme gracieuse, se distingue des autres espèces en ce qu'il renferme une grande quantité de sucre; avant la floraison, on en extrait la sève, qui, après fermentation, donne le liquide nommé vin de palme, remplaçant pour les indigènes le jus de la vigne.

Fig. 19. Borassus éthiopien. — Les Borassus, arbres de la famille des Palmiers, ont le tronc droit et élancé, terminé en un bouquet de palmes; ils portent des fleurs d'un rouge jaunâtre. On tire du Borassus une liqueur sucrée, et son bois est fort utile pour les constructions des maisons.

Fig. 20. ÉLÉIDE DE GUINÉE. — L'Éléide de Guinée, appartenant aussi à la famille des Palmiers, aime les lieux chauds, les terrains argileux ou pierreux. Il est très abondant au Sénégal et au Gabon, et il a été acclimaté dans les parties chaudes de l'Amérique. Le fruit de ce Palmier est de la grosseur d'une noix; on tire de sa pulpe une huile épaisse et jaune, l'*huile de palme*, d'une saveur agréable quand elle est fraîche; cette substance entre dans quelques préparations pharmaceutiques, mais on l'emploie surtout à la fabrication des bougies et des savons. L'amande du fruit fournit, elle aussi, une substance grasse, solide, blanche, qui est consommée sur place.

Fig. 21. HENNA ou HENNÉ. — Les Hennas, plantes herbacées et arborescentes, de la famille des Lythrariées, vivent dans les marais de l'Afrique boréale et abondent entre les tropiques. Leurs fleurs forment souvent des épis et des grappes d'un joli effet. Quelques espèces paraissent pouvoir être employées dans la teinture en noir. Leurs feuilles et leurs racines seraient vermifuges.

Fig. 22. MANIOC. — Le Manioc, arbre ou arbrisseau de la famille des Euphorbiacées, aux fleurs jaune-brun réunies en grappes, est originaire de l'Amérique du Sud, mais a été depuis longtemps acclimaté en Afrique. Sa racine contient un suc laiteux qui, à l'état frais, en fait un poison assez violent; mais lorsqu'on a le soin de dessécher cette racine, d'en extraire le suc, et de laver sa fécule, elle devient, cuite au four, une excellente nourriture. Le nombre des hommes qui consomment du manioc est, paraît-il, supérieur à celui des hommes qui vivent de blé. La fécule du Manioc nous arrive préparée en grains, sous le nom de *tapioca*, et sert à faire des potages excellents.

Fig. 23. IGNAME. — L'Igname, plante herbacée et vivace, appartenant à une famille voisine de celle des Liliacées, est fort commune en Afrique et dans l'Inde; elle produit une racine tubéreuse d'une saveur douce et agréable; ce légume peut remplacer la pomme de terre, et sa fécule pourrait être employée à faire une sorte de pain.

Fig. 24. FRUIT DU GOURO. — Le Gouro croît en abondance dans l'Afrique septentrionale et surtout au Congo. Ses graines, de la grosseur d'une châtaigne, sont recueillies avec soin; quoique leur saveur soit acide et amère, elles ont la propriété, lorsqu'on les a goûtées, de rendre savoureux les mets que l'on mange ensuite. On désigne ces graines sous le nom de noix de Gouro, ou noix du Soudan.

Fig. 25. CAFÉIER. — Le Caféier, arbrisseau des contrées intertropicales, possède un feuillage léger et toujours vert; ses fleurs, réunies à l'aisselle des feuilles, sont petites, parfumées, et ressemblent un peu à celles du jasmin d'Espagne. Les fruits, assez semblables à des cerises, passent successivement, durant leur maturation, du vert au jaune, au rouge et au noir; ils contiennent deux graines dures, d'apparence cornée, ovales ou rondes, présentant une surface convexe et une surface plane par laquelle elles sont accolées. Ces graines constituent les graines de café que nous connaissons. Le café, originaire d'Éthiopie, fut propagé rapidement dans tous les pays où il était possible de le cultiver, aussi bien en Asie et en Océanie qu'en Amérique; l'île Bourbon et l'île d'Haïti possèdent d'excellent café, mais le plus renommé est celui de Moka. La culture du café, presque universellement répandue dans les pays chauds, varie selon la température du climat et la qualité du sol; les propriétés de la graine sont elles-mêmes variables avec sa provenance. Les Arabes furent, après les Éthiopiens, les premiers qui en firent usage, ayant remarqué que le breuvage fait avec les graines du Caféier les rendait plus actifs et plus disposés au travail. Les qualités du café sont trop connues pour que nous ayons besoin de les énumérer. Il les doit à une substance particulière, la *caféine*, de composition identique à celle des principes actifs du thé et du chocolat, la théine et la théobromine. On en importe en France chaque année près de cinquante millions de kilogrammes.

Fig. 26. ZAMIA. — Le Zamia, de la famille des Cycadées, renferme plusieurs espèces. En Afrique, on trouve le *Zamia horrida* dans la partie australe; sa tige est d'une hauteur moyenne, ses feuilles pennées et disposées gracieusement comme celles des palmiers. On cultive les Zamia dans les serres, comme plantes d'ornement.

Fig. 27. BANANIER. — Le Bananier, grande et superbe plante de l'embranchement des Monocotylédones, est un des végétaux d'ornement les plus beaux que l'on puisse voir. Sa tige droite est chargée de larges feuilles, pouvant atteindre deux ou trois mètres de longueur. Les bananes sont des fruits allongés, disposés par grappes, contenant une chair ferme, douée d'une saveur sucrée et parfumée, extrêmement agréable. Ces fruits forment, en grande partie, la nourriture des nègres, qui savent les accommoder de différentes façons. La culture du Bananier, propagée dans presque tous les pays chauds, demande un terrain frais, léger et abrité du vent; la plante meurt après la maturité du fruit et se régénère par les jeunes drageons.

Fig. 28. RICIN. — Le Ricin ou *Palma Christi*, Euphorbiacée au beau feuillage d'un vert brun, produit des graines enfermées dans une enveloppe épineuse; ces graines contiennent une huile épaisse et fort purgative, souvent employée en médecine, mais dont on se sert aussi pour la fabrication du savon et, en certains pays, pour l'éclairage. La culture du Ricin, originaire de l'Afrique et de l'Inde, s'est répandue dans un grand nombre de pays chauds, en Asie et en Amérique, ainsi que dans le midi de l'Europe, notamment en Italie.

Fig. 29. BAOBAB. — Le Baobab constitue à lui seul le genre *Adansonia*; cet arbre gigantesque vit des centaines d'années, et le tronc peut atteindre jusqu'à dix à douze mètres de diamètre. Ses énormes branches deviennent si longues et si feuillues qu'elles se replient jusqu'à terre. L'écorce des feuilles du Baobab possède des propriétés émollientes; le fruit fournit aux Africains un aliment agréable; l'écorce ligneuse de ce fruit sert encore à blanchir le linge au Sénégal. Certains Baobabs sont célèbres par leur longévité. Adanson a observé, aux îles du Cap-Vert, un de ces arbres qui avait plus de six mille ans d'existence au moment où il le visita.

Fig. 30. ACACIA DE GIRAFE. — L'Acacia de girafe, espèce du genre Acacia, ainsi appelée parce que la Girafe s'en montre friande, et peut seule atteindre ses branches élevées, est commun en Afrique et arrive à une taille élevée. Ses longs rameaux forment un ombrage précieux dans les pays à température brûlante.

Fig. 31. ACACIA A LONGUES ÉPINES. — Cet Acacia possède de dures et longues épines, extrêmement pointues, presque aussi longues que les feuilles et ordinairement disposées deux par deux. C'est une des espèces les plus remarquables du genre.

Fig. 32. WELWITSCHIA. — Les Welwitschia sont des plantes de l'Afrique, étonnantes sous tous les rapports, bien que se rapprochant, par leurs traits essentiels, des Conifères. Elles ne possèdent jamais que deux feuilles, qui peuvent devenir très larges et longues de plusieurs mètres, et qui sont probablement leurs cotylédons. Ces feuilles, qui rampent sur le sol, sont fixées à une courte tige ligneuse, en forme de cône, qui s'enfonce sous terre.

Fig. 33. IXIA. — Les Ixia, plantes monocotylédones, voisines des glaïeuls et des iris, ont une tige grêle supportant de belles et larges fleurs aux couleurs éclatantes. Les fruits renferment plusieurs graines globuleuses. On réussit assez facilement à cultiver les Ixia dans les serres; ce sont de belles plantes d'appartement.

Fig. 34. ALOÈS COMMUN. — L'Aloès abonde dans toute l'Afrique, surtout dans la partie australe. Ses larges feuilles, dentelées et épineuses, ont une courbe gracieuse; ses superbes fleurs sont disposées en grappes ou en épis sur une tige mince et droite. Les Aloès nains aiment les terrains pierreux et un peu ombragés. On se sert beaucoup de cette plante pour faire des clôtures impénétrables.

Fig. 35. Aloès féroce. — L'Aloès féroce, bel arbuste au tronc droit et terminé par un bouquet de feuilles et de fleurs, est le véritable habitant du désert. On le trouve dans les sables les plus brûlants et les lieux les plus arides. Le suc résineux, extrêmement amer, que l'on extrait des feuilles de diverses espèces d'Aloès, s'emploie fréquemment en pharmacie, notamment comme purgatif; il congestionne les vaisseaux hémorroïdaux; la pulpe des feuilles de cette espèce guérit rapidement les brûlures. On en a aussi extrait des matières colorantes utilisées pour teindre la laine et la soie.

Fig. 36. Euphorbe tétragone. — Les Euphorbes sont des plantes répandues partout, qui contiennent presque toutes un suc laiteux; en Europe, ce sont presque toujours des herbes; mais, dans les pays chauds, elles prennent souvent l'apparence de cactus, notamment au cap de Bonne-Espérance, ou deviennent arborescentes, comme l'Euphorbe tétragone. Les Euphorbes arborescentes aiment les terrains pierreux; leur sommet et leurs courtes branches se terminent en un bouquet de feuilles. Les graines de certaines espèces d'Euphorbes contiennent une huile purgative; d'autres produisent une sorte de résine, l'*euphorbium*, poison très énergique, d'une saveur âcre, que le temps ne parvient pas à altérer.

Fig. 37. Protéacées. — Les Protéacées sont de beaux végétaux ayant un port et un aspect tout spécial, que l'on rencontre dans diverses parties de l'hémisphère austral, surtout à la Nouvelle-Hollande et en Afrique, dans la région du cap de Bonne-Espérance. Leurs feuilles, étroites, allongées, sont épaisses et dures; les fleurs, larges, brillamment colorées, sont souvent d'un effet superbe. On cultive les Protéacées en serre, comme plantes d'agrément.

Fig. 38. MÉSEMBRYENTHÈMES. — Les Mésembryenthèmes, voisines des cactus, forment une famille naturelle de plantes comprenant plus de trois cents espèces, presque toutes originaires de l'Afrique méridionale ou de l'Australie. Ce sont des herbes ou des arbrisseaux aux feuilles épaisses, aux fleurs parfumées et de couleurs éclatantes extrêmement variées. Ces magnifique végétaux se culivent comme les cactus et se multiplient de boutures et de graines. On peut les conserver en serre, mais les fleurs ne s'épanouissent qu'au soleil.

L'une des espèces ici mentionnées (*M. Cristallinum*) est bien connue sous le nom de *Glaciale;* ses feuilles sont couvertes de vésicules transparentes qui les font paraître comme chargées de glace; les deux autres espèces sont cultivées comme plantes d'ornement.

Fig. 39. BRUYÈRES. — Les Bruyères, charmantes petites plantes ligneuses, sont couvertes de fleurs délicates et colorées de nuances variées. Elles sont de tous les pays et vivent dans les terres les plus arides; mais on les trouve particulièrement abondantes en Afrique, surtout aux environs du Cap. Élevées en serre, ces plantes demandent beaucoup de soin; elles craignent l'excès de chaleur ou d'humidité. On les cultive cependant, en grande quantité, comme plantes d'agrément.

Fig. 40. STAPÉLIA. — Les Stapélias, qui appartiennent

à la famille des Asclépiadées, sont des plantes charnues, rameuses, portant de superbes fleurs ordinairement marbrées, d'un brun rouge foncé, et exhalant une fort mauvaise odeur. Les Stapélias demandent une terre forte et sèche; on les trouve à profusion dans la région du cap de Bonne-Espérance. La figure 40 en représente plusieurs espèces. Ces plantes se cultivent facilement en serre et elles se multiplient par boutures.

Fig. 41. Pélargonium. — Les Pélargoniums, abondamment cultivés en France, comme plantes d'ornement, sous le nom de *Géraniums*, poussent très facilement dans les jardins. Ce sont de belles plantes, aux fleurs délicates et colorées des plus jolies nuances; quelques espèces répandent une mauvaise odeur; d'autres, au contraire, ont des feuilles aromatiques.

Fig. 42. Cocotier des Seychelles. — Le Cocotier des Seychelles est un des plus superbes palmiers; son tronc est droit et extrêmement élevé; il abonde au bord de la mer. Ses fruits, en forme de cœur, sont si gros qu'ils peuvent contenir jusqu'à trois pintes d'un lait sucré très agréable à boire; l'amande est blanche et d'une dureté telle qu'on a peine à l'entamer avec des instruments de fer. Les fruits mettent quelquefois plusieurs années à atteindre leur maturité complète; un arbre peut en porter de vingt à trente, outre ceux d'une maturité moins avancée. L'origine de ces fruits gigantesques, transportés au loin par la mer, est demeurée longtemps inconnue; quelques naturalistes ont été jusqu'à penser qu'ils provenaient d'un arbre sous-marin.

Fig. 43. Arbre du voyageur. — L'Arbre du voyageur,

ou Ravenala, voisin des bananiers, croît dans les contrées chaudes du globe. Ces beaux arbustes sont ornés de longues et larges feuilles qui, lorsqu'on les perce à leur base, laissent couler une eau fraîche et claire contenue dans leur gaîne; c'est en raison de ce fait étrange que le Ravenala a été appelé Arbre du voyageur. Malheureusement, on ne le trouve pas au milieu des déserts, mais dans les terrains frais ou au bord des eaux.

Fig. 44. PANDANUS. — Le Pandanus, ou Taquoir, arbre de petite taille, pousse naturellement dans les contrées chaudes. Il est surtout cultivé à l'île Maurice, à l'île Bourbon et aux Antilles, où on le plante en haie de clôture. Certaines espèces portent des graines comestibles; on se sert des feuilles du Pandanus pour tresser les nasses dans lesquelles on transporte les denrées coloniales.

PLANCHE VII

PEUPLES DE L'ASIE.

Fig. 1. OSTYAKS. — Les Ostyaks habitent le nord de l'Oural et les rives de l'Obi. Ils ne sont pas sans quelque analogie avec les Finnois orientaux; ils parlent le vogoul, dialecte différent de celui des Samoyèdes, leurs voisins, et ayant beaucoup de mots communs avec le hongrois. Leur teint est d'un brun sale; les os de leurs pommettes sont très proéminents; leur nez peu saillant, leur barbe rare, leurs cheveux noirs, mais quelquefois aussi roux. Les Ostyaks sont nomades; ils chassent, pêchent et élèvent des troupeaux de rennes. L'élan et le renne sont leurs principales ressources. Ils se livrent aussi au commerce des fourrures. Ce sont des peuples très arriérés, d'une malpropreté extrême et adonnés à l'idolâtrie.

Fig. 2. KIRGHISES. — Les Kirghises sont aussi des nomades qui habitent principalement, en Asie, le Turkestan et le sud-est de la Sibérie. Leurs pommettes sont saillantes sans que leur visage soit aplati. Ils ont le nez écrasé, les yeux petits et obliques, la bouche médiocrement fendue, les oreilles grandes et la barbe disposée en une touffe au menton. Leurs sens sont d'une grande finesse, et ils possèdent une adresse remarquable dans le maniement des armes et des chevaux. Ils sont pasteurs ou commerçants, mais se livrent aussi avec passion au brigandage. Un petit nombre sont agriculteurs ou exploitent des mines d'or. Ils professent un mahométisme mêlé d'idolâtrie. Le lait de jument fermenté ou *koumis* est une de leurs boissons préférées, et ils savent en tirer des liqueurs enivrantes dont ils se gorgent sans souci du Coran. Leurs mœurs sont passablement dissolues.

Fig. 3. KORIAKS. — Les Koriaks forment avec les Tschuk-Tschis deux tribus d'une nation habitant l'extrémité nord-est de l'Asie. Ils sont grands et forts, ont la peau blanche, le teint clair, la physionomie vulgaire, et sont d'un caractère sauvage. Ils se rasent la tête, se peignent le corps, portent de grands anneaux aux oreilles, et leurs habitudes semblent déceler une origine américaine.

Fig. 4. TONGOUSES. — Les Tongouses habitent la partie de la Sibérie comprise entre l'Iénisséi, la mer d'Okhotsk et la Mantchourie. Ils ont la tête arrondie, la figure très large, les yeux longs et extrêmement relevés à l'extérieur ; la barbe assez abondante, noire comme les cheveux, qu'ils portent réunis en une longue tresse à laquelle ils attachent leurs armes pour les maintenir hors de l'eau quand ils traversent une rivière à la nage. Ils s'habillent de peaux qu'ils ornent de verroteries. Les Tongouses sont doux, intelligents, et possèdent des sens très développés. Ils sont nomades et habitent sous des tentes coniques, faites de peaux de rennes et d'écorces d'arbres. Leur religion est un mélange de chamanisme et de bouddhisme; ils parlent une langue harmonieuse renfermant un certain nombre de mots mongols.

Fig. 5. KALMOUKS. — Les Kalmouks habitent la Dzoungarie, quelques parties des monts Altaï et du bassin du Volga, où ils s'établirent au dix-septième siècle, pour en repartir, en grand nombre, cent ans plus tard. Ils sont très voisins des Mongols vrais, et peuvent être considérés comme des Mongols occidentaux; leur crâne est presque sphérique, leur visage rond, moins large, et à pommettes moins saillantes que celles des Tongouses; leurs yeux sont petits, relevés à l'angle externe, abrités par des paupières charnues et des sourcils noirs, peu fournis et légèrement arqués; leur nez est court et aplati vers le front; leurs lèvres sont épaisses, leur teint jaune, leurs cheveux raides et noirs; ils sont d'ailleurs petits et trapus. Les hommes se rasent la tête, sauf vers le sommet; les femmes, qui sont généralement jolies et d'un teint clair, soignent, au contraire, beaucoup leurs cheveux. Les Kalmouks sont nomades et élèvent d'immenses troupeaux de chevaux et de moutons; ils portent des vêtements d'étoffe analogues à ceux des Chinois. Leur religion est le bouddhisme.

Fig. 6. USBEKS. — Les Usbeks sont aujourd'hui relégués dans une oasis située au sud de la mer d'Aral et qu'on appelle la Khivie. Ils sont de taille assez élevée et leurs traits sont ceux des anciens Turcs. Ils se rasent les cheveux et portent comme vêtement des robes de soie ouatées qu'ils mettent l'une sur l'autre et dont le nombre varie avec les saisons. Comme chez les Turcs, les femmes vivent dans des harems. Les uns sont nomades, les autres se livrent à l'agriculture et au commerce. Ils parlent un dialecte particulier, possèdent des espèces de troubadours qui accompagnent les gens de distinction, et cultivent quelquefois les langues arabe et persane.

Fig. 7. JAPONAIS. — Les Japonais, bien connus aujourd'hui en Europe, où ils entretiennent constamment des missions et où ils envoient de nombreux étudiants achever leur instruction, doivent compter parmi les peuples les plus intelligents de l'Asie. Ils sont de taille moyenne ou petite, assez bien faits, ont les extrémités délicates et élégantes; mais leurs jambes sont ordinairement un peu arquées. L'œil est allongé transversalement, petit, et à paupières lourdes, relevées extérieurement; le nez est gros et court; la bouche moyenne, remarquablement éloignée du nez et du menton; les cheveux noirs et épais, la barbe rare. Le costume européen tend à devenir dans leur pays le costume officiel, mais ils portent généralement encore la robe de soie ou de coton et les cheveux rasés en partie, le reste étant relevé sur le sommet de la tête.

Les Japonais ont été soumis longtemps à deux souverains, l'un temporel, le *taïkoun;* l'autre spirituel et qui avait la prédominance, le *mikado*. La puissance du taïkoun a depuis peu pris une extension plus considérable, et depuis lors le Japon, jadis fermé, est entré en rapports réguliers avec les nations européennes. Une École polytechnique, un Observatoire, ont été créés, et les Européens ont été appelés pour enseigner les sciences et le droit dans ces écoles spéciales. Des chemins de fer, des bateaux à vapeur, ont été construits, encore en petit nombre, il est vrai, mais les Japonais s'efforcent d'entrer de plain-pied dans la civilisation européenne qu'ils apprécient. L'écriture japonaise a de grands rapports avec l'écriture chinoise; cependant les deux langues, quoique monosyllabiques, sont très différentes, et les Japonais ne sauraient à aucun point de vue être considérés comme d'origine chinoise. La religion de la plupart est le bouddhisme; mais la morale de Confucius et une vieille religion, dite de Sinto, ont aussi des adeptes.

Fig. 8. GÉORGIENS. — Les Géorgiens sont d'une tout autre race que les peuples asiatiques dont nous venons de parler : on doit les considérer comme un des plus beaux types de la race blanche. Ils habitent le versant méridional du Caucase. Leur taille est haute et élégante; leurs traits d'une admirable régularité; leurs yeux, leur barbe et leurs cheveux, noirs. Les femmes, moins blanches que les Circassiennes, mais d'une magnifique beauté, sont fréquemment amenées dans les harems turcs. Les Géorgiens sont intelligents; ils se livrent souvent au commerce, entreprennent facilement de longs voyages, et, dans leur pays, sont armés jusqu'aux dents. Ils sont aujourd'hui soumis à la Russie et professent le christianisme grec.

Fig. 9. KURDE. — Les Kurdes sont de beaux hommes vigoureux, au teint brun, aux cheveux et aux yeux noirs; ceux-ci sont petits; la bouche est, au contraire, très grande; mais si le visage pèche par ces traits, l'expression n'en est pas moins énergique. Les Kurdes habitent une région comprise entre l'Arménie, la Perse, l'Irak-Arabi et l'Al-Djézireh. Ils sont mahométans, parlent un dialecte voisin de celui des Persans, et appartiennent, comme ces derniers, à la race aryenne; mais leur pays, montagneux et vigoureusement défendu, a servi de refuge à un grand nombre d'hommes de nationalité et de religion diverses, qui ont notablement altéré la pureté de leur race.

Les Kurdes sont nomades et s'adonnent volontiers au brigandage.

Fig. 10. ARMÉMIEN. — Les Arméniens vivent dans les plateaux élevés de l'Asie qui avoisinent le Caucase et la mer Caspienne. Ils comptent, avec les Géorgiens et les Circassiens, parmi les plus beaux représentants de la race blanche, sont intelligents, profondément unis entre eux et de mœurs patriarcales. L'agriculture et le commerce sont leurs occupations principales. Leur religion est l'ancien catholicisme oriental.

Fig. 11. GOURI. — Les Gouris, ou Gourans, sont des agriculteurs, de race aryenne, habitant les montagnes qui séparent la Mésopotamie de la Perse; ils parlent un simple patois persan.

Fig. 12. PERSANS. — Les Persans actuels sont les descendants, souvent peu altérés, des Médo-Perses dont on peut admirer les traits dans les monuments anciens de Persépolis. Ils appartiennent au type blanc le plus pur: leur front élevé, leurs yeux noirs, grands et doux, leurs sourcils bien dessinés, leur nez légèrement arqué, leur visage allongé, leur barbe et leurs cheveux abondants, donnent à leur physionomie un caractère de grandeur qui n'exclut pas la sympathie. Les Persans sont, d'ailleurs, gais, vifs, grands amateurs du luxe, des beaux vêtements et des plaisirs. Ils cultivent volontiers la peinture, et ne professent qu'en les adoucissant un peu les préceptes du Coran. Leur langue est dérivée du *zend*, qui est demeuré la langue sacrée des sectateurs de Zoroastre.

Fig. 13. HINDOU. — Les habitants de l'Hindoustan, petits, d'un brun jaunâtre, au nez légèrement aquilin, aux traits d'une admirable régularité, sont les hommes de race blanche qui ont été le plus anciennement civilisés; leurs livres sacrés, rédigés en *sanscrit*, leur langue primitive, remontent à la plus haute antiquité, et contiennent des récits qui ne sont pas sans quelque ressemblance avec ceux des livres hébraïques; leur religion, le *brahmanisme*, règle jusqu'aux moindres actions de la vie et leur enlève ainsi toute initiative. Aussi est-ce parmi les Hindous que la vie contemplative est le plus répandue. Ils étaient autrefois divisés en castes infranchissables : celles des *brahmanes* ou prêtres, des *kchattryas* ou guerriers, des *vaïcyas*, négociants ou agriculteurs, des *soudras* ou serviteurs, enfin des *parias*, qui étaient rejetés par toutes les castes, méprisés par tous, et parmi lesquels étaient relégués les hommes qui avaient commis quelque crime ou s'étaient rendus indignes de faire partie de la caste dans laquelle ils étaient nés. La première de ces castes a subsisté dans son état primitif; les autres se sont confondues et divisées en castes secondaires qui continuent, d'ailleurs, à tenir les parias en profond mépris. Les Hindous, qui ont autrefois construit d'admirables monuments, sont aujourd'hui d'une indolence excessive; mais ils sont demeurés intelligents et seraient aptes à cultiver les lettres et les sciences s'ils n'étaient complètement immobilisés par leurs croyances.

Fig. 14. DRAVIDIEN. — Les Dravidiens occupent le sud de l'Inde, les côtes de Malabar, de Coromandel, etc.; ils sont l'une des plus anciennes populations de l'Inde, et se distinguent par leur teint foncé, presque noir, leurs cheveux lisses, bouclés et fins, leurs traits accusés, mais rappelant un peu ceux des blancs. Les diverses peuplades que l'on rattache à ce type parlent des dialectes évidemment dérivés d'une origine commune, très distincte des autres langues asiatiques. Ils professent le brahmanisme ou l'islamisme.

Fig. 15. CHINOIS. — Les Chinois sont les habitants d'un vaste empire, remarquable par le haut degré de civilisation qu'il a atteint depuis une époque qui paraît bien antérieure à notre période historique (près de 5000 ans avant notre ère) et par l'immobilité absolue dans laquelle il semble s'être figé. Bien longtemps avant nous, les Chinois connaissaient le papier, la porcelaine, la poudre à canon, la boussole, l'imprimerie, tissaient de magnifiques étoffes de soie, creusaient des puits artésiens, construisaient des ponts, des aqueducs, élevaient des palais où la finesse des sculptures s'alliait aux plus brillantes enluminures. Mais à la période d'inventions qui les a élevés si haut dans la pratique de certaines industries et dans la culture des arts, entendus d'ailleurs d'une façon assez particulière, les Chinois, volontairement isolés du reste du monde, enfermés par les lois de leur pays dans des pratiques minutieuses qu'il est soigneusement interdit aux individus de transgresser, obligés de se conformer pour leurs habitations, pour leur vêtement, pour leur attitude même dans les diverses circonstances de leur vie, à des règlements inflexibles et dont ils subissent le despotisme depuis des siècles, les Chinois ont perdu toute initiative, tout esprit d'invention, et se bornent à refaire de la façon la plus routinière ce que faisaient leurs ancêtres. Leur langue monosyllabique, composée d'une infinité de mots, leur écriture exigeant l'emploi de plus de trente mille caractères, sont d'ailleurs des instruments défectueux qui les obligent à dépenser pour apprendre toute l'activité qu'ils pourraient consacrer à inventer. Aucun peuple ne saurait donner plus nettement l'idée de ce que peuvent des institutions mauvaises et trop peu mobiles pour la décadence intellectuelle d'une race humaine. On n'arrive cependant chez eux aux plus hautes fonctions que par l'étude. Les *mandarins* sont des let'rés et ne peuvent passer d'une classe à une autre qu'à la suite d'examens ; mais toutes leurs études se bornent à celles de la langue et de la littérature.

Les Chinois sont de taille moyenne ou même élevée. Ils ont le teint jaune, la tête presque carrée, les yeux petits, obliques, à grosses paupières boursouflées ; les cils et les sourcils peu fournis ; la barbe rare, presque nulle au menton, formant sous le nez de minces moustaches ; la bouche grande, à fortes lèvres ; les pommettes saillantes.

Les hommes se rasent une partie des cheveux et font du reste une natte qui pend en arrière. Une longue tresse, des ongles énormes et un respectable embonpoint, sont des signes de haute distinction. Les femmes de qualité ont de bonne heure les pieds artificiellement déformés de telle façon qu'elles peuvent à peine marcher seules. Elles se peignent la figure et les dents. Le costume, assez pittoresque, consiste en une robe longue à larges manches, retombant sur des caleçons et recouverte par des caracos dont le nombre varie avec les saisons. Le chapeau est en forme d'entonnoir, évasé vers le haut, et surmonté d'un bouton de corail, de cristal ou d'or, suivant le rang de celui qui le porte. La religion des Chinois du peuple est un bouddhisme modifié; celle des lettrés est la morale de Confucius. La race des nobles, celle de l'empereur régnant, est différente de celle du peuple; les véritables Chinois ont été, en effet, soumis par les Mandchoux qui règnent sur eux, mais ont adopté leurs coutumes et leur civilisation. Pékin, capitale de l'empire chinois, est la plus grande ville du monde.

Fig. 16. MALAIS. — Les habitants de la presqu'île de Malacca, des îles de la Sonde, des Célèbes, des Moluques et des Philippines, sont désignés sous le nom de Malais. On trouve chez eux des teints qui varient depuis le jaune cuivré jusqu'au bistre. Les yeux sont noirs, petits, souvent obliques; les pommettes saillantes, le nez un peu aplati, la bouche grande, et la lèvre inférieure flasque et pendante. Les Malais se divisent en deux types : l'un de petite taille, c'est le type malais proprement dit; l'autre de taille élevée, auquel il faut rattacher les Battaks de Sumatra et les Dayaks de Bornéo, c'est le type indonésien d'où sont dérivés presque tous les habitants de la Polynésie. Les Malais portent leurs cheveux à l'européenne. Ce sont avant tout des marins et des commerçants, d'ailleurs peu scrupuleux. Leur activité les a fait surnommer les Phéniciens de l'Océanie. Ils professent d'ordinaire l'islamisme.

Fig. 17. NÉGRITO. — Les hommes noirs qui peuplent engrande partie la Mélanésie (Nouvelle-Bretagne, Nouvelle-Irlande, îles Salomon, Louisiade, Nouvelles-Hébrides, Nouvelle-Calédonie, île Viti, etc.), la Tasmanie, l'île de Pâques, la Malaisie, la Polynésie et quelques parties du continent asiatique, ne doivent pas être confondus avec les nègres d'Afrique. Ils ont comme eux le teint noir, les lèvres épaisses et retroussées, les cheveux crépus; mais leurs traits sont assez différents; leur crâne est aplati et en dos d'âne, leur front plus étroit, fuyant, et à crêtes orbitaires plus développées; leur nez plus épaté, leurs pommettes plus saillantes, leurs dents et leurs mâchoires plus projetées en avant; leur barbe est souvent abondante; leurs cheveux implantés par touffes enroulées en spirale; leurs membres grêles et disproportionnés. Ils sont, en outre, de plus petite taille ($1^m.47$ en moyenne) et parlent des dialectes qui n'ont aucun rapport avec ceux des nègres africains. Les Négritos ne portent pas de vêtement; ils sont rebelles à toute civilisation, souvent anthropophages, et adonnés aux plus grossières superstitions. Ils manient avec une grande adresse les arcs, les longues flèches de bambou, les casse-tête, les lances et les massues qui sont leurs armes ordinaires. Les coutumes et les armes des Négritos varient d'ailleurs sensiblement, ainsi que leurs caractères physiques, dans les diverses îles qu'ils habitent.

Fig. 18. ARABES. — Les Arabes forment une des divisions les plus importantes du rameau sémitique de la race blanche. Ils n'ont pas les formes arrondies de la race aryane; en revanche, leur corps est d'une plus grande souplesse. Ils sont de taille moyenne; leur visage est allongé, leur front est surmonté d'une sorte de tubérosité, et leur nez, saillant, est ordinairement aquilin. Ils ont les yeux noirs, grands et beaux; le teint brun, les cheveux noirs et lisses; la barbe d'abondance moyenne. Les Arabes se trouvent non seulement en Arabie, mais encore en Perse, dans l'Hindoustan, sur toute la côte méditerranéenne de l'Afrique; ils ont possédé autrefois, sous le nom de Mores, une grande partie de l'Espagne et y ont laissé de magnifiques monuments de leur puissance. La civilisation arabe, jadis très brillante, est bien déchue de son ancienne splendeur. La poésie, la médecine, l'alchimie, l'astronomie, la philosophie, les mathématiques, et notamment l'algèbre qui a gardé un nom d'origine arabique, eurent, parmi ces sémites, de fervents et remarquables adeptes. Sans doute sous l'influence prolongée des doctrines de l'islam, toute cette floraison s'est éteinte, et l'Arabe, autrefois puissant et redouté, est aujourd'hui partout soumis aux autres races. Il faut cependant faire une exception pour l'Arabe nomade ou *Bédouin* qui, par son mode d'existence, échappe à toute domination.

Fig. 19. TURCOMANS. — Les Turcomans sont des populations nomades qui sont répandues dans le voisinage du Caucase, la Turquie d'Asie, l'Afghanistan, la Perse et le Turkestan. Leur type général est le type mongolique avec une taille élevée, un corps robuste et une courte barbe; ce type se rapproche de celui des Kalmouks vers les frontières du Turkestan, de celui des blancs vers l'Arménie. Les Turcomans sont pasteurs et excellents cavaliers, ont de nombreux troupeaux de chameaux, de chevaux, de bœufs et de moutons. Ils vivent sous des tentes formées d'une légère charpente de branchages enduits de poix, destinée à soutenir un revêtement de feutre. Le tout se transporte à dos de chameau. Un grand nombre, surtout dans le midi, vit de brigandages; ils portent le costume persan; mais les femmes, assez jolies, gardent le visage découvert et se passent souvent un anneau dans les narines.

Fig. 20. Tibétains. — On donne ce nom aux peuplades qui habitent le versant septentrional de l'Himalaya. Leur physionomie extérieure les rapproche beaucoup des Chinois, mais leurs mœurs, leur langue, leur costume, sont fort différents. Les Tibétains sont gais, francs, hospitaliers, braves, intelligents et inventifs; toutes qualités qu'on rencontre rarement réunies chez les Chinois. Ils aiment le luxe, les couleurs voyantes; ils portent manteau, veste et pantalon, avec ceinture de soie rouge à laquelle pendent un couteau et un chapelet. Les femmes y ajoutent une courte tunique; elles sont libres, sortent quand bon leur semble et, dans quelques régions, peuvent avoir simultanément plusieurs maris. La religion est le bouddhisme; les corps des prêtres sont brûlés; les autres sont abandonnés aux animaux, ou dévorés par des chiens affectés à ce genre spécial d'ensevelissement.

Fig. 21. Laos. — Les habitants du Laos sont considérés par les Japonais comme dérivés de la race blanche.

Ils ont cependant les yeux obliques, le teint olivâtre, la chevelure noire et rude des races mongoliques.

Fig. 22. DAYAKS. — Les Dayaks sont les indigènes de l'île Bornéo; la plupart habitent l'intérieur de l'île. Grands et robustes, d'extérieur agréable, ils sont très unis entre eux, mais impitoyables et perfides pour les étrangers, cruels pour leurs ennemis, dont ils gardent les crânes dans leurs huttes de planches, en guise de trophées. Ils se revêtent de peaux de bêtes pendant la guerre, mais ne portent, en temps de paix, qu'une ceinture. Le kriss, poignard à lame ondulée, la sarbacane avec laquelle ils projettent des flèches empoisonnées, la lance, la massue, sont leurs armes principales, mais les plus riches ont aussi adopté le fusil. Les Dayaks sont surtout chasseurs et pêcheurs; ils ne sont pas dépourvus d'industrie : ils exploitent des mines, fabriquent de la poterie, des tissus, des cordages, etc. Il en est de mahométans, mais le plus grand nombre professe les croyances les plus singulières. Ils ne se considèrent comme dignes de se marier qu'après avoir tué un ennemi, et offrent souvent à leur divinité, à la suite d'une victoire ou de quelque prouesse d'un chef, une tête humaine en guise d'*ex-voto*.

PLANCHE VIII

ANIMAUX D'ASIE.

Fig. 1. ARGALI. — L'Argali est une sorte de mouton sauvage de la taille d'un daim. Le mâle a les cornes très grosses, recourbées ; les jambes fines ; le poil court, gris, avec une raie dorsale et deux taches postérieures fauves. On rencontre l'Argali dans les montagnes, que sa légèreté lui permet d'escalader, ainsi que dans les régions froides de l'Asie. Bien qu'il contraste avec notre mouton domestique par l'élégance et la beauté de ses formes, l'Argali est souvent considéré comme l'ancêtre ou l'un des ancêtres de nos races ovines.

Fig. 2. ZIBELINE. — Les Zibelines sont des carnassiers voisins de nos martres et de nos fouines, habitant les contrées les plus septentrionales du globe, dans la région dite des *fourrures*; elles abondent en Sibérie, où on les chasse avec ardeur pour leur peau dont le prix est fort élevé. Les trappeurs prennent les Zibelines au piège. Leur pelage est fauve en été, noir en hiver; c'est la robe d'hiver qui est la plus estimée. On en vend plus de cent mille par an.

Fig. 3. ÉCUREUIL. — L'Écureuil commun doit être ici mentionné parce que dans les régions boréales, et notamment en Sibérie, sa robe prend en hiver une couleur grise, un moelleux et une épaisseur qui en font une fourrure des plus estimées ; cette fourrure est connue dans le commerce sous le nom de *petit-gris* quand on a enlevé la partie ventrale de couleur blanche, et sous celui de *vair* quand elle est entière. C'est en *vair*, et non pas en *verre*, que devait être la pantoufle de Cendrillon, dans le conte primitif. On a constaté l'entrée dans le commerce de plus de six millions de peaux de petit-gris par an, représentant une valeur de près de 1 500 000 francs.

Fig. 4. HERMINE. — L'Hermine est, comme la zibeline, un petit carnassier dont la fourrure est très recherchée. Elle est voisine de la belette, dont elle surpasse un peu la taille. On en trouve dans nos pays un assez grand nombre ; elles sont rousses en été, blanches en hiver, avec le bout de la queue noir. La fourrure d'hiver est seule recherchée, mais elle est loin d'atteindre chez nous la beauté qu'elle présente en Sibérie et dans les pays septentrionaux, et qui fait chasser les hermines avec la plus grande activité. On importe par an, en Europe, environ quatre cent mille Hermines dont les peaux valent 250 000 francs.

Fig. 5. HÉMIONE. — L'Hémione vit en troupes dans la Mongolie, l'Hindoustan, l'Himalaya, et tient le milieu entre l'âne et le cheval. Sa robe est isabelle, avec une ligne sur le dos, une courte crinière et le bout de la queue noirs. Cet animal se dresserait facilement, et pourrait rendre des services, car sa course est légère et rapide ; mais il est fort difficile à prendre. Plusieurs Hémiones ont vécu à la ménagerie du Muséum de Paris et s'y sont multipliées et croisées ; on a pu les dresser presque aussi facilement que des chevaux. En Asie, on prend l'Hémione au piège et on utilise son cuir et sa peau.

Fig. 6. CHAMEAU. — Le Chameau, originaire de la Bactriane, a été depuis l'antiquité employé aux services domestiques et aux expéditions guerrières. Il appartient à l'ordre des Ruminants. Son organisation particulière lui permet de franchir les déserts avec une facilité relative ; ses pieds, divisés en deux longs doigts et recouverts en dessous d'une peau calleuse, enfoncent difficilement dans le sable, et son estomac, divisé en cinq compartiments, contient une provision d'eau, grâce à laquelle il peut, comme le dromadaire dont il se distingue par ses deux bosses dorsales, traverser, sans souffrir de la soif, les contrées les plus arides. Par là, le Chameau est absolument indispensable aux populations asiatiques, et mérite le nom qui lui a été poétiquement donné de *Navire du désert*.

Fig. 7. GERBOISE. — Les Gerboises habitent diverses régions de l'Asie, de l'Amérique du Nord et de l'Afrique, où elles se creusent des terriers garnis d'herbes et de mousse pour se reposer tout le jour ; le soir venu, elles sortent de leur demeure et vont à la recherche des herbes et des graines qui composent leur nourriture.

On connaît plusieurs espèces de ces rongeurs, dont la taille varie depuis celle de la souris jusqu'à celle du surmulot et dont l'aspect est tout particulier. La tête est grosse, les pattes de devant extrêmement courtes, tandis que les pattes de derrière, démesurément allongées, se détendent comme un ressort et permettent à l'animal de faire des bonds de plus de trois mètres lorsque celui-ci veut fuir à l'approche de quelque danger.

Fig. 8. DESMAN. — Les Desmans, voisins de nos musaraignes, se trouvent au bord des lacs et des cours d'eau, principalement dans le sud-est de la Russie. Ils plongent et nagent fort bien, comme l'indiquent leurs pieds palmés et leur queue comprimée, pouvant servir de rames ; leur nez se prolonge en une sorte de trompe ; leur taille, en Russie, dépasse de beaucoup celle du rat d'eau. Ces animaux se nourrissent d'insectes, de mollusques et de poissons, et répandent autour d'eux une odeur pénétrante.

Il ne faut pas confondre les *Desmans* avec les *Damans*, qui vivent en Syrie et qui sont des Pachydermes dont la taille, d'une petitesse exceptionnelle dans cet ordre, ne dépasse pas celle d'un lapin.

Fig. 9. CHÈVRE DE CACHEMIRE. — La Chèvre de Cachemire fournit la laine qui sert à fabriquer les belles étoffes que l'on désigne sous le nom de leur pays d'origine. C'est avec le fin duvet caché sous les poils que ces étoffes sont tissées. Cette remarquable variété de Chèvre se trouve dans les montagnes du Tibet. On la désigne aussi sous le nom de Chèvre d'Angora ou Chèvre du Tibet. On a réussi facilement à acclimater en France et dans les pays montagneux ce précieux animal ; mais son poil perd alors ses qualités, et il a fallu renoncer à l'exploiter.

Fig. 10. YACK. — L'Yack ou Bœuf à queue de cheval est plus petit que nos Bœufs domestiques et se distingue par sa volumineuse toison ; il se trouve sur les confins de la Tartarie chinoise. Malgré son caractère sauvage et dangereux, les habitants du Thibet et de la Chine ont cependant réussi à le domestiquer, et s'en servent pour transporter les fardeaux et tirer la charrue. Sa chair et son lait sont fort estimés, son poil long et soyeux sert encore à fabriquer des étoffes grossières.

La queue des Yacks, longue et touffue, portée en guise d'étendard devant les pachas, est un insigne de leur dignité.

Fig. 11. CHEVROTAIN PORTE-MUSC. — Le Chevrotain porte-musc, de la grosseur d'un chevreuil, habite les parties montagneuses du centre de l'Asie et la Sibérie méridionale. Il est d'un caractère craintif et sauvage, recherche les rochers escarpés et le voisinage des glaciers, où il est fort difficile de s'en rendre maître. Cet animal est remarquable, parmi les ruminants, par l'absence de cornes et la présence de deux longues canines qui font saillie hors de sa bouche et descendent de sa mâchoire supérieure. Le mâle porte sous le ventre une poche remplie de musc; ce parfum, d'une importante valeur commerciale, est recueilli par les tribus nomades des Tongouses, qui, chaque hiver, vont à la chasse du Chevrotain, en employant pour le prendre flèches, pièges ou lacets.

Fig. 12. AIGLE FAUVE. — L'Aigle fauve, qu'on rencontre aussi en Europe, a les habitudes de tous les Aigles. Il établit son aire dans les rochers les plus inaccessibles. Doué d'une vue perçante, d'une force musculaire prodigieuse, il fond sur les animaux, les tue à coups d'ailes et de bec, puis, enfonçant ses serres dans leur chair, il les emporte dans son aire afin de les dévorer à loisir. On a vu ces aigles s'attaquer à des enfants et les enlever presque sous les yeux de leurs parents. Ce sont surtout de grands déprédateurs de troupeaux : aussi de courageux chasseurs s'exposent-ils à de grands dangers en allant au bord des précipices détruire les nids d'aigles et attaquant jusque dans leurs domaines ces dangereux rapaces.

Fig. 13. OURS AUX LONGUES LÈVRES. — L'Ours aux longues lèvres habite l'Inde, et se distingue des autres espèces par la longueur de ses lèvres et de sa langue. Sa nourriture se compose principalement de végétaux. D'un naturel peu féroce, l'Ours aux longues lèvres s'apprivoise facilement et se plie aux différents exercices qu'on veut lui apprendre : de là le nom d'*Ours jongleur* qu'on lui donne quelquefois.

Fig. 14. DRAGON VOLANT. — Le Dragon volant est un reptile de la grandeur d'un lézard vert, qui se distingue parce qu'il a de chaque côté du corps une sorte de parachute, formé par un repli de la peau et soutenu par six fausses côtes placées horizontalement. Ce petit saurien se sert de ses ailes pour se maintenir dans l'air lorsqu'il saute de branche en branche, mais ne peut voler ainsi que le font les oiseaux. Les Dragons sont propres à l'île de Java ; ils vivent d'insectes et sont complètement inoffensifs.

Fig. 15. VER A SOIE. — Le Ver à soie, que tout le monde connaît, n'est que la chenille d'un papillon nocturne, de la famille des Bombyx, auquel les naturalistes ont donné le nom de *Sericaria mori*. La patrie du Ver à soie est très probablement la Chine ; c'est en tous cas dans ce pays que l'on a trouvé, depuis un temps immémorial, l'art d'utiliser le cocon de ce précieux insecte. La

Chine garda pendant longtemps le monopole des étoffes de soie, que les Romains ne connurent d'ailleurs qu'au temps de César. Il était interdit, sous peine de mort, d'exporter le Ver à soie. Au sixième siècle de notre ère, sous le règne de Justinien Ier, deux moines apportèrent à Constantinople les premiers œufs du Bombyx, qui ne devait pas tarder à enrichir la Grèce. Effectivement, le Péloponèse se couvrit bientôt si complètement de mûriers qu'on lui donna le nom de Morée. Pendant cinq siècles aucun autre pays de l'Europe ne songea à acclimater le Ver à soie. En 1169, Roger, roi des Deux-Siciles, après avoir ravagé la Grèce, introduisit en Italie l'industrie de la soie; enfin, au quatorzième siècle, la France commença, elle aussi, à planter des mûriers et à élever des Vers à soie. Actuellement l'industrie de la soie représente, en France, une exploitation de trois à quatre cent millions de francs. Le Ver à soie, élevé dans des établissements spéciaux, les *magnaneries*, est devenu un véritable animal domestique. Il lui faut absolument les soins de l'homme : la chenille ne sait plus se fixer sur les branches du mûrier et le papillon a perdu la faculté de voler.

Fig. 16. ZÉBU. — Le Zébu est un petit bœuf qui se distingue par une loupe graisseuse placée entre ses deux épaules. Il est très répandu en Afrique et en Asie, où un grand nombre de variétés sont domestiquées et rendent les mêmes services que nos bœufs, auxquels ils ressemblent d'ailleurs sous tous les rapports.

Fig. 17. ZÉBU DES BRAHMANES. — C'est une simple variété domestiquée du Zébu précédent, remarquable par sa taille et sa teinte plus claire.

Fig. 18. GRENOUILLE VOLANTE. — Ce Batracien étonne par un développement de ses doigts et de la palmure qui les unit, rappelant de loin ce qui a lieu pour les membres antérieurs de la chauve-souris. Lorsque l'animal, qui est voisin de nos rainettes, saute en écartant les doigts, ses membres semblent terminés par autant de raquettes qui peuvent, dans une certaine mesure, contribuer à le soutenir en l'air.

Fig. 19. SALANGANE. — L'Hirondelle Salangane est fort abondante aux îles Java et Sumatra. Cet oiseau recherche les rochers et les cavernes qui bordent les eaux. Lorsque le moment de la ponte est arrivé, il dégorge une sorte de glu, composée sans doute de salive et de certains fucus à demi digérés, avec laquelle il construit les parois de son nid. Ces nids d'hirondelles sont fort appréciés en Chine, où on les sert comme potage à la façon du tapioca; ils constituent une nourriture légère, que les Chinois considèrent comme réconfortante.

Fig. 20. ARAIGNÉE ÉPINEUSE. — Cette singulière Araignée ne présente d'autre particularité remarquable que la forme étrange de son corps, prolongé par des épines, qui lui donnent, malgré sa taille assez faible, un aspect des plus menaçants.

Fig. 21. AXIS. — Le Cerf Axis, que l'on trouve sur le continent indien et dans les îles de la Malaisie, se distingue des autres espèces de Cerfs par sa robe fauve mouchetée de blanc. Ses formes sont d'une remarquable élégance, et son bois orné seulement de deux andouillers.

Fig. 22. COBRA CAPELLO. — Le Serpent à lunettes, ou Cobra capello, doit son nom à ce que son cou, qui peut se gonfler démesurément, porte une tache disposée de façon à figurer une sorte de binocle. Il est voisin des Najas d'Afrique, et fort redouté aux Indes, où il fait chaque année de nombreuses victimes. Son poison peut tuer en quelques minutes. Lorsque ce reptile est irrité, son cou se gonfle, son corps se dresse, tandis que la queue traînant sur le sol lui sert de point d'appui. Dans cette attitude, le Cobra capello peut se mouvoir assez rapidement dans les herbes. Certains jongleurs lui apprennent à exécuter une sorte de danse, ainsi debout sur sa queue.

Fig. 23. CALAO. — Le Calao Rhinocéros doit ce dernier nom à la proéminence qui surmonte son bec ; il est commun aux Indes orientales, où il se nourrit de graines, de fruits et de viande. On s'applique dans cette contrée à domestiquer les Calaos, afin de détruire les rats et les souris, dont ils sont friands. Leur chair est aussi fort estimée.

Cet étrange oiseau fait son nid dans des creux d'arbre, dont le mâle mure l'ouverture, ne laissant qu'un étroit orifice pour le passage du bec de la femelle, dès que celle-ci commence à couver. Il pourvoit seul à la nourriture de la famille jusqu'à ce que les petits soient en état de chercher eux-mêmes leur subsistance. Le Calao Rhinocéros habite Sumatra ; d'autres espèces se tiennent dans les îles de la Malaisie, dans l'Inde et en Afrique.

Fig. 24. TISSERAND. — Les Tisserands sont de petits oiseaux de l'ordre des Passereaux, remarquables par l'habileté avec laquelle ils construisent leur nid ; ces nids sont d'énormes bourses suspendues aux arbres et dans lesquelles l'oiseau ne peut entrer qu'en volant, leur ouverture étant tournée vers le bas.

Fig. 25. ARGUS. — L'Argus, sorte de faisan aux tarses longs et dépourvus d'éperon, habite les forêts de Java et de Sumatra. Le mâle est un superbe oiseau au brillant plumage. Lorsque l'Argus fait la roue, ses ailes s'étalent en deux éventails fauves, couverts de taches ocellées, aux mille reflets métalliques.

Fig. 26. ROUSSETTE. — Les *Pteropus* ou Roussettes sont les plus grandes chauves-souris; elles approchent parfois de la taille d'une poule, et peuvent avoir jusqu'à 1^m.50 d'envergure. Ces animaux se nourrissent presque exclusivement de fruits, et font de véritables dégâts lorsqu'ils s'abattent sur un verger : aussi les chasse-t-on le plus possible, tant à cause de leurs déprédations que pour s'emparer de leur chair savoureuse. Les Roussettes dorment ordinairement tout le jour, fixées aux branches d'arbres par leurs pattes postérieures, la tête en bas, le corps pendant et drapé dans les ailes comme dans un manteau ; le soir venu, elles s'éveillent, se réunissent par bandes, et volent avec animation, en poussant des cris perçants à la moindre apparence de danger. Il existe actuellement au Muséum d'histoire naturelle plusieurs Roussettes vivantes.

Fig. 27. ORANG-OUTANG. — L'Orang-Outang, dont le nom dans la langue indigène signifie *homme des bois*, habite exclusivement les épaisses forêts de la presqu'île de Malacca, de Sumatra et de Bornéo, où il recherche les lieux humides et sauvages. C'est, après le gorille, le plus grand des singes, et il présente également une structure anatomique très voisine de celle de l'homme; il est d'une agilité et d'une force prodigieuses; on le voit tordre des lances et des épieux avec la plus grande facilité : aussi est-il fort difficile de s'en emparer. Pris jeune, l'Orang s'apprivoise facilement, s'attache à l'homme, et sa nature intelligente se plie à tous les exercices qu'on veut lui apprendre ; mais, à mesure qu'il vieillit, il devient d'un naturel de plus en plus farouche et entre facilement dans les colères les plus dangereuses.

Fig. 28. Éléphant d'Asie. — L'Éléphant d'Asie vit à l'île de Ceylan, à Sumatra, à Bornéo, et dans tout le continent indien. Il diffère de l'Éléphant d'Afrique par sa tête plus large, arrondie ; son front divisé en deux bosses par une ligne enfoncée médiane ; ses oreilles plus petites, sa taille un peu plus faible. Son intelligence passe pour être beaucoup plus développée que celle de son congénère africain. Les Indiens mettent un art véritable à chasser les Éléphants, à les apprivoiser, à les dresser à mille travaux divers. L'Éléphant des Indes prend part aux expéditions guerrières, aux chasses au tigre, aux longs voyages ; il transporte les fardeaux et laboure la terre : il est toujours mêlé aux fêtes publiques et aux cortèges des princes orientaux.

Malgré les services qu'il rend à l'homme, l'Éléphant n'est pas à proprement parler un animal domestique ; on n'est parvenu que rarement à le faire reproduire en captivité. Tous les Éléphants que l'on utilise dans l'Inde ont été pris dans les forêts : des Éléphants apprivoisés sont dressés à cette sorte de chasse, et on les emploie à dompter les nouveaux individus capturés. La durée de la vie de ces animaux approche parfois de deux siècles.

Fig. 29. Rhinocéros indien. — De même qu'elle a,

comme l'Afrique, son chameau, son éléphant, son singe anthropomorphe, l'Asie a aussi ses Rhinocéros. Le Rhinocéros de l'Inde diffère de ceux d'Afrique en ce que son nez ne porte qu'une seule corne au lieu de deux. Ainsi que les Rhinocéros d'Afrique, il aime les lieux humides et sauvages; les mœurs des diverses espèces sont analogues. L'île de Java possède un Rhinocéros à une seule corne, d'espèce particulière. L'espèce de Sumatra a deux cornes nasales comme celle d'Afrique.

Fig. 30. Coq de Bankiva. — Le Coq de Bankiva est fort nombreux dans l'Inde, à Java, à Sumatra, aux îles Philippines; il porte au cou un manteau de plumes jaune d'or et se rapproche beaucoup de nos Coqs de basse-cour, aussi le considère-t-on souvent comme leur ancêtre.

Fig. 31. Casoar. — Il existe plusieurs espèces de Casoars qui habitent toutes l'Australie ou les îles de l'archipel Indien. L'espèce asiatique la plus connue est le Casoar à casque, notablement plus petit que l'autruche dont il a les allures. Son bec est comprimé et recourbé à la pointe, et sa tête est surmontée d'une protubérance osseuse en forme de casque. Il est robuste, glouton, et se défend énergiquement avec ses courtes ailes; on le rencontre dans les îles de l'archipel Indien, à Java, à Sumatra, et surtout à Ceylan, dont il habite les forêts épaisses. Cet oiseau, aux formes massives, est couvert de plumes noires presque dépourvues de barbes; en raison de son caractère stupide, brutal et sauvage, il est fort difficile à domestiquer. On en a vu plusieurs fois à la ménagerie du Muséum.

Fig. 32. Tapir indien. — Le Tapir des Indes habite

les forêts de l'île de Sumatra et de la presqu'île de Malacca. Sa taille est celle d'un petit âne; il a le corps trapu; le cou épais, dépourvu de crinière; la tête, les épaules et les membres noirs, tandis que les autres parties du corps sont d'un blanc gris. Les membres antérieurs sont terminés par quatre doigts, les membres postérieurs par trois seulement. Le nez se prolonge en une courte trompe qui ne saurait rendre à l'animal les mêmes services que celle de l'éléphant. Le Tapir appartient à l'ordre des Pachydermes, dans lequel il n'est pas très éloigné du cheval. Il est exclusivement herbivore; ses mœurs sont d'une extrême douceur, quoiqu'il se défende énergiquement lorsqu'il est attaqué. I. Geoffroy Saint-Hilaire pensait qu'il y aurait avantage à le domestiquer, ainsi que les deux autres espèces de Tapirs que nous retrouverons en Amérique.

Fig. 33. Babiroussa. — C'est seulement aux îles Moluques que vit le Babiroussa, sorte de sanglier au corps grêle, haut sur pattes, dont les défenses supérieures, rondes et recourbées, ont la pointe tournée vers le haut de la tête, tandis que les dents voisines sont dirigées en sens contraire; les défenses inférieures se dirigent aussi vers le haut; l'animal semble être, de la sorte, pourvu de quatre cornes qui protègent la région des yeux.

Fig. 34. Gavial. — Fort abondant sur les rives du Gange, le Gavial ou Crocodile de l'Inde a le museau mince, allongé et uni, supportant à son extrémité une sorte de tubercule de la grosseur d'une pomme de terre; ses pattes de derrière sont palmées et dentelées ainsi que celles des crocodiles. Ses dents, à peu près égallement espacées, sont au nombre de cinquante-deux à cinquante-six à chaque mâchoire. Le Gavial a le dos vert taché de brun, le ventre jaune pâle; sa taille peut atteindre six à huit mètres.

Fig. 35. TIGRE. — Le Tigre habite Java, Sumatra, une grande partie de l'Hindoustan, la Chine et le sud de la Sibérie. Aussi grand que le lion, mais plus svelte et plus agile, il se distingue, parmi tous les chats de grande taille, par sa robe fauve régulièrement rayée de noir. Le Tigre établit son repaire dans les jungles ou parties boisées voisines des cours d'eau, et ne le quitte que pour la chasse. Il se dissimule alors sous les branchages et saute, sans souci du danger, sur toute proie passant à sa portée, dût son audace être punie de mort. Sans être affamé, le Tigre ne craint pas de se jeter sur les campements, sur les villages, sur les soldats réunis, pour enlever une victime malgré ses défenseurs. Quelques-uns, particulièrement redoutés et connus sous le nom de *man-eaters*, ou *mangeurs d'hommes*, paraissent avoir pour la chair humaine une prédilection particulière. Chaque année, dans l'Inde, leurs victimes se comptent par centaines.

La chasse au Tigre, toute dangereuse qu'elle soit, passionne Indiens et Anglais : lorsqu'ils s'unissent pour l'entreprendre, montés sur des éléphants dressés à cet usage, ils parcourent les jungles, traquent le redoutable carnassier et tâchent de l'atteindre avec les armes à feu; mais d'un bond prodigieux, le Tigre tombe parfois sur la croupe de l'éléphant; souvent alors c'en est fait du chasseur et de la monture.

Fig. 36. NILGAU. — L'Antilope Nilgau habite le bassin

de l'Indus, les montagnes de Kashmir et de Guzarate. Sa taille est celle du cerf, mais ses formes sont plus lourdes ; son cou est orné d'une sorte de crinière qui forme houppe sur le garrot. Ce bel animal est timide et craintif, cependant il sait défendre vaillamment sa vie lorsqu'il est poursuivi par les chasseurs. La femelle est dépourvue de cornes.

Fig. 37. PAON. — Le Paon est originaire de l'Inde, où il vit dans les bois par bandes nombreuses. Ce superbe oiseau, dont l'immense queue, toute scintillante des plus vives couleurs et des plus brillants reflets, peut se redresser en éventail, a la tête couverte d'une aigrette fine et mobile ressemblant à une couronne. Les mâles seuls possèdent un brillant plumage ; il en est qui sont complètement blancs.

Fort abondant aux Indes, le Paon a pu être introduit et domestiqué dans presque tous les pays chauds ou tempérés ; il se nourrit de toutes sortes de graines, et perche sur les endroits les plus élevés. C'est à Alexandre qu'on attribue son importation en Europe. Le Paon était autrefois fréquemment servi sur les tables, dans les festins, mais on lui préfère aujourd'hui le dindon, dont la chair est plus délicate et dont l'éducation en grand est beaucoup plus facile.

PLANCHE IX

PLANTES D'ASIE.

Fig. 1. Pyrèthre. — Les Pyrèthres, plantes herbacées ou vivaces, sont très répandues surtout en Chine et au Japon. On les cultive pour la beauté de leurs fleurs, qui rappellent beaucoup celles de nos chrysanthèmes et de nos reines-marguerites, et dont les couleurs sont aussi éclatantes que variées. Les Pyrèthres sont aujourd'hui très répandus dans les jardins d'Europe comme plantes d'ornement, et on en a obtenu de nombreuses variétés. Les capitules pulvérisées du *Pyrethrum carneum* fournissent une poudre que l'on emploie avec avantage pour la destruction des punaises.

Fig. 2. Asa fœtida. — L'Asa fœtida, plante ombellifère originaire de Perse, maintenant répandue en Orient, produit une gomme résine au goût fétide, très souvent employée en médecine. Lorsque la plante atteint sa quatrième année, on enlève les tiges et les feuilles afin de découvrir le collet de la racine qui reste exposé à l'air pendant quelques jours; on pratique ensuite des incisions dans la racine pour en recueillir le suc, que l'on expose au soleil afin de le faire sécher.

Fig. 3. Rhubarbe. — Les Rhubarbes, végétaux herbacés, vivaces ou annuels, de la famille des Polygonées, poussent généralement dans les parties moyennes de l'Asie et se cultivent surtout en Chine. Ce sont de belles et grandes plantes, aux feuilles larges et découpées parmi lesquelles s'élève une hampe cannelée, chargée de grappes de fleurs d'un jaune vert ; la racine de Rhubarbe palmée nous vient de Chine desséchée ; elle est souvent employée en médecine pour ses propriétés purgatives, toniques et vermifuges.

Fig. 4. GIN-SENG OU PANAX. — Le Gin-seng ou Panax croît dans l'Asie boréale et surtout en Chine, où on le cultive soigneusement. C'est une herbe dont la tige se partage, au sommet, en trois rayons soutenant chacun une feuille à cinq divisions, et se prolonge ensuite pour se terminer par une petite ombelle de fleurs d'un jaune verdâtre. Le Gin-seng, d'une saveur aromatique et amère, peut être employé comme stimulant et tonique. Les Chinois avaient une telle confiance dans ce médicament qu'ils le croyaient propre à guérir presque toutes les maladies ; de là son nom de Panax ou de Panacée qui signifie, en grec, guérissant tous les maux. On en donnait même aux vieillards, afin de prolonger leur existence.

Fig. 5. CÈDRE DU LIBAN. — Le Cèdre du Liban, de la famille des Conifères, est remarquable par la taille gigantesque qu'il peut atteindre. Son tronc énorme donne naissance à de nombreuses et fortes branches couvertes de fines feuilles en forme d'aiguilles, d'un vert sombre. Le Cèdre, originaire d'Asie, a pu être implanté en Europe, mais il y atteint rarement les dimensions des Cèdres asiatiques. Une manne spéciale, la *manne du Liban* ou *cédrine*, découle en petits grains du tronc et des feuilles du Cèdre.

Fig. 6. ARBRE A MYRRHE. — L'Arbre à Myrrhe ou *Amyris*, de la famille des Térébinthacées, croît naturellement en Arabie et en Abyssinie. Il laisse suinter une gomme résine d'une saveur aromatique et parfumée, que l'on recueille sous forme de larmes rougeâtres un peu transparentes, striées de blanc. On utilisait autrefois assez souvent la Myrrhe comme médicament, mais on l'emploie rarement de nos jours.

Fig. 7. ARBRE A ENCENS. — L'Arbre à encens, ou *Boswellia thurifera*, si répandu en Asie et surtout en Arabie, produit une gomme demi-transparente, de couleur rouge ou jaune, qui répand, en brûlant, une odeur balsamique très agréable. Depuis les temps les plus reculés on brûle de l'encens sur les autels, et cette coutume s'est conservée dans les églises catholiques, afin de rappeler les présents offerts par les rois mages au nouveau-né de Bethléem. L'encens entre dans la fabrication d'un certain nombre de drogues, telles que le baume du commandeur, la thériaque, les pilules de cynoglosse, où il est associé à l'opium, l'emplâtre de Vigo, etc. Il existe d'ailleurs plusieurs sortes d'encens qui sont produits par des végétaux différents dont quelques-uns croissent en Afrique. Les encens d'Afrique et d'Arabie sont de qualité inférieure à celui de l'Inde.

Fig. 8. BUIS. — Les Buis, en Europe, demeurent presque toujours rabougris et sont plantés en bordure et en haies, à cause de leur feuillage épais et serré; en

Asie, ils deviennent de véritables arbres ayant plusieurs mètres de haut. Le bois de buis, d'une dureté extrême, sert à faire de fins ouvrages de menuiserie et de tabletterie; on obtient aussi de cet arbrisseau une huile amère employée autrefois comme antispasmodique.

Fig. 9. MELON. — Les Melons, dont les fruits à chair sucrée, parfumée et fondante, possèdent un goût généralement agréable, sont originaires des parties tropicales de l'Asie. Ils furent importés de bonne heure en différents pays, particulièrement en France, où on les cultive avec grand soin depuis un temps immémorial. Il existe aujourd'hui de nombreuses variétés de Melons qui diffèrent de forme et de saveur.

Fig. 10. HIBISCUS. — L'Hibiscus ou Ketmie, plante arborescente de la même famille que les Mauves, est remarquable par la beauté de ses fleurs, de nuances blanche, jaune, violacée ou rouge, qui doublent facilement par la culture. L'Hibiscus, répandu en Syrie et en Chine, se cultive aussi en serre; on arrive facilement à le multiplier. Les graines de l'*Hibiscus esculentus* sont quelquefois employées à la falsification du café.

Fig. 11. ARBRE A THÉ. — L'Arbre à thé, arbrisseau de la famille des Ternstrœmiacées, aux feuilles longues et légèrement dentées, aux fleurs blanches, petites, croît en abondance dans les contrées montagneuses de la Chine, et s'est implanté successivement dans presque toutes les parties de l'Asie; on le cultivait également en Amérique, et on a même essayé de l'acclimater en France. La culture du thé est une des plus importantes de la Chine; ce pays en fournit en quantités immenses à presque tous les marchés du monde. Les feuilles sont recueillies, séchées, et subissent quelques préparations avant d'être livrées au commerce. La boisson faite avec les feuilles de thé est agréable, tonique, et presque universellement répandue de nos jours; les Anglais surtout en font une consommation quotidienne. Le thé n'a guère été importé en Europe depuis plus de trois siècles. Il est précieux dans les pays chauds comme dans les régions froides : aussi les voyageurs et les marins ont-ils le soin d'en faire une ample provision.

Fig. 12. COTONNIER. — Le Cotonnier herbacé, originaire d'Orient, porte de belles feuilles et de larges fleurs jaunes au cœur rouge; la graine, recouverte d'un duvet long et fin, fournit l'une des sortes de cotons que l'on recueille en si grande quantité et qui sont tissés de mille façons. Le Cotonnier herbacé demeure souvent une herbe de cinq à six décimètres de haut; mais il peut aussi prendre les proportions d'un arbuste ligneux par le bas. Les Cotonniers appartiennent à la même section de la famille des mauves que les Hibiscus.

Fig. 13. CORÈTE POTAGÈRE. — La Corète potagère est une plante ou un arbrisseau des parties intertropicales du globe; on l'a cependant cultivée en Europe. Ses tiges produisent des fleurs jaunes portées par de courts pédoncules. La Corète potagère est cultivée par les Juifs des environs d'Alep, comme plante alimentaire; on extrait de la zone libérienne de cette plante des filaments qui, sous le nom de *jute*, peuvent être tissés et servent à faire des toiles d'emballage; le riz et le sucre nous arrivent dans des sacs de jute, que l'on renvoie ensuite vides, en Amérique, pour emballer le coton. Au Bengale, 320 000 hectares de terrains sont consacrés à la culture de la Corète potagère, uniquement en vue de la fabrication de ces sacs. La jute peut aussi servir à la fabrication du papier.

Fig. 14. Li-tschi. — Le Li-tschi, arbrisseau à tiges réunies en faisceaux, porte des fleurs disposées en grappes, possédant des propriétés astringentes et une saveur amère; les fruits, ordinairement vénéneux, ne contiennent, dans certaines espèces, qu'une substance acide et sucrée absolument inoffensive. La pulpe de certaines de ces plantes dégage, dans l'eau, une mousse semblable à celle du savon; on l'emploie au lavage des toiles.

Fig. 15. Aralia. — L'Aralia se cultive comme plante d'ornement. C'est un bel arbuste aux larges feuilles, à la tige droite supportant des fleurs jaunes ou blanches; l'écorce de sa racine est un drastique quelquefois employé par les médecins américains. La culture de l'Aralia est extrêmement étendue dans les pays tempérés; on le met l'hiver en serre où il se multiplie facilement.

Fig. 16. Ailante. — L'Ailante, bel arbre au feuillage léger, est aussi connu sous le nom de *Vernis du Japon* ou de *Vernis de la Chine*. Il est depuis longtemps acclimaté en Europe, où il fait l'ornement des jardins et des promenades, mais il ne peut supporter les froids rigoureux. Ses feuilles nourrissent la chenille d'un très grand papillon, l'*Attacus cinthia*, aux belles couleurs, et rappelant un peu par sa forme et ses dimensions notre grand paon de nuit. On a essayé d'utiliser les cocons de ce papillon pour la fabrication d'étoffes de soie de qualité inférieure, et l'on a obtenu des résultats intéressants. L'*Attacus cinthia* est acclimaté à Paris comme l'Ailante lui-même; on l'a pris plusieurs fois volant dans les rues de la capitale.

Fig. 17. MURIER A PAPIER. — Le Mûrier à papier, ou Papyrier, est originaire du Japon, de la Chine et des îles Polynésiennes; il est aujourd'hui acclimaté en Europe. L'écorce intérieure, ou liber, de cet arbre sert à faire un papier très solide. Les Japonais savent également en tirer des cuirs artificiels et des papiers dont on peut se servir comme d'étoffes soit pour le vêtement, soit pour les tentures. En Océanie, on fabrique des étoffes connues sous le nom de *tapé*, en battant au marteau l'écorce de ce Papyrier.

Fig. 18. ARBRE A GOMME LAQUE. — La gomme laque, utilisée de diverses façons dans les arts, est exsudée par quelques figuiers et par une euphorbiacée, l'*Aleurites lacciferum*, à la suite de la piqûre d'un insecte, voisin des cochenilles, la cochenille laque (*Coccus lacca*). Cette gomme est importée dans tous les pays civilisés telle qu'on la récolte, c'est-à-dire sous forme de bâtons irréguliers ou de grains; mais on la coule aussi en tablettes, en écailles ou en fils. La laque est ordinairement colorée en rouge ou en brun foncé par les cochenilles qu'elle contient. On l'emploie à teindre en cramoisi la laine et la soie; elle entre dans la composition de la cire à cacheter, et les Japonais en font les vernis si estimés dont ils recouvrent leurs coffrets et leurs meubles élégants.

Fig. 19. BAMBOU. — Le Bambou, originaire de l'Inde, est répandu dans toutes les parties chaudes du globe. C'est une élégante graminée, garnie de feuilles nombreuses, droite, légère et pouvant atteindre une taille élevée. Les tiges portent de petites fleurs formant des sortes de panicules ramifiées. Les plantations de Bambous sont fort utiles dans les pays chauds ; les grosses tiges sont utilisées pour la construction des huttes et des maisons ; les plus frêles forment souvent des treillages de clôture ; les fibres de la plante se tressent en nattes, en paniers et mille petits objets divers. Enfin, à une certaine époque, on extrait du Bambou une liqueur agréable et sucrée pouvant servir de boisson.

Fig. 20. Figuier des Banyans. — Le Figuier des Banyans peut atteindre des proportions colossales ; un seul individu arrive à constituer, à lui seul, toute une forêt grâce à une propriété des plus merveilleuses. Le large tronc de ces Figuiers supporte de grosses branches extrêmement feuillues, desquelles descendent verticalement de longues racines qui arrivent à toucher le sol et à s'y enfoncer. Chacune devient alors un véritable tronc duquel partent des branches nouvelles, qui produisent à leur tour des séries de troncs par le même procédé. Les graines de ces Figuiers n'ont pas besoin d'être dans le sol pour germer. Il leur arrive parfois de germer au sommet d'un autre arbre où un accident les a transportées ; elles émettent alors des racines qui embrassent l'arbre primitif, de sorte que le Figuier semble avoir poussé sur lui. Les Hindous ont pour ces singuliers couples végétaux la plus grande vénération.

Fig. 21. Figuier sacré. — Le Figuier sacré, ou Figuier des pagodes, est, comme le précédent, très vénéré des Indiens, qui lui accordent une protection toute spéciale.

Les feuilles de ces arbres ont de larges pédoncules et s'agitent au moindre vent. Le Figuier sacré est l'un des arbres qui produisent la gomme laque lorsqu'ils ont été piqués par la cochenille dont nous avons précédemment parlé.

Fig. 21. LOTUS SACRÉ. — Le Lotus sacré, de la même famille que les nénuphars, vit au milieu des eaux dormantes et peu profondes. C'est une des plus magnifiques plantes du monde. Ses feuilles rondes et ayant quelquefois la forme d'une coupe sont si veloutées que l'eau ne peut les mouiller; ses larges et superbes fleurs roses ou blanches répandent autour d'elles un agréable parfum d'anis. Le Lotus, étant une plante sacrée, est cultivé avec vénération par les Hindous, qui ornent ordinairement leurs domiciles de ses feuilles et de ses fleurs. Il était autrefois également adoré par les Égyptiens : il ne faut pas le confondre avec le *Nénuphar Lotus*, ou Lotus comestible, aliment ordinaire des Lotophages d'Afrique.

Fig. 22. ROTANG. — Les Rotangs, ou Rotins, de la famille des Palmiers, ont des tiges grêles, rampantes et tellement longues qu'elles courent d'arbre en arbre à d'énormes distances, s'enlaçant aux buissons, aux plantes d'alentour, de façon à rendre les forêts inextricables. Les tiges flexibles des Rotangs, qui peuvent atteindre quatre ou cinq cents mètres de long, servent à faire des cordes extrêmement solides, des cannes connues en France sous le nom de joncs de l'Inde, des lanières minces servant à garnir les chaises dites cannées, des corbeilles, des paniers et mille autres petits objets. Les tiges des Rotins doivent à la silice qui imprègne leur écorce une remarquable inaltérabilité.

Fig. 23. Gingembre. — Le Gingembre, plante monocotylédone, type d'une famille spéciale, est originaire de l'Inde orientale et de la Chine ; mais on le cultive aussi actuellement en Afrique, en Amérique et aux Antilles. C'est une plante herbacée à racines tortueuses, vivaces et rampantes. La racine du Gingembre, d'un goût aromatique, agréable, mais extrêmement piquant, se fait confire dans du sucre, et se sert le plus souvent comme hors-d'œuvre ; c'est un stimulant et un digestif fort apprécié des populations du Nord. On fait en Angleterre une bière de Gingembre très agréable ; le Gingembre est souvent confit dans du sirop ; la poudre de Gingembre sert de condiment.

Fig. 24. Sagoutier. — Le Sagoutier, de la famille des Palmiers, croît dans les parties maritimes de l'Asie. Le tronc, de grandeur moyenne, est terminé par un bouquet de feuilles ; le haut des tiges, qui fournit une sorte de chou palmiste, est une nourriture agréable et estimée des indigènes ; ces tiges, une fois coupées, laissent couler une liqueur sucrée que l'on recueille avec soin ; on peut la boire à l'état naturel ou la faire fermenter ; elle devient alors une boisson spiritueuse pouvant remplacer le vin ou l'eau-de-vie. Le produit le plus important de cet arbre précieux est le sagou, sorte de fécule contenue en abondance dans sa moelle, et que l'on obtient au moyen de lavages successifs. Le sagou, préparé sous différentes formes, constitue un aliment léger et très nourrissant ; Malacca fournit annuellement à l'Angleterre douze millions de kilogrammes de sagou. Les nègres se servent aussi des feuilles du Sagoutier pour couvrir les huttes et les maisons, dans lesquelles elles conservent une agréable fraîcheur.

Fig. 25. PALMIER TALIPOT. — Le Palmier talipot, arbre au tronc droit et élancé, se termine par un bouquet de belles feuilles en forme de panaches. Les Indiens se servent de ces feuilles pour s'abriter du soleil et de la pluie et couvrir leurs maisons; parfois même ces feuilles, séchées et cousues ensemble, remplacent le papier. Le Palmier talipot se couvre de fleurs et de baies de la grosseur d'une pomme, au point d'en être épuisé; les noyaux, façonnés et polis, servent à faire des colliers, et le suc tiré des spathes de l'arbre possède des propriétés purgatives.

Fig. 26. PALMIER ARÉKIER. — Le Palmier arékier, ou Aréca, est répandu dans toute l'Asie équatoriale. C'est l'un des arbres les plus élégants de cette contrée; sa tige est mince et élancée; elle peut atteindre 15 mètres de haut sans dépasser 15 centimètres de diamètre. Ses fruits, de la grosseur d'un œuf, possèdent un brou fibreux pouvant servir d'aliment, ainsi que le chou palmiste; la noix ou graine contenue dans ce brou, d'une saveur amère et caustique, est journellement employée par les Orientaux comme digestif; ils la mâchent sans l'avaler, en la mélangeant de poudre de chaux et d'une sorte de poivre. On tire encore de ce brou une des matières connues sous le nom de *cachou*. On fait, en Europe, avec le cachou une sorte de bonbon pour les fumeurs; mais cette singulière substance est surtout employée pour la teinture des étoffes de laine et de coton. On en importe en France, annuellement, près de huit millions de kilogrammes, valant environ cinq millions de francs. Ce cachou est extrait du fruit de l'Arékier par l'ébullition dans l'eau.

Fig. 27. JAQUIER. — Le Jaquier, ou *Arbre à pain*, si répandu aux Indes, est un des arbres les plus utiles du monde. Certaines espèces contiennent un suc laiteux très abondant que l'on recueille en faisant une simple incision. L'espèce dont nous nous occupons est surtout remarquable par l'abondance de ses fruits, d'une saveur sucrée, très appréciée des indigènes. Ces fruits se mangent au naturel, cuits au four, ou bouillis comme des pommes de terre; ils sont tellement farineux et nourrissants qu'ils peuvent facilement remplacer le pain de froment; les graines qu'ils renferment sont aussi comestibles et ressemblent à nos châtaignes. Le bois du Jaquier est souvent employé dans la construction des maisons, ou pour la fabrication de jolis meubles ayant la nuance de l'acajou; l'écorce fournit un tan de bonne qualité.

Fig. 28. LAURIER A CAMPHRE. — Le Laurier camphrier, originaire de la Chine et du Japon, donne, par la distillation de son bois, une sorte de camphre appelé camphre du Japon. On extrait aussi le camphre de la plante suivante.

Fig. 29. CAMPHRIER. — Le Camphrier, originaire de Bornéo, est un arbre d'une taille élevée, orné de feuilles larges et luisantes; les fruits sont de petites baies noirâtres. Les usages du camphre sont surtout des usages médicinaux; il est calmant et antiseptique. On le préconise dans un grand nombre de maladies, mais c'est à tort que Raspail avait essayé d'en faire une panacée universelle. Le camphre, mélangé à la pyroxiline, sert à fabriquer une curieuse substance, le celluloïd, qui a reçu depuis peu de si nombreuses applications : on en fait des bagues, des colliers imitant le corail, des cols et des devants de chemise, des objets de sellerie et même des clichés d'imprimerie.

Fig. 30. FLEUR GÉANTE DE RAFFLESIA. — Les *Rafflesia Arnoldi*, plantes parasites, croissent sur les racines de certains arbres du Japon. Les fleurs de Rafflesia atteignent parfois des proportions colossales, et les fruits contiennent une grande quantité de graines. La fleur du Rafflesia est la plus grande que l'on connaisse; elle parvient jusqu'à un mètre de diamètre et pèse près de quinze livres. On la rencontre à Java et à Sumatra, où elle est l'objet d'une sorte de vénération. Ses pétales sont épais et couleur de chair; elle dégage une odeur repoussante.

Fig. 31. CYCAS. — Les Cycas, arbres abondants au Japon et aux îles Moluques, ont un tronc assez épais d'où rayonnent de belles et longues feuilles pennées. Ces arbres, par leur forme et la disposition de leurs feuilles, ont été pris longtemps pour des sortes de palmiers ou de fougères, tandis qu'ils se rapprochent, au contraire, des conifères, c'est-à-dire des pins. Les Cycas contiennent dans leur tissu cellulaire une grande quantité de fécule, sorte de sagou, fort appréciée des populations indigènes.

Fig. 32. TEK. — Le Tek, bel et grand arbre de l'Inde et de l'île de Ceylan, appartenant à la famille des Labiées, se distingue par son bois de couleur brune, dur, résistant, et d'un grain serré. On l'emploie généralement, dans les régions chaudes de l'Asie, pour les constructions navales; mais on en fait également de nombreux et élégants objets de tabletterie. On lui attribue aussi des propriétés médicinales, et les Malais emploient les décoctions de bois de Tek dans les affections cholériques, si fréquentes dans ces pays brûlants. Les feuilles sont astringentes et contiennent des matières colorantes.

Fig. 33. ARBRE A GOMME-GUTTE. — Les Garcinia, qui produisent la gomme-gutte, croissent au Cambodge et à Ceylan; la gomme-gutte est contenue dans leurs vaisseaux laticifères et s'écoule quand on y fait une incision. Employée comme matière colorante, elle produit un des plus beaux jaunes que l'on puisse obtenir avec les végétaux. C'est aussi un drastique violent souvent employé dans les préparations pharmaceutiques; on la recommande fréquemment contre les helminthes.

Fig. 34. GUTTA-PERCHA. — L'arbre à gutta-percha, désigné en botanique sous le nom d'*Isonandra gutta*, appartient à la famille des Sapotacées; il est originaire de la presqu'île de Malacca, et porte en malais le nom de *Percha*. Sa culture s'est étendue dans les régions méridionales de l'Asie et dans l'archipel Malais. La guttapercha s'écoule du tronc, quand on y fait des incisions, sous forme d'un suc laiteux qu'on fait ensuite évaporer à l'air; les lames de gutta-percha, résultant de cette évaporation, sont transformées en pains de formes diverses, que l'on expédie en Europe. La gutta-percha n'est pas élastique comme le caoutchouc, auquel on l'associe quelquefois, mais elle est souple, flexible, quand elle n'a pas été trop longtemps soumise à l'action de l'air; elle se ramollit dans l'eau bouillante, et l'on peut alors lui donner toutes les formes possibles : aussi l'emploie-t-on fréquemment pour faire des moules, surtout dans la galvanoplastie, et pour fabriquer un grand nombre d'objets chez lesquels une certaine solidité doit s'allier avec de la souplesse, comme des peignes, des baleines, de petits vases, des sondes de chirurgien, des dentiers, etc. Elle est imperméable à l'eau, ce qui permet de s'en servir pour faire des semelles, des habits protecteurs contre la pluie, etc.; elle est très mauvaise conductrice de l'électricité et sert, en conséquence, à isoler les câbles télégraphiques sous-marins et les fils souterrains. Cette multiplicité d'usages de la gutta-percha entraîne forcément une grande consommation de ce produit; on en importe, en France, 60000 kilogrammes par an. Un tronc d'*Isonandra* peut, heureusement, en fournir jusqu'à près de 20 kilogrammes.

Fig. 35. GAMBIR. — Le Gambir, arbrisseau rampant, appartenant, comme le café et la garance, à la famille des Rubiacées, croît naturellement et en abondance à Malacca et à Sumatra. Les Malais extraient de cette plante une gomme d'un goût amer appelée gutta-gambir; on cueille pour cela les feuilles, que l'on fait bouillir jusqu'à ce que la matière liquide ait pris une consistance sirupeuse; on la coupe alors par petits morceaux que l'on fait sécher au soleil. Cette gomme, contenant un principe astringent, est souvent employée en médecine contre les maux de gorge, les dysenteries, les brûlures; on en fait aussi un usage fréquent pour le tannage des peaux. La gomme-gambir est quelquefois désignée dans le commerce sous le nom de *Cachou jaune*.

Fig. 36. Cannellier. — Le Cannellier, cultivé en Chine et à Ceylan, est voisin des lauriers; son écorce, appelée cannelle, est prise sur les tiges de quatre ans, et s'emploie comme stimulant. Elle a une saveur parfumée qui la fait utiliser dans la préparation d'une foule de mets sucrés. L'huile de cannelle, obtenue par distillation, est aussi employée en médecine, mais son action est un peu irritante.

Fig. 37. Muscadier. — Le Muscadier est le type d'une famille spéciale, voisine de celle qui comprend les magnolias bien connus, de nos jardins. C'est un arbre dont les branches épaisses et rameuses forment une belle cime, et dont les feuilles aromatiques donnent, ainsi que l'écorce, un suc d'un rouge noirâtre. Les fruits charnus, en forme de poire, sont séchés et ouverts pour en extraire une amande appelée muscade; après diverses préparations, les amandes, ou noix de muscade, sont livrées au commerce et expédiées dans un grand nombre de pays. La muscade s'emploie comme épice à cause de sa saveur poivrée et agréable; elle contient aussi des principes toniques et irritants utilisés en médecine. On extrait des muscades de qualité inférieure une matière grasse, le beurre de muscade, conservant le parfum de la noix d'où il provient et qui a aussi quelques usages médicinaux.

Fig. 38. Fruit du Citrus decumana. — Les Citronniers, arbrisseaux originaires de l'Asie tropicale, sont maintenant répandus dans la plupart des pays chauds. Leurs fleurs, blanches ou purpurines, contiennent une huile essentielle et répandent une odeur délicieuse et pénétrante. Les fruits des Citronniers ont une écorce épaisse ; ce sont les citrons, sortes d'oranges au jus acide et souvent un peu amer ; l'usage de ces fruits est très répandu dans l'Inde. On les emploie, en Europe, pour la confiserie, et quelquefois aussi dans la préparation de certains médicaments.

Fig. 39. MANGUE. — Le Manguier, de la famille des Anacardiacées, produit un fruit comestible dont on fait usage dans les Indes ; en outre, son écorce peut être employée pour le tannage des peaux, et il exsude une gomme particulière peu usitée.

Fig. 40. DURIO. — Le Durio, arbre indien aux feuilles luisantes et cendrées en dessous, produit un fruit volumineux et de saveur désagréable.

Fig. 41. POIVRIER NOIR. — Le Poivrier noir, originaire des Indes orientales, s'est rapidement propagé dans toutes les parties chaudes de l'Asie, aux îles de France et de Bourbon, et en Amérique. C'est un arbuste grimpant, s'attachant au tronc des arbres ; les baies qu'il produit, de la grosseur d'un petit pois et disposées en chaton, réduites en poudre, constituent le *poivre noir* dont nous faisons journellement usage. La baie du Poivrier, débarrassée de la pulpe qui l'enveloppe, produit le *poivre blanc* utilisé surtout en pharmacie. Le poivre est une épice digestive et tonique, recommandée aux personnes d'un tempérament lymphatique ; les Orientaux le mêlent en abondance à leurs aliments et même à leurs boissons. Le Poivrier contient encore une huile balsamique et une matière gommeuse ayant des propriétés colorantes.

Fig. 42. GIROFLIER. — Le Giroflier, si répandu en

Asie et en Afrique, est un arbre toujours vert, appartenant à la même famille que le myrte d'Europe. Il est couvert de rameaux effilés portant des fleurs roses extrêmement odorantes. Leur arome est surtout développé avant leur épanouissement ; on les cueille alors, on les fait sécher jusqu'à ce qu'elles aient atteint une couleur brune, et on les livre au commerce sous le nom de *clous de girofle*. C'est une épice parfumée, d'une saveur chaude et agréable, très appréciée dans les pays orientaux ; les Européens, les Hollandais surtout, le mélangent continuellement à leurs mets et à leurs liqueurs ; les fleurs du Giroflier contiennent une huile volatile et aromatique ; les fruits sont assez appréciés, mais leur odeur est beaucoup moins accentuée que celle des fleurs. Les clous de girofle entrent dans un grand nombre de préparations pharmaceutiques, comme stimulants ou calmants ; l'huile de girofle est fréquemment employée par les parfumeurs, à cause des principes qu'elle contient et de sa bonne odeur.

Le Giroflier, originaire des Moluques, a été transporté dans tout l'archipel Indien, à Zanzibar (île de la côte occidentale d'Afrique), à l'île de la Réunion et aux Antilles ; il ne commence à produire de récoltes sérieuses que vers l'âge de dix ans ; la récolte se renouvelle deux fois par an.

PLANCHE X

PLANTES D'AUSTRALIE.

Fig. 1. Cocotier. — Les Cocotiers nucifères, si nombreux dans les îles de l'Océanie, ont le tronc mince, allongé, pouvant s'élever jusqu'à vingt ou vingt-cinq mètres de hauteur, terminé par des panaches de longues feuilles pennées. Leurs fruits, gros et abondants, contiennent, ainsi que les autres espèces de cocos, le lait douceâtre dont les indigènes sont si friands. Ces fruits sont enfoncés dans une espèce de brou épais, dont les filaments, après macération dans l'eau, peuvent être séparés et tissés pour faire des paillassons, des câbles très résistants; on en fait aussi des brosses. Ces filaments sont ce qu'on nomme le *kair* ou *coir*. La noix peut peser plus d'un kilogramme et acquiert la grosseur d'une tête d'enfant; chaque palmier en porte une centaine. A maturité, elle contient une amande d'un goût agréable, au centre de laquelle le lait se conserve longtemps liquide. On extrait de cette amande une substance grasse qui est blanche, opaque et solide jusqu'à 22 degrés, et qui, dans les pays chauds, conserve une consistance huileuse. C'est le beurre ou l'huile de coco suivant la température. On s'en sert pour l'assaisonnement des mets, en guise de beurre, pour l'éclairage et la fabrication des savons. La France en importe, chaque année, près de quatre millions de kilogrammes. L'enveloppe solide de la noix est dure, résistante, susceptible de se laisser sculpter et de prendre un beau poli; on en fait divers instruments, des coupes souvent élégantes, des vases, des coquetiers, etc. Le tronc du palmier fournit, à son tour, un bois apprécié. Ces usages si variés ont fait appeler le Cocotier le *roi des végétaux*.

Fig. 2. ARBRE A PAIN OU RIMIER. — Le Rimier, autre sorte d'Arbre à pain très abondant aux îles Polynésiennes, aux îles de la Sonde et aux Moluques, a le tronc très développé; ses feuilles, larges et coriaces, peuvent atteindre trois pieds de longueur; ses fruits, plus gros que les cocos, contiennent une farine d'une saveur agréable, assez nourrissante pour remplacer le pain en Polynésie. Ces fruits, recueillis pendant huit mois de l'année, se mangent crus ou cuits au four; on en fait même des conserves fermentées, pour l'époque où l'arbre ne donne pas de récolte. On les cueille, pour cela, avant leur maturité, et on les coupe par tranches; ils prennent la consistance de la mie de pain. A la maturité, on trouve à leur intérieur des amandes. L'amande, de la grosseur d'une noix, est aussi comestible. L'écorce intérieure du Rimier contient des filaments dont les Australiens se servent pour tisser leurs étoffes; les feuilles tiennent lieu de nattes; les jeunes pousses, ou chatons, se font sécher et peuvent remplacer l'amadou. Enfin, cet arbre utile sécrète une liqueur gommeuse employée à différents usages.

Fig. 3. MARSILÉA VELUE. — Les Marsiléa velues son

de petites plantes aquatiques, de l'embranchement des Cryptogames, dont les racines rampent dans les eaux ; les tiges s'élèvent au-dessus de la surface et portent des feuilles velues. Ces plantes présentent, comme certaines légumineuses, la singulière propriété de dormir, pendant la nuit, en tenant leurs feuilles appliquées l'une contre l'autre.

Fig. 4. TARO. — Le Taro est une sorte d'Arum aux superbes feuilles, dont les racines tuberculeuses et charnues servent d'aliment aux habitants de l'Australie, après avoir subi certaines préparations propres à leur enlever une saveur âcre et désagréable au goût.

Fig. 5. XANTHORRHÉE ARBORESCENTE. — Les Xanthorrhées, de la famille des Liliacées, dont le lis est le type, appartiennent à la Nouvelle-Hollande. Leur tige, revêtue de matière résineuse, parvient quelquefois à une grande hauteur ; les feuilles, longues et serrées les unes près des autres sur un court espace de la tige, sont disposées en bouquet et se recourbent vers la terre ; un énorme épi ou hampe s'élève du milieu du bouquet de feuilles et soutient une quantité de petites fleurs blanches. Le fruit de cet arbre étrange est une capsule ligneuse s'ouvrant en deux valves. La résine des Xanthorrhées, sorte de gomme-gutte jaune ou rouge et d'une saveur âcre, répand, quand on la brûle, une forte odeur de benjoin ; les médecins australiens emploient cette gomme-gutte contre les maladies de poitrine ; les indigènes s'en servent encore comme mastic, pour calfeutrer leurs embarcations, en ayant soin de la mélanger avec de la terre.

Fig. 6. ARAUCARIA. — Les Araucaria d'Australie,

comme ceux d'Amérique, sont de grands et beaux arbres de la famille des Conifères. Ils diffèrent par des caractères importants des espèces américaines : aussi les botanistes les ont-ils séparés sous le nom d'*Eutassa*.

Fig. 7. ARBRE-BOUTEILLE. — Le Brachychiton, ou *Arbre-Bouteille*, croît dans les parties chaudes de la Nouvelle-Hollande. Ses feuilles sont très amples et arrondies ; ses fleurs grandes et parsemées de points. Cet arbre est surtout remarquable par la forme étrange de son tronc.

Fig. 8. FOUGÈRES ARBORESCENTES. — Les Fougères arborescentes, propres aux pays chauds, sont des arbustes extrêmement gracieux, dont les espèces sont nombreuses. Dans leur jeunesse, les feuilles de ces Fougères sont, comme celles des Fougères de nos pays, roulées en forme de crosse, de manière que l'extrémité de la feuille occupe le centre de la crosse. Les Fougères se plaisent dans les lieux frais, ombragés, ou sur le bord des eaux ; les terres australiennes leur conviennent merveilleusement. L'*Alsophila australis* atteint, dans ce pays, une assez grande hauteur.

Fig. 9. BANKSIA. — Les Banksia, de la famille des Protéacées que nous avons déjà rencontrée dans le sud de l'Afrique, sont originaires de la Nouvelle-Hollande. Ce sont des arbrisseaux fort élégants, que l'on cultive pour la beauté de leur feuillage ; les branches, disposées en ombelles, portent des fleurs groupées en épis.

Fig. 10. FILAO. — Les Filao, ou *Casuarina*, font partie de la famille des Amentacées, à laquelle appartiennent la plupart de nos arbres : les aunes, les bouleaux, les châtaigniers, les chênes, les charmes, les noyers, etc.

Ces arbrisseaux, aux nombreuses ramilles, sont très répandus dans la Nouvelle-Hollande; on les trouve encore dans les autres parties de l'Océanie et dans l'archipel Indien. Les Filao ont quelque analogie d'aspect avec certains genêts de haute taille; leur bois, d'une dureté extrême, est utilisé pour les constructions navales; l'écorce, possédant des propriétés astringentes, est fréquemment employée en décoction dans l'Inde et en Océanie.

Fig. 11. CORYPHA. — Les Corypha, de la famille des Palmiers, sont des arbres à tige élancée et complètement dégarnie de feuilles; le sommet seulement porte des feuilles pennées, en forme d'éventail, constituant un élégant et immense panache. Les Australiens se servent parfois de ces feuilles pour couvrir leurs huttes. Les livres tamouls sont composés de feuilles d'une espèce de Corypha, unies par une cordelette, et sur lesquelles des caractères ont été tracés avec un poinçon.

Fig. 12. EUCALYPTUS GLOBULEUX. — L'Eucalyptus est un des plus beaux arbres de l'Australie. Le tronc, mince et droit, arrive parfois à des hauteurs immenses; le bois, d'une jolie nuance veinée et d'un grain assez dur, s'emploie pour les constructions et l'ébénisterie; on peut aussi en extraire une matière colorante. Les feuilles d'Eucalyptus, qui revêtent sur le même arbre deux formes différentes, contiennent une huile semblable à celle de la menthe poivrée; on tire également de la plante une gomme résine dont l'emploi ne s'est pas répandu. Ce bel arbre se couvre, à certaines époques, de fleurs odorantes très recherchées des abeilles, qui viennent en grand nombre en recueillir le suc. Les Eucalyptus sont remarquables par leur croissance extrêmement rapide; ils ont été naturalisés en Algérie et dans le midi de la France, où ils prospèrent parfaitement et doivent être considérés comme une précieuse conquête; on attribue à leurs émanations le pouvoir de combattre les fièvres paludéennes : de là le nom d'*arbre à la fièvre* donné à cet Eucalyptus dans son pays d'origine. Quelques Eucalyptus se voient actuellement dans les jardins publics de Paris.

Fig. 13. ACACIAS DIVERS. — Les Acacias, répandus dans la plupart des pays chauds, sont nombreux et variés en Australie; les uns sont à feuilles un peu larges, de l'aisselle desquelles partent des grappes de fleurs; les autres sont épineux ou à toutes petites feuilles. Partout où poussent les Acacias, leur bois est employé pour les constructions et la menuiserie.

Fig. 14. PHORMIUM TENAX. — Le Phormium tenax est originaire de la Nouvelle-Zélande. C'est une superbe plante, à racine tubéreuse et charnue; elle appartient à la famille des Liliacées. Ses feuilles nombreuses, en forme de lames de sabre, atteignent deux mètres de longueur; ses fleurs, jaunes et longues, tiennent presque toujours à une hampe rameuse de quatre à cinq mètres. Les habitants de la Nouvelle-Zélande tissent leurs plus belles étoffes avec les filaments détachés des feuilles de Phormium; on en fabrique aussi des cordages, des lanières et mille autres objets. L'utilité du Phormium l'a fait importer dans l'Inde, aux Açores, en Algérie et dans les pays méridionaux de l'Europe, puis en Angleterre et même en Écosse, où il est fort bien acclimaté. Malheureusement, le Phormium s'altère assez vite à l'humidité, et les câbles que l'on fait avec ses fibres se coupent souvent net.

Fig. 15. Fougères comestibles. — Les Fougères comestibles, fort nombreuses dans la Nouvelle-Hollande et la Nouvelle-Zélande, sont de petite taille et possèdent une racine féculente que les indigènes récoltent et font griller pour remplacer le pain. Ces Fougères sont d'ailleurs moins répandues que les Fougères arborescentes.

Fig. 16. Dammara. — Les Dammara, voisins des *Araucaria*, croissent communément dans la Nouvelle-Zélande. Ce sont de très belles conifères, au bois résistant, fort utile pour la marine et la construction des maisons; ils donnent aussi une résine particulière, le dammar, qu'on emploie à la fabrication des vernis; leurs feuilles, entières et coriaces, sont longtemps persistantes. Les Dammara ont été importés en France, où on tâche de les acclimater à cause de l'utilité de leur bois.

Fig. 17. Freycinetia de Banks. — Les *Freycinetia*, genre de la famille des Pandanées, sont des plantes arborescentes ou grimpantes, originaires de l'Océanie tropicale et de l'Asie. Ces plantes ont quelque analogie avec les Pandanus.

PLANCHE X (SUITE)

RACES HUMAINES DE L'OCÉANIE.

Fig. a. NATURELS DES CAROLINES. — Les habitants des îles Carolines font partie du groupe des peuplades micronésiennes qui paraissent s'être détachées des Malais. Leur teint est brun, leur taille médiocre; ils rappellent surtout les Tagals des îles Philippines. Ils sont, comme les Malais, essentiellement navigateurs, mais bien moins industrieux. Ils ne connaissent ni l'arc, ni les flèches; leurs armes sont des frondes, des haches en pierre, en coquille, des lances en bois dur et des casse-tête terminés, à chaque extrémité, par des boules arrondies et sculptées. Leurs mœurs sont, d'ailleurs, douces, leur caractère enjoué, leur moralité assez grande. Les femmes portent de longues tuniques; les hommes ont les reins entourés de nattes d'écorce. Les deux sexes aiment la parure : les colliers de nacre et de dents, les bracelets, les plumes, le tatouage, sont en grand honneur.

Fig. b. NATURELS DE SAMOA. — Les naturels de Samoa n'appartiennent pas au type micronésien : ce sont des Polynésiens; mais ces derniers eux-mêmes sont venus de la Malaisie, probablement de l'île de Bouro, et ont fondé aux Samoa, qu'ils trouvèrent désertes à leur arrivée, une florissante population. L'archipel des Samoa, et l'île de Sawaï en particulier, ont été le point de départ d'émigrations qui ont peuplé Tahiti, les îles Manaïa et quelques autres parties de la Polynésie; ces îles sont elles-mêmes devenues plus tard de nouveaux centres d'émigration. Les Samoans sont de grande taille, robustes et forts, mais cruels et superstitieux. Ils sont très navigateurs, construisent habilement leurs pirogues, et travaillent le bois avec un certain art. Ils se servent pour cela de haches d'un basalte à grain fin et serré. Ils confectionnent aussi des tissus.

Fig. c. INSULAIRES DES ILES PELEW. — Les habitants des îles Pelew sont des Micronésiens et non plus des Polynésiens. Ils ressemblent beaucoup aux naturels des îles Carolines.

Fig. d. NATURELS DES ILES SANDWICH. — Aux îles Sandwich nous retrouvons des Polynésiens qui paraissent être venus de Sawaï, dans l'archipel Samoan, vers l'an 700 de notre ère. Ils se sont mélangés avec des Micronésiens et des noirs, aussi leur teint est-il plus foncé et leurs traits sont-ils moins purs que ceux des Samoans; les Micronésiens avaient précédé les Samoans aux îles Sandwich, et leur souvenir s'est conservé dans les légendes, où ils sont représentés comme des dieux et des esprits habitant les cavernes. Les habitants des îles Sandwich tendent actuellement à abandonner leurs anciennes coutumes, pour adopter les coutumes européennes. Ils possèdent même une décoration sur le modèle des nôtres. Comme cela se pratique dans un grand nombre d'îles polynésiennes, des *arepos*, ou **hommes-archives**, sont chargés d'apprendre par cœur des espèces de litanies ou de poésies, qui ne sont autre chose que la généalogie des familles princières. C'est la généalogie de la famille régnante, celle des Taméhaméha, qui a permis d'établir la date approximative de l'arrivée des Samoans aux îles Sandwich.

Fig. e. TAHITIENS. — Tahiti a été la première île peuplée par les Malais qui s'étaient établis aux Samoa ; elle a envoyé ensuite des colons aux Pomotous, dans une partie des Marquises, qui ont, à leur tour, fourni une portion de la population des Sandwich, où des Tahitiens étaient d'ailleurs arrivés directement. Les hommes sont grands, bien faits, ont un teint olivâtre; le teint des femmes n'est guère plus foncé que celui de nos Provençales. Les mœurs sont d'une grande douceur; mais les coutumes européennes tendent de plus en plus à s'établir dans cette île.

Fig. f. AUSTRALIEN. — Le caractère le plus frappant des Australiens est la réunion, sur le même individu, des traits du visage du nègre avec des cheveux lisses, une barbe abondante et un système pileux très développé. Malgré son teint brun-chocolat, l'Australien se distingue donc bien nettement du nègre d'Afrique. Les Australiens sont d'ailleurs assez bien faits, mais généralement d'une maigreur extrême. Le volume de leur cerveau est l'un des plus faibles qui existent. Les Australiens sont effectivement presque au plus bas degré de l'échelle intellectuelle. Ils se font sur le corps d'affreuses cicatrices qu'ils considèrent comme des ornements; ils vont presque entièrement nus et habitent des huttes de branchages parfois couvertes d'écorce, à l'entrée desquelles brûle un foyer qu'on entretient soigneusement. La chasse et la pêche sont à peu près les seules ressources de ces malheureux; ils ne sont pas, du reste, difficiles sur le gibier, et mangent des chenilles et des araignées aussi bien que des rats. La rencontre d'une baleine ou de quelque autre bête marine, échouée et à demi pourrie, est l'occasion d'un véritable festin. Des racines de fougères, des bulbes d'orchidées et quelques autres produits végétaux viennent compléter ce triste régime. Parmi les instruments de chasse, il faut citer le *boomerang*, sorte de sabre recourbé qui revient vers le chasseur après avoir atteint le but. On retrouve ce même instrument chez quelques nègres asiatiques.

Fig. g. Naturels de la Nouvelle-Guinée. — La Nouvelle-Guinée doit son nom à la couleur noire des populations qui l'habitent. La côte septentrionale de l'île est occupée par les Papous, noirs, de taille moyenne ou élevée, au corps robuste et bien musclé, aux cheveux implantés par petites touffes distinctes qui, courtes et serrées les unes contre les autres dans le jeune âge, s'allongent ensuite démesurément de manière à entourer la tête de cette immense perruque ébouriffée, ayant jusqu'à un mètre de tour, qui a fait donner aux Papous le nom de *nègres à tête de vadrouille*. Les Papous allient aux caractères du nègre mélanésien quelques-uns des caractères du Malais, aussi les a-t-on quelquefois considérés comme des métis. Ils ont, comme les Australiens, le système pileux du corps assez développé; leurs arcades sourcilières sont très prononcés, leur nez large, mais proéminent et quelquefois même recourbé, les dents et les lèvres très saillantes, le menton fuyant.

Les Papous ont grand soin de leur chevelure, dont ils sont constamment occupés et qu'ils arrangent de mille manières; cela n'empêche point qu'elle soit habitée par de nombreux parasites; ils calment les démangeaisons que leur causent ces hôtes incommodes en se grattant la tête au moyen d'une sorte de fourchette de bois à trois dents, qui est à demeure dans leur chevelure. Les Papous se tatouent le corps soit au moyen de la ponction, soit au moyen de profondes incisions, et leurs tatouages sont parfois aussi compliqués qu'élégants; leurs vêtements sont presque nuls. Ils vivent du produit de leur chasse ou de leur pêche, et aussi de fruits, d'ignames, de patates et de pain de sagou. Les femmes s'occupent de tissage et de poterie. Les hommes chassent, pêchent, travaillent le fer, et fabriquent des pirogues et des armes qui ne manquent pas d'élégance; ils se défendent avec un bouclier de forme spéciale. Les maisons sont toujours construites sur des pilotis de 3 mètres de haut environ.

La langue des Papous est assez douce; ils aiment la musique et se fabriquent des espèces de flûtes de Pan. Ils ont passé pour sanguinaires et anthropophages, mais leurs mœurs semblent être plus douces qu'on ne l'avait cru d'abord. Ils s'emparent toutefois, assez fréquemment, des noirs de l'intérieur qui appartiennent au type négrito, pour les vendre comme esclaves.

Fig. h. Néo-Calédonien. — Les Néo-Calédoniens constituent un type croisé dans lequel on retrouve à la fois les caractères des Polynésiens, des Mélanésiens, et notamment des Négritos et des Papous. On rencontre en Nouvelle-Calédonie deux variétés principales : l'une noire, de petite taille, aux cheveux courts et floconneux, au pied plat, aux arcades sourcilières énormes, aux mâchoires saillantes ; l'autre jaune, de haute taille, aux cheveux longs et frisés, aux membres bien musclés, tous caractères indiquant une réelle supériorité sur la variété noire.

Les Néo-Calédoniens se tatouent le corps par des procédés horribles. A l'aide d'une nervure de feuille de cocotier allumée, ils dessinent sur la peau une plaie régulière qu'ils entretiennent avec soin jusqu'au moment où elle peut produire, en se cicatrisant, une figure en relief. Quelques-uns meurent des suites de cette épouvantable opération. Les Néo-Calédoniens jaunes adoptent souvent un tatouage plus doux, par ponctuation. Les oreilles sont énormes et leur lobule est très souvent percé d'un large trou, qu'agrandit sans cesse un rouleau de feuilles de bananier qui y est placé à demeure. Ces hommes sont lestes et adroits ; leurs armes sont des haches, des casse-tête, des zagaies ; leurs vêtements sont réduits à une sorte de ceinture de filaments végétaux que les femmes portent autour des reins et qui leur couvre le haut des membres inférieurs. Les Néo-Calédoniens étaient autrefois adonnés à l'anthropophagie ; leurs anciennes coutumes se modifient lentement au contact des Européens et sous l'influence de l'administration française.

Fig. 1. NATUREL DES ILES VITI, OU FIDJIEN. — La population des îles Fidji se compose de deux éléments : l'un noir, l'autre malais beaucoup plus récent. Il y eut d'abord, suivant M. de Quatrefages, alliance entre les deux races, puis les Malais furent chassés; mais les Fidjiens n'en ont pas moins gardé un caractère mixte très frappant.

Fig. k. NÉO-ZÉLANDAIS OU MAORIS. — Les Maoris, dans lesquels on a vu quelque temps les représentants d'une race propre à la Nouvelle-Zélande, appartiennent, eux aussi, à la race polynésienne. Ils ont débarqué vers 1420 dans l'île qu'ils occupent aujourd'hui, venant de Rarotonga, l'une des îles Manaïa; plus tard, peut-être, ils y ont été rejoints par des émigrants des îles Tonga.

PLANCHE XI

ANIMAUX DE L'OCÉANIE.

Fig. 1. MICROGLOSSE NOIR. — Les Microglosses font partie de ce groupe de perroquets auxquels on a donné le nom de Kakatoès, rappelant leur cri habituel, et qui sont propres à l'Australie et aux îles voisines. Ces Kakatoès, qui n'apprennent jamais à parler, bien qu'ils soient faciles à apprivoiser et caressants, se distinguent par la huppe, diversement colorée, qui surmonte leur tête, par la longueur de leurs ailes et la brièveté de leur queue. En outre, leur bec est dentelé sur le tranchant, et la mandibule supérieure, profondément échancrée, prend un développement énorme, sans masquer complétement dans sa profondeur la mandibule inférieure. C'est dans la structure de la langue que réside le caractère le plus curieux des Microglosses. Cet organe est creusé à son extrémité libre d'une petite cavité à l'aide de laquelle l'oiseau saisit, avant de les avaler, les fragments des amandes qu'il a préalablement broyées avec son bec; il vide la cavité de sa langue en la frottant contre une saillie particulière du palais. La langue fonctionne ici comme une petite trompe : aussi Levaillant, qui a découvert cette particularité étrange, appelait-il les Microglosses des Aras à trompe. Le plumage du Microglosse est d'un noir brillant ; les joues, dépourvues de plumes, sont seules d'une belle teinte rose.

Fig. 2. OISEAUX DE PARADIS. — Ces oiseaux, au plumage magnifique, sont voisins de nos corbeaux. Ils sont propres à la Nouvelle-Guinée, où les Papous leur font une chasse active pour les vendre aux Malais ; on les achète à ces derniers pour transporter leur dépouille en Chine, dans l'Inde et en Europe. On sait combien leur plumage est apprécié comme objet de parure. Les Oiseaux de Paradis sont reconnaissables aux deux longues plumes dépourvues de barbes qui ornent leur queue et aux magnifiques houppes de plumes légères qui garnissent leurs flancs ; leur tête et leur cou sont ordinairement parés des couleurs les plus éclatantes. Leur vol est léger comme celui des hirondelles, à moins qu'ils n'aient le vent contraire ; dans ce cas leurs houppes de plumes gênent à ce point leurs mouvements qu'ils tombent sur le sol. Leurs pieds sont forts et robustes. Ils vivent dans les forêts, généralement en bandes ; ils se nourrissent d'insectes, de fruits, et sont surtout friands de muscades. On en connaît un assez grand nombre d'espèces distribuées entre plusieurs genres.

Fig. 3. GOURA COURONNÉ. — Les Gouras sont également propres à la Nouvelle-Guinée et aux îles Moluques. Ils dépassent la grosseur ordinaire des pigeons et atteignent la taille d'un fort coq. Leur plumage est d'un gris ardoisé, et leur tête est ornée d'une belle huppe de plumes à barbules isolées. Ils vivent à terre comme nos poules dont ils ont les mœurs. On a réussi à les faire reproduire en France.

Fig. 4. Kakatoès pygmée. — Ce petit Kakatoès de la Nouvelle-Guinée n'a pas plus de six à huit centimètres de long : il est remarquable par la longueur inusitée de ses doigts, qui sont fort grêles, et par la brièveté de sa queue dont les ailes atteignent l'extrémité. Son plumage est de couleur verte.

Fig. 5. Kanguroo des arbres. — Le Kanguroo des arbres se distingue des animaux du même groupe à la fois par le pays qu'il habite, par ses mœurs et par le développement plus considérable que d'ordinaire de ses membres antérieurs. On le trouve à la Nouvelle-Guinée, où il vit ordinairement sur les arbres, tandis que les autres Kanguroos sont presque tous confinés en Australie et ne grimpent pas.

Les Kanguroos appartiennent à l'ordre des Marsupiaux ; les femelles possèdent une poche ventrale pour y abriter leurs petits.

Fig. 6. Émeu. — Les Émeus sont des Casoars à bec large, élevé à sa base, à tête dépourvue de protubérance osseuse, à ailes totalement privées de pennes, à plumage d'un gris sombre. L'Émeu est plus grand que le Casoar à casque ; il s'apprivoise plus facilement. On en a transporté en Europe plusieurs individus qui s'y sont reproduits. Comme la chair de cet oiseau est bonne à manger, il serait utile de tenter son acclimatation, ce qui ne souffrirait guère de difficultés.

Fig. 7. Dingos ou Chiens sauvages. — Le Chien est un des rares mammifères sauvages d'Australie qui n'appartienne pas à l'ordre des Marsupiaux ; mais il est extrêmement probable que cet animal a été importé par l'homme dans la grande île où il a repris sa liberté. Les Dingos ont d'ailleurs de tous points la physionomie propre du Chien; ils ressemblent à des mâtins et ont gardé la queue en trompette, comme nos Chiens domestiques. Ils chassent en troupes et sont devenus des animaux redoutables. Il n'est pas impossible toutefois de les apprivoiser.

Fig. 8. KAKATOÈS A HUPPE JAUNE. — C'est là un joli perroquet, plus gros que le perroquet gris ou jaco, mais plus petit que les aras. Tout son plumage est d'un blanc pur, sauf la longue huppe qui orne sa tête et qui est d'un jaune de soufre. Ces animaux volent en troupes et se nourrissent de graines.

Fig. 9. KAKATOÈS DE BANKS. — Grand perroquet à plumage d'un noir violacé ou verdâtre, mêlé de quelques bandes ou de points jaunes ou rouges. Il habite l'Australie, se nourrit de graines et de fruits durs et a les habitudes des autres Kakatoès.

Fig. 10. MOLOCH. — On désigne sous ce nom mythique un bizarre lézard, voisin des iguanes, habitant la Nouvelle-Galles du Sud, et remarquable par les épines qui le hérissent de toutes parts; deux d'entre elles, plus longues et situées au-dessus des yeux, simulent des cornes. Sur la nuque se trouve également une bosse toute couverte de piquants, et il y en a même sur les membres. Le corps est trapu, de couleur brune, taché de noir en dessus, de roux en dessous; la taille ne dépasse pas dix-sept centimètres.

Fig. 11. ACANTHOPHIS AUSTRAL. — Les Acanthophis sont des serpents venimeux dont les crochets, au lieu d'être traversés par un canal comme ceux des vipères et des crotales, sont simplement sillonnés comme ceux du cobra-capello. Ils n'en sont pas moins dangereux. Les Acanthophis ont les plaques de la partie postérieure de la tête assez semblables à des écailles ; leur queue, couverte en dessous d'une seule rangée d'écailles, est terminée en pointe recourbée. Ils habitent l'Australie.

Fig. 12. MÉNURE LYRE. — Le Ménure Lyre est un oiseau d'assez grande taille, que la forme de son bec rapproche des grives et qui a les mœurs des gallinacés. Il vit dans les forêts d'eucalyptus, cherchant, sous les feuilles, les insectes et les vers dont il fait sa nourriture. Il niche sur les arbres à peu de distance du sol. Son nom vient de la forme singulière de la queue du mâle, dans laquelle deux plumes latérales figurent exactement une lyre ; ces deux grandes plumes comprennent entre elles des plumes non moins singulières, à barbules très distantes les unes des autres. Le plumage du corps est de couleur brune. La voix des Ménures est puissante, et leur chant, tout particulier, est assez agréable.

Fig. 13. OCYPHAPS HUPPÉ. — Les Ocyphaps, pigeons huppés voisins des gouras, sont d'un gris varié de brun olivâtre sur le dos, avec des bandes d'un vert métallique très brillant sur les ailes. Ils habitent les plaines de la Nouvelle-Galles du Sud, vivent en troupes, au voisinage des rivières, et ont un vol très rapide. On en voit assez souvent depuis quelques années dans la plupart des jardins zoologiques d'Europe.

Fig. 14. FALCUNCULUS. — On appelle ainsi une sorte de pie-grièche australienne, dont la mandibule supérieure présente, vers la pointe, une petite dent. Le dos et le ventre sont verts ; la tête, légèrement hupée, blanche et noire. Ces oiseaux vivent d'insectes et ont les mœurs de nos pies-grièches.

Fig. 15. Mégapode. — Les Mégapodes appartiennent à l'ordre des Gallinacés. Ils sont un peu plus gros que nos perdrix et sont caractérisés par leurs jambes élevées, leurs pieds armés de fortes griffes; leur tête et leur cou dénudés, avec une collerette de plumes à la base de ce dernier. Les Mégapodes ont un instinct des plus singuliers. Au moment de la ponte, ils rassemblent une telle quantité de feuilles, qu'ils en font des monticules ayant plus de 3 mètres de hauteur et 0 mètres environ de circonférence. Au centre de cette espèce de tumulus, qui est probablement l'œuvre commune de plusieurs oiseaux, on trouve une centaine d'œufs. La chaleur produite par la fermentation des feuilles accumulées, suffit pour faire éclore ces œufs dont les parents ne s'occupent nullement. Les petits Mégapodes sortent de l'œuf non seulement capables de pourvoir à leur subsistance, mais encore capables de voler ; ils n'ont à recevoir aucune éducation.

Fig. 16. Dasyure. — Les Dasyures, qui viennent se ranger dans l'ordre des Marsupiaux, jouent en Australie le rôle de nos martres, dont ils ont la taille et le pelage. Leur robe est ordinairement mouchetée ; ils vivent de petits mammifères et d'oiseaux, et sont très préjudiciables aux basses cours.

Fig. 17. Myrmécobie. — Les Myrmécobies sont de tout petits Marsupiaux, à robe zébrée, ne dépassant pas la taille de l'écureuil dont ils ont la vivacité d'allures et les ruses. Ces petits êtres vivent d'insectes et principalement de fourmis, qu'ils engluent avec leur langue comme les fourmiliers. Leurs dents sont plus nombreuses que chez aucun autre mammifère, certains cétacés et les tatous exceptés. Ils n'ont pas de poche ventrale pour abriter leurs petits.

Fig. 18. ANTECHINUS A PIEDS JAUNES OU MUSARAIGNE A BOURSE. — Ces petits Marsupiaux rappellent tout à fait la musaraigne par leur museau long et pointu; celui qui nous occupe n'a pas plus de 14 centimètres de long, y compris la queue, qui en a 7 à elle seule. L'Antechinus à pieds jaunes vit sur les arbres, où il poursuit les insectes et les petits oiseaux.

Fig. 19. PÉTAURISTE PYGMÉE. — Les Pétauristes font partie d'un groupe de Marsupiaux qui rappellent un peu nos rongeurs par leurs mœurs et leur apparence extérieure; ils possèdent toutefois des canines supérieures qui manquent totalement aux rongeurs. Leurs pattes sont terminées par cinq doigts; aux pattes postérieures, le pouce est opposable aux autres doigts comme dans une main; la queue est assez longue, touffue et préhensile, c'est-à-dire capable, comme celle de certains singes d'Amérique, de s'enrouler autour des branches, l'animal pouvant dès lors l'employer comme une sorte de crochet par lequel il se suspend aux branches d'arbre. Les Pétauristes sont, en effet, grimpeurs; ils sautent de branche en branche avec une agilité d'autant plus grande qu'une membrane couverte de poils, étendue entre leurs quatre membres et semblable à celle des galéopithèques, de certains écureuils, tels que les polatouches, leur sert de parachute et leur permet de prolonger leur saut beaucoup plus que ne le peuvent faire les mammifères ordinaires. Il existe plusieurs espèces de Pétauristes ; quelques-uns sont assez gros. Le *Pétauriste pygmée,* qui est représenté dans cette figure, ne dépasse pas 8 à 10 centimètres de long. Quelques caractères secondaires le distinguent des vrais Pétauristes et l'ont fait placer dans un genre spécial, le genre *Acrobate*.

Fig. 20. PHALANGISTE RENARD. — Les Phalangistes ou *Phalangers* ressemblant aux pétauristes, mais n'ont pas de parachute. Ils sont d'ailleurs généralement plus gros : le Phalangiste Renard a à peu près les dimensions d'un chat. Leur queue est touffue et leur pelage fin et soyeux. Ils grimpent comme les écureuils et ont dans la physionomie quelque chose des lynx et des makis; leurs mœurs sont à peu près celles des martres : ils vivent d'œufs et de petits oiseaux. On en trouve diverses espèces à Célèbes et à Amboine. Le Phalangiste Renard est de la Nouvelle-Galles du Sud.

Fig. 21. DIDUNCULUS A BEC DE CHOUETTE. — Les *Didunculus* sont des Pigeons à bec comprimé et terminé en crochet comme celui des oiseaux de proie; la mandibule inférieure est dentée sur ses bords; les doigts sont armés de griffes recourbées. Ces singuliers oiseaux sont propres aux îles Samoa. Ils ne se nourrissent, d'ailleurs, que de graines et de fruits. Leur taille est celle d'un pigeon ordinaire et leur plumage de couleur très sombre.

Fig. 22. PÉRAMÈLE. — Les Péramèles, sortes de Marsupiaux insectivores, au long nez, aux grandes oreilles, vivent à terre et se creusent des terriers où ils se retirent. Leurs membres présentent déjà des modifications que nous retrouverons exagérées chez les kanguroos. Les pattes antérieures sont relativement courtes; elles sont terminées par cinq doigts; mais deux de ces doigts, les deux externes, sont dépourvus d'ongle; les doigts des pattes postérieures sont généralement au nombre de quatre; le pouce manque ou est rudimentaire; les deux doigts suivants sont petits et soudés ensemble; les deux derniers sont, au contraire, grands et munis d'ongles robustes. Il existe diverses espèces de Péramèles vivant dans l'Australie occidentale, la Nouvelle-Galles du Sud et la Tasmanie.

Fig. 23. ÉCHIDNÉ. — Les Échidnés font partie de l'ordre des Monotrèmes. On n'en connaît qu'un très petit nombre d'espèces; l'une d'elles vit dans la Nouvelle-Guinée; les autres sont propres à l'Australie et à la Tasmanie. Ces animaux, de la taille d'un gros lapin, sont entièrement dépourvus de dents; leur tête est petite, leur museau allongé est transformé en une sorte de bec corné, grêle, cylindrique ou légèrement recourbé; de leur bouche, très étroite, ils font sortir une langue très longue, à l'aide de laquelle ils capturent les insectes, et principalement les fourmis, comme le font les tamanoirs. Leurs membres sont terminés par des ongles robustes, propres à fouir; leur queue est rudimentaire; leurs poils, assez grossiers, sont entremêlés de nombreux piquants, plus grands et plus forts que ceux de nos hérissons. Ils peuvent se rouler en boule et se creusent des terriers.

Fig. 24. PÉTROGALE. — Les Pétrogales ou *Kanguroos*

de rocher sont de vrais Kanguroos. Les **Marsupiaux** de ce groupe sont tous herbivores, et leur dentition rappelle parfois celle de certains de nos pachydermes, celle du cheval notamment. Leur tête est petite, munie de longues oreilles; leur corps effilé en avant, très développé en arrière. Les pattes antérieures sont courtes, et le Kanguroo se tient souvent debout sur ses pattes de derrière et sur sa robuste queue, comme sur un trépied; mais chacun des supports de ce trépied peut se détendre brusquement, comme un ressort, et l'animal est alors projeté en avant, à une distance considérable. C'est en répétant rapidement ces bonds énormes que les Kanguroos courent à la surface du sol : ils peuvent aussi marcher en se servant de leurs quatre pattes. Les doigts des pattes postérieures, au nombre de quatre, sont conformés d'une façon toute particulière; le pouce manque; des quatre autres doigts, le médian prend un développement énorme, et se termine par un ongle robuste, tandis que les autres, beaucoup plus grêles, sont plus ou moins soudés entre eux. Les Pétrogales sont de taille moyenne et vivent dans les montagnes rocailleuses.

Fig. 25. Kanguroo géant. — Les caractères que nous venons d'indiquer sont surtout réalisés dans le Kanguroo géant de la Nouvelle-Galles du Sud, qui atteint presque la taille d'un homme. La vitesse de sa course égale celle d'un cerf. Essentiellement herbivore et complètement inoffensif, le Kanguroo géant n'en défend pas moins chèrement sa vie lorsqu'il est attaqué. Appuyé à l'aide de ses pattes de devant contre un tronc d'arbre ou un rocher, soutenu par sa robuste queue, il combat à l'aide des griffes puissantes de ses pattes postérieure; parfois deux Kanguroos, debout l'un contre l'autre, se servant réciproquement de point d'appui, se livrent ainsi bataille, et meurent le plus souvent l'un et l'autre, le ventre déchiré.

Il existe de nombreuses espèces de Kanguroos, de toutes les tailles. Plusieurs s'acclimateraient facilement en Europe et fourniraient un excellent gibier.

Fig. 26. ORNITHORYNQUE. — Les Ornithorynques et les Échidnés constituent à eux seuls le groupe des mammifères monotrêmes, qui semblent avoir gardé, dans leur organisation, quelque chose des reptiles. L'Ornithorynque que les naturalistes appellent *Ornithorynque paradoxal*, est plus étrange encore peut-être que l'Échidné, son proche parent. Son nom signifie *Mammifère à bec d'oiseau*; il a, en effet, au lieu de lèvres, un large bec corné, aplati comme un bec de canard; il possède toutefois des dents, mais chaque mâchoire n'en présente que deux paires, et ces dents sont cornées, au lieu d'être formées d'ivoire et d'émail.

L'Ornithorynque, un peu moins gros qu'un castor, a d'ailleurs quelque chose de cet animal; sa fourrure, non mélangée de piquants, est souple et épaisse; ses pieds sont terminés par cinq doigts munis d'ongles forts, propres à fouir; une membrane unit ces doigts comme chez le castor, et, grâce à cette palmure, l'Ornithorynque peut nager avec rapidité; la queue est aussi large et aplatie, mais elle est velue au lieu d'être écailleuse. Les pieds postérieurs sont armés, chez le mâle, d'un ergot creux qui verse, paraît-il, dans les plaies qu'il fait un liquide venimeux. Les Ornithorynques habitent, sur le bord des étangs, des terriers dont une entrée est à fleur d'eau, et l'autre au-dessous du niveau. Ils mènent, du reste, une existence presque entièrement aquatique, et vont chercher dans la vase les vers et les insectes dont ils se nourrissent.

Fig. 27. CYGNE NOIR. — Le Cygne est devenu, chez nous, le symbole de la blancheur. Comme si tout, en Australie, devait être renversé, l'une des espèces de Cygnes australiennes est entièrement noire, avec le bec rouge. Les mœurs, les habitudes et l'aspect de l'élégant palmipède, demeurent les mêmes; le Cygne noir paraît même plus svelte et plus gracieux que le Cygne blanc de nos pays.

Fig. 28. GRAND MARTIN-CHASSEUR GÉANT (*Dacelo giganteus*). — Le Martin-Chasseur géant a l'aspect de nos Martins-Pêcheurs, mais il atteint la taille d'un geai. Il vit assez loin des eaux et se nourrit surtout de grenouilles, de reptiles et de gros insectes ou de petits mammifères. Son cri ressemble à un ricanement; d'où le nom d'*âne rieur* (*laughing jackass*) que lui donnent les colons anglais d'Australie.

Fig. 29. WOMBAT. — Les Wombats sont de lourds mammifères marsupiaux ayant exactement la dentition de nos rongeurs. Leur taille est celle de notre blaireau; ils ont les membres courts, la queue presque nulle; leur fourrure est souple et épaisse. Leurs pieds sont terminés par cinq doigts à ongles forts, propres à fouir; la forme des pieds postérieurs est très petite. Les Wombats ne vivent que d'herbes et de racines; ils sont nocturnes, et se creusent des terriers où ils se cachent pendant le jour. On les trouve dans la Nouvelle-Galles du Sud et la Tasmanie.

Fig. 30. PODARGE HUMÉRAL. — Les Podarges, sortes de grands Engoulevents, habitent la Nouvelle-Galles du Sud ; leur taille est à peu près celle d'un corbeau.

Fig. 31. PÉTAURISTE-ÉCUREUIL. — Parmi les divers marsupiaux volants de l'Australie, cette espèce est celle dont le parachute est le plus développé ; la membrane qui le constitue s'étend jusqu'aux doigts, tandis qu'elle s'arrête au poignet chez les Acrobates (fig. 19), et ne dépasse pas le coude chez les Pétauristes proprement dits. Les mœurs de tous ces animaux sont d'ailleurs les mêmes. Le Pétauriste-Écureuil habite la Nouvelle-Galles du Sud.

Fig. 32. KOALA. — Les Koalas sont, comme les wombats, de gros et lourds marsupiaux dont le régime se compose exclusivement de racines, de jeunes branches, de feuilles et de bourgeons. Les Koalas ont cependant une dentition plus complète que celle des wombats ; ils possèdent des canines supérieures. Ils ont une grosse tête, de grandes oreilles, un poil touffu, de couleur cendrée ; une queue presque nulle, et aux pattes antérieures deux de leurs doigts sont opposables aux trois autres, comme s'ils avaient un double pouce. Ces animaux grimpent fort bien, et vivent le plus souvent sur les arbres ; leurs mouvements sont lents, comme ceux de l'unau et de l'aï : aussi a-t-on dit qu'ils représentaient les Paresseux dans la Nouvelle-Galles du Sud.

Fig. 33. OTARIE. — On appelle Otaries de superbes Phoques, facilement reconnaissables aux petits pavillons semblables à de courts tuyaux de plumes qui surmontent leurs oreilles : ce sont, en effet, les seuls Phoques possédant une conque auditive. Les pieds des Otaries sont beaucoup plus libres que ceux des autres animaux du même groupe : aussi se meuvent-elles à terre avec une assez grande agilité, en exécutant une série de bonds ; leur forte taille et leur agilité leur ont mérité le nom de *Lions marins*. Les Otaries sont vives, intelligentes et faciles à apprivoiser. Leur fourrure est épaisse, soyeuse et très estimée. On en connaît plusieurs espèces : les unes habitent le Groenland ; d'autres les côtes de l'Amérique méridionale, d'autres l'océan Atlantique. L'Otarie de Hooker, qui est ici représentée, habite les côtes de la Nouvelle-Zélande.

Fig. 34. ALBATROS. — Les Albatros sont les plus gros des oiseaux de mer ; leur taille les a fait désigner par les matelots sous le nom de *Vaisseaux de guerre ;* cette même taille et la blancheur de la plus grande partie de leur plumage, leur a valu la dénomination de *Moutons du Cap*. Les ailes étendues de ces énormes oiseaux ont jusqu'à cinq mètres d'envergure : aussi les Albatros volent-ils avec une aisance admirable, presque sans remuer les ailes et malgré les vents les plus furieux. On les trouve souvent fort loin de toute terre ; ils aiment à accompagner les vaisseaux, et se précipitent sur tout ce qui tombe à la mer ; on en a vu se jeter même sur des matelots. Les Albatros sont carnassiers ; leur bec est long et crochu ; ils sont d'une lâcheté extrême : ils préfèrent les proies mortes ou les petits poissons aux animaux qu'ils pourraient avoir à combattre. Ces magnifiques oiseaux sont répandus dans une grande partie des mers du Sud, sur les côtes de la Nouvelle-Zélande, de la Tasmanie, etc. Une espèce se rencontre au cap de Bonne-Espérance. Les Albatros ne pondent qu'un seul œuf; le mâle et la femelle couvent alternativement. Ils établissent en grand nombre leurs nids sur les rochers les plus escarpés des côtes.

Fig. 35. GORFOU DORÉ. — Le Gorfou doré appartient à une famille d'oiseaux de mer propres à l'hémisphère austral, la famille des *Manchots,* dont les ailes sont tellement raccourcies qu'elles sont absolument incapables de servir au vol; les plumes qui couvrent ces membres rudimentaires sont elles-mêmes tellement courtes et serrées qu'elles semblent de petites écailles. Les ailes des Manchots ne peuvent servir au vol; mais, en revanche, elles constituent d'excellentes nageoirss, de sorte que l'oiseau rame à la fois de ses quatre membres et avance dans l'eau avec une merveilleuse rapidité. Les pattes sont elles-mêmes placées tout à fait à la partie postérieure du corps, aussi les Manchots, pour conserver leur équilibre, sont-ils obligés de se tenir presque verticalement comme le font à un degré moindre les pingouins des régions septentrionales. On les prendrait facilement de loin pour de petits personnages, et leur présence en grand nombre dans des îles désertes a souvent fait croire que ces îles étaient habitées. Les Manchots nichent en société, dans les îles escarpées, et y construisent, à cet effet, des espèces de villages. Chaque femelle ne pond qu'un seul œuf, qu'elle couve debout, et qu'elle transporte quelquefois avec elle, caché dans le duvet, entre ses pattes. Le plumage des Manchots est fin, soyeux, et peut être, comme celui des grèbes de nos pays, employé en guise de fourrure. Le Gorfou doré se distingue, parmi les Manchots, à la double aigrette de plumes jaune d'or qui orne sa tête. On le trouve en Patagonie, aux îles Malouines, au sud de la Nouvelle- élande, etc.

Fig. 36. THYLACYNE, OU LOUP ZÉBRÉ. — Nous avons trouvé parmi les Marsupiaux des animaux correspondant aux rongeurs, aux insectivores, aux petits carnassiers, aux pachydermes; les Thylacynes sont des Marsupiaux à qui leur grande taille, leurs instincts féroces et les rayures de leur robe ont valu le nom de *Loups zébrés*. Ces carnassiers ont l'aspect général des Chiens de l'ancien monde; leurs os marsupiaux sont représentés par de simples tendons. Ils habitent la Tasmanie.

Fig. 37. KANGUROO RAT. — Ces tout petits Kanguroos, de la grosseur d'un rat, rappellent beaucoup les gerboises, dont ils ont la façon de courir. Ils se creusent des terriers comme ces petits rongeurs.

Fig. 38. SARCOPHILE OURSON. — Les Sarcophiles, bas sur pattes, au corps ramassé, aux pattes postérieures dépourvues de pouce, remplacent en Australie les gloutons du nord de l'Europe et de l'Asie, et sont encore plus cruels et plus voraces. Ces Marsupiaux se rapprochent par leur organisation des Dasyures; ils habitent la Tasmanie où les colons leur donnent le nom de *Diables*, en raison de leurs goûts destructeurs. Ce sont, du reste, les volailles et les petits mammifères qui font les frais ordinaires de leurs repas.

Fig. 39. NESTOR. — Les Nestors sont des Perroquets de la Nouvelle-Zélande, au plumage sombre, au bec fort et allongé. Leur langue est divisée, à son extrémité libre, en un pinceau de fibres cornées. On les accuse de crever les yeux des moutons, dont les troupeaux importés par les colons envahissent peu à peu leur territoire.

Fig. 40. STRIGOPS. — Le plus étrange des Perroquets ; il vit à terre et habite des terriers qu'il se creuse lui-même. Il ne vole pas et son sternum ne présente même pas cette crête osseuse saillante que l'on retrouve chez presque tous les oiseaux et qu'on nomme le bréchet. Il est nocturne ; ses gros yeux, sa face large, aux plumes étalées en disque autour des yeux, son bec recourbé, lui donnent la physionomie d'une chouette. Son plumage est d'un vert terne mélangé de gris. Les Strigops, confinés à la Nouvelle-Zélande, objets d'une chasse incessante, dépourvus de moyens de défense, diminuent de plus en plus et semblent destinés à disparaître prochainement.

Fig. 41. TUI (*Prosthemadera Novae Zelandiae*). — Le Tui est proche parent des Souï-Mangas ; il ne se trouve qu'à la Nouvelle-Zélande ; son plumage est noirâtre, à reflets métalliques ; il porte sur les côtés de la gorge de petites houppes de plumes blanches qui étaient fort recherchées des Néo-Zélandais pour faire des parures. Il est de la taille d'un merle et se nourrit de petits insectes.

Fig. 42. NOTORNIS DE MANTELL. — Les Notornis, espèces de poules d'eau propres à la Nouvelle-Zélande, sont voisins des talèves ou poules sultanes, mais atteignent une plus grande taille ; on les a cru entièrement disparus ; on en a depuis peu retrouvé quelques individus vivant dans l'île du milieu de la Nouvelle-Zélande. Le plumage est bleu foncé, nuancé de vert; le bec et les pieds sont rouges. Les *Notornis* volent à peine : aussi ont-ils été rapidement détruits par les chiens introduits à la Nouvelle-Zélande.

Fig. 43. ANARHYNQUE FRONTAL. — Les Anarhynques sont, comme les Notornis, des Échassiers, mais ils appartiennent à une tout autre famille; ils se rapprochent des pluviers et des bécasseaux et ont le bec tout à la fois recourbé en dessus et dévié sur le côté. Ce bec étrange leur sert probablement, comme celui des tourne-pierre, à chercher sous les galets de petits mollusques et des vers. Les Anarhynques habitent la Nouvelle-Zélande.

Fig. 44. HATTÉRIE PONCTUÉE. — Les Hattéries, avec la physionomie extérieure des lézards et notamment des grands lézards souvent herbivores de la famille des iguanes, ont une organisation toute particulière. Leur squelette présente des caractères très spéciaux, et on en a fait quelquefois les types d'un ordre à part.

Fig. 45. APTÉRYX. — Des ailes tout à fait rudimentaires et cachées sous les plumes; des plumes longues, de couleur brune, en forme de fer de lance, à barbules détachées, rappelant celles du casoar; de gros pieds pourvus de trois doigts à ongles robustes et d'un pouce rudimentaire, un long bec semblable à celui d'une bécasse, une queue nulle : tels sont les singuliers caractères de l'Aptéryx de la Nouvelle-Zélande. Cet oiseau, incapable de voler, est de la taille d'une grosse poule; il se cache le jour dans des trous et ne sort que la nuit pour aller chercher les vers et les larves d'insectes dont il se nourrit.

Les Aptéryx vivent par couples et pondent deux fois par an un œuf très gros. Comme tous les oiseaux terrestres, incapables de voler et habitant des îles, ils sont évidemment destinés à disparaître avant peu, comme l'ont fait le dronte et le solitaire des îles Mascareignes, l'æpiornis de Madagascar, et le gigantesque dinornis de la Nouvelle-Zélande, haut de plus de trois mètres. C'est de ces dinornis que les Aptéryx se rapprochent le plus. Peut-être une espèce colossale du même groupe vit-elle encore à la Nouvelle-Zélande : on a trouvé la trace de ses pas dans les parties montagneuses de l'île, et des os relativement frais appartenant à cette espèce ont été exhumés.

On trouve en Tasmanie une espèce d'Aptéryx différente de celle de la Nouvelle-Zélande.

Fig. 46. CACHALOT A GROSSE TÊTE. — Les Cachalots, auxquels les marins de l'Angleterre et des États-Unis font une chasse active, se trouvent dans tout l'océan Pacifique ; une espèce de ce genre habite également l'Atlantique. Ces gigantesques Cétacés peuvent atteindre la taille des plus grandes baleines. La tête de l'espèce qui nous occupe est cylindrique, tronquée en avant, mesurant près du tiers de la longueur du corps, gonflée par une énorme quantité de graisse liquide que l'on trouve, dans le commerce, sous le nom de spermacéti. Ils manquent de fanons ; leur mâchoire supérieure n'a même pas de dents, mais leur mâchoire inférieure est garnie d'une cinquantaine de dents coniques qui leur servent à saisir les seiches et les calmars dont ils se nourrissent. Leur intestin produit une substance odorante particulière, très employée en parfumerie, l'*ambre gris*. La pêche du Cachalot est faite dans le Pacifique par les Anglais et les Américains; elle n'est pas sans danger, car ce monstre énorme défend chèrement sa vie et attaque de front les embarcations.

Un seul Cachalot peut fournir cent tonnes d'huile valant ensemble 25 000 francs. C'est dire de quelle importance est la pêche de cet animal.

PLANCHE XII

LES HOMMES D'AMÉRIQUE.

Fig. 1. Esquimos. — Les Esquimos forment un certain nombre de peuplades habitant toute la côte septentrionale de l'Amérique, depuis les îles Aléoutiennes et la presqu'île d'Alaska jusqu'au Groenland inclusivement. Ils se désignent eux-mêmes sous le nom d'*Huskies*. Généralement de faible taille, d'un teint jaune, bruni par la saleté, ils ont une grosse tête ronde, aux joues rebondies, aux pommettes saillantes, au nez large et écrasé. Les yeux sont petits et noirs, la barbe rare ou nulle, d'ailleurs presque toujours épilée quand elle se montre ; les cheveux noirs et plats, rarement blonds. Les hommes chassent et pêchent ; ils naviguent sur de petits canots en peau de phoque, pouvant être portés à dos d'homme ; leurs traîneaux sont tirés par des chiens. Les phoques et les bœufs musqués sont la principale ressource des Esquimos, qui cependant se livrent aussi parfois à la pêche de la baleine sur des bateaux construits avec des bois échoués et pouvant contenir une vingtaine de personnes.

Les Esquimos ont une habitation et un costume d'hiver, une habitation et un costume d'été. Le costume est à peu près le même pour les hommes et pour les femmes. L'hiver, il est en peaux de bêtes; l'été, les habits de peaux sont remplacés par des habits taillés dans les entrailles des cétacés. L'hiver, les Esquimos se retirent par familles dans des huttes de neige où l'on ne peut entrer qu'en rampant; l'été, ils vivent sous des tentes en peau de phoque. Beaucoup d'Esquimos sont considérés comme chrétiens; mais le fond de leur religion est une croyance aux mauvais esprits, aux sortilèges et aux sorciers, qui est l'origine de coutumes bizarres et qu'on désigne sous le nom de *chamanisme*.

Fig. 2. BANNACKS, OU MIEUX BANNOCKS. — Ces Indiens se trouvent entre l'Utah et la Nevada, au sud des *Indiens Serpents* ou *Shoshone*s auxquels ils se rattachent étroitement.

Fig. 3. SÉPULTURE, HUTTE ET DANSE DES BUFFLES CHEZ LES MANDANS. — Les Mandans sont remarquables, parmi les indigènes du nouveau monde, par le grand nombre d'individus blonds, au teint clair, qui existent dans leurs tribus. Le teint le plus ordinaire est olivâtre, avec les cheveux noirs. Ils font partie de la famille des Sioux. Leurs ancêtres, prétendent-ils, habitaient autrefois sous terre; ils en sortirent en grimpant le long d'une liane; mais la liane finit par se briser et une partie de la nation demeura sous le sol. Ils iront la retrouver après leur mort.

Fig. 4. HUTTE DE GAZON, INSTRUMENT A FAIRE DU FEU ET POTERIE DES KAIVAVAS, Indiens habitant le voisinage du Rio Colorado, entre les Moquis et les Apaches.

Fig. 5. PAHOUTES; JEUNE FILLE PEINTE; FEMME ET SON ENFANT. — Les Pahoutes, ou Pah-Utah, sont des naturels du sud de la Californie.

Fig. 6. TANANA. — Les *Tananas* constituent la tribu la plus septentrionale des *Tinneh, Chippeouyans,* ou *Athapaskes,* Peaux-Rouges qui habitent immédiatement au sud des Esquimos, avec qui ils sont perpétuellement en guerre. Tout le nord-ouest de l'Amérique russe, de la baie d'Hudson ou Pacifique, est peuplé par les Athapaskes. Ce sont des sauvages demeurés tout à fait au bas de l'échelle de civilisation. Ils se donnent un chien pour ancêtre et prétendent être venus de l'Orient.

Fig. 7. NOOTKA, OU NATURELS DE VANCOUVER. — Les habitants de l'île Vancouver appartiennent à diverses tribus qui se rattachent au type général des indigènes de l'Amérique du Nord. Il existe parmi eux des individus au teint très blanc; mais le teint est généralement dissimulé sous une épaisse couche de peinture et de saleté. La taille varie : aux environs de la baie des Français, elle est au-dessus de la moyenne; ailleurs elle est plutôt petite. Les cheveux sont généralement lisses, la face large, les pommettes saillantes, le front artificiellement aplati. Les habitants de l'île de Vancouver sont généralement peu industrieux; ils vivent de pêche et creusent leurs pirogues dans des troncs d'arbre. Ils ont ordinairement des aptitudes musicales très développées.

Fig. 8. SCHOSCHONES. — Les Schoschones ou *Indiens Serpents* habitent le voisinage des Cordillères de l'Amérique du Nord; ils sont de taille assez petite et trapus. Leurs pommettes sont hautes et larges; leur peau jaunâtre, relativement claire. Les Schoschones sont pasteurs et guerriers.

Fig. 9. INDIEN PIED-NOIR. — Les *Pieds-Noirs*, voisins des *Cris* ou Knistenaux, du nord du Canada, sont une des nombreuses tribus des Peaux-Rouges guerriers et chasseurs; ils habitent les prairies du haut Missouri et de la Saskatchervan, où ils combattent les *Arrapahoes* et les *Cheyennes*.

Fig. 10. ODJIBWAE OU CHIPPEWAYS. — Les Chippeways peuvent être pris comme type des Américains connus sous le nom de Peaux-Rouges. Ils font partie du groupe des tribus algonquines qui résultent peut-être du mélange des Athapaskes et des Iroquois. Ils sont grands, robustes, bien faits; leur peau est olivâtre, mais leur face est généralement peinte en rouge; leurs cheveux noirs, lisses, leur barbe rare ou nulle et scrupuleusement soumise à l'épilation; le front est déprimé, les yeux noirs et fendus horizontalement; les oreilles grandes, le nez proéminent et légèrement recourbé. Les Chippeways, comme tous les Peaux-Rouges, aiment les colliers, les bracelets, les étoffes brillantes, les parures de plumes; ils habitent, aux États-Unis, les États de Michigan, de Wisconsin, de Minnesota, et arrivent dans l'Amérique russe jusqu'au lac Winnipeg.

Fig. 11. IROQUOIS. — Les Iroquois, aujourd'hui presque disparus, ont été autrefois un ensemble puissant de peuples guerriers, qui avaient une supériorité réelle sur les peuplades algonquines qu'ils avaient réussi à dominer. Ils habitent aujourd'hui une partie du Canada et de l'Etat de New-York; les Hurons et les Mohawks ne sont que des tribus d'Iroquois.

Fig. 12. DACOTAH. — Tout le nord des Etats-Unis, du

Mississipi aux Montagnes Rocheuses, a été autrefois occupé par les Sioux, dont les Dacotahs sont les représentants les plus nombreux et auxquels se rattachent les Mandans que nous avons précédemment décrits. Les Sioux sont des hommes de haute taille ; leur teint est cuivré ; leurs yeux et leurs cheveux sont noirs ; ces derniers sont gros, raides, et atteignent une assez grande longueur. Le front est plat et fuyant, le nez fort, très saillant et arqué, d'où résulte un profil caractéristique. Les yeux sont fendus horizontalement, les pommettes saillantes ; le contour du visage ne présente cependant rien d'anguleux. Les Sioux se parent volontiers de colliers, de bracelets, de boucles d'oreille, de plumes et d'étoffes de couleur éclatante. Ils sont guerriers, indépendants, et demeurent pour les Européens des ennemis dangereux. Ils chassent pendant l'hiver, se livrent au commerce des fourrures, et se montrent alors terribles pour quiconque envahit leur territoire ; pendant la belle saison ils demeurent sédentaires et s'occupent d'agriculture.

Fig. 13. COMANCHE. — Les Comanches habitent surtout l'État du Texas. Ils sont devenus excellents cavaliers et vivent de brigandage. Leur taille est élevée, leur teint assez foncé ; leurs yeux sont noirs et horizontaux, leurs pommettes saillantes, leur nez fort et busqué, leur menton proéminent ; leur bouche grande, à lèvres épaisses ; les cheveux sont noirs et plats, la barbe rare. Ils aiment les bijoux et les vêtements de couleur voyante, et portent comme manteau une couverture rouge ou une peau de buffle à poils tournés en dedans. Ils scalpent encore leurs ennemis et en suspendent la chevelure à leur cou, souvent orné d'un collier d'or.

Fig. 14. APACHE. — Comme les Comanches leurs voisins, auxquels ils ressemblent beaucoup, les Apaches qui se rattachent aux *Tinneh* sont de véritables brigands, tellement qu'on ne peut traverser leur pays qu'en caravanes bien armées. Ils se servent encore de flèches, longues d'un mètre, qu'ils peuvent lancer à plus de 200 mètres de distance et dont le fer reste dans la plaie quand on veut l'arracher; ils manient avec une grande adresse une lance longue de cinq mètres.; quelques-uns possèdent de mauvais fusils. Les Apaches sont encore extrêmement nombreux et ont conservé, sans aucun changement, leurs mœurs primitives.

Fig. 15. PAWNI EN COSTUME DE GUERRE et PAWNI FUMANT LE TOMAHAWK. — Les Pawnis sont probablement des Sioux, comme les Mandans et les Dacotahs, bien qu'ils parlent un dialecte tout particulier. Ils ont en commun avec eux beaucoup de traits de mœurs, et notamment leur étrange parure de guerre où les plumes jouent un si grand rôle. Ils habitent le Nebraska.

Fig. 10. FEMME MOGNI. — Les Mognis ou Moquis ressemblent physiquement aux Apaches et aux Comanches; ils parlent une langue très voisine de la leur, mais ils n'ont pas leur caractère turbulent. Ils sont sédentaires et habitent des villages passablement bien construits et administrés.

Fig. 17. MEXICAIN. — Les Mexicains étaient, au moment de l'invasion espagnole, les plus civilisés et les plus intelligents des habitants de l'Amérique du Nord : ils possédaient de vastes monuments, des temples rappelant ceux de l'Asie occidentale, des routes, des canaux, etc. Ils avaient établi un calendrier d'une assez grande exactitude, savaient exploiter les mines, extraire certains métaux, sculpter le bois et la pierre et fabriquer d'assez belles poteries. Les Mexicains étaient d'ailleurs loin de constituer une nation unique; ils ne parlaient pas moins de cent quatre-vingt-deux dialectes, dont un grand nombre persistent encore aujourd'hui. La plus importante de toutes leurs tribus était celle des Aztèques. Les Mexicains que combattirent les Espagnols lors de la découverte du Mexique n'étaient pas les premiers habitants de ce pays; ils étaient venus du Nord et avaient trouvé en arrivant une autre population plus ancienne et déjà fort civilisée à qui on doit les hiéroglyphes de Palenqué et divers monuments d'énormes proportions. Les anciens Mexicains avaient une taille élevée, des membres bien proportionnés, des cheveux épais, noirs, raides et plats; une barbe rare ou presque nulle, les pommettes saillantes, le nez proéminent et recourbé à sa pointe. C'étaient des peuples de caractère cruel, comme les Apaches et les Comanches. Leur langue était fort riche et remarquable par le grand nombre des syllabes *tli*, *tla*, *itl*, *atl*. Les Mexicains anciens ont légué aux modernes, dont l'intelligence s'est singulièrement développée, la vigueur de leur constitution.

Fig. 18. WAPITIS. — Les Wapitis sont une des tribus des *Galibis*, *Caraïbes*, *Caribis* ou *Canibis*, d'où est venue la dénomination de cannibales par laquelle nous désignons les anthropophages les plus féroces. Les Caraïbes occupaient autrefois toutes les Antilles; ils sont aujourd'hui surtout répandus dans la Guyane où ils ont conservé leurs anciennes mœurs. On a exagéré considérablement leur férocité. S'ils étaient impitoyables pour leurs ennemis, s'ils dévoraient réellement leurs prisonniers après les avoir engraissés, soignés et même mariés à des filles de leurs tribus dont les enfants étaient, dans ce cas, également mangés, ils se montraient entre eux doux et humains; ils étaient également hospitaliers pour les étrangers dont ils n'avaient pas à se défier. Ils professent encore la polygamie; chaque femme habite avec ses enfants une case séparée, bâtie auprès de celle de son mari; l'ensemble de ces habitations est groupé en village; les chefs sont électifs et leur autorité ne s'exerce qu'en temps de guerre. Les prêtres étaient en même temps médecins et sorciers; ils étaient les intermédiaires du Grand Esprit, ancêtre des Caraïbes. Ces sauvages vont presque nus; ils se peignent le corps, se tatouent et s'ornent la tête de plumes de perroquet ou de toucan, portent des bracelets et apprécient tous les bijoux brillants. Ils sont alliés aux Guaranis du Paraguay.

Fig. 19. Quichuas. — Les Quichuas sont quelquefois confondus avec les *Incas* qui régnaient sur eux. Ils formaient et forment encore aujourd'hui la majeure partie de la population du Pérou. Les Quichuas sont de petite taille ($1^m.60$ environ chez les hommes); ils ont les épaules larges, le tronc allongé, les membres courts mais forts, bien musclés et à extrémités d'une petitesse remarquable. Le teint est d'un brun olivâtre; les cheveux noirs, droits et lisses; la barbe réduite à quelques poils poussant très tard; les yeux horizontaux, petits, noirs; le front haut, légèrement bombé; le nez gros, fortement aquilin, à narines largement ouvertes; la bouche assez grande, aux fortes lèvres; le contour du visage plutôt arrondi qu'ovale. Ces traits rappellent un peu ceux des Mexicains. Les Quichuas étaient d'ailleurs plus civilisés encore que ces derniers à l'époque de la conquête. Ils avaient construit de grandes villes, ornées de monuments remarquables, et notamment de temples consacrés au Soleil dont les Incas prétendaient descendre. Ils ne considéraient d'ailleurs le soleil que comme une créature d'un Dieu tout-puissant et invisible qu'ils nommaient *Pachacamac*. L'industrie chez les Quichuas était très développée; ils cultivaient un assez grand nombre de plantes alimentaires, parmi lesquelles la pomme de terre, élevaient de nombreux troupeaux, fabriquaient des tissus, travaillaient divers métaux tels que l'or, l'argent, le cuivre et le plomb. Leur calendrier était exactement calculé, et leur langue très riche se prêtait parfaitement à la poésie. Leur histoire était enregistrée au moyen de faisceaux de cordelettes sur lesquelles des nœuds simples, doubles ou triples, de couleurs variées et de distances diverses, servaient à indiquer les événements. Ces singulières archives symboliques s'appelaient des quipos. Les Quichuas forment actuellement une population d'un million d'hommes environ.

Fig. 20. AYMARA. — Les Aymaras, plus anciens que les Quichuas, avaient été soumis par eux; ils habitent les environs du lac de Titicaca et présentent la plus grande ressemblance avec leurs dominateurs. Leur langue est cependant spéciale. Ils avaient, eux aussi, une civilisation avancée, et avaient construit sur des tertres artificiels de plus de 30 mètres de hauteur des temples magnifiques, toujours orientés vers l'est, et probablement consacrés au Soleil. Leur nombre actuel est d'environ 400 000. Ils avaient l'habitude de se déformer le crâne, comme le font encore plusieurs tribus de l'Amérique septentrionale.

Fig. 21. Napo. — Indigènes de la République de l'Équateur, intermédiaires entre les Guaranis et les Zivaros. Ils ont la singulière coutume de faire réduire les têtes qu'ils veulent conserver sans les déformer, jusqu'à leur donner le volume du poing.

Fig. 22. Huachipairi. — Petite peuplade de quinze cents hommes environ en 1839, qui a été presque entièrement réunie en mission en 1794 par les jésuites, et désignée depuis sous le nom de *Chapaemas;* elle habite, en Bolivie, les rives du Rio Blanco, entre les Chiquitos et les Moxos. Le teint est bronzé, la taille assez élevée (1^m.67). Les Huachipairi ont la tête grosse, la face large, les pommettes saillantes, le front court, le nez épaté, les yeux petits et horizontaux, la barbe rare non frisée, les cheveux noirs, longs et gros. Leur physionomie est assez triste ; leur caractère doux, sociable et disposé à l'obéissance. Comme les Chiquitos, ils s'ornent la tête de plumes et en passent même dans leur lèvre inférieure ; autrefois les hommes allaient nus, les femmes portaient une longue chemise sans manches, le *tipay* des Chiquitos. Ce dernier vêtement est aujourd'hui adopté par les deux sexes.

Fig. 23. Botocudo. — Les Botocudos font partie d'un

groupe de populations très hétérogènes qui se trouvent au Brésil ; ils sont géographiquement voisins des *Guaranis,* habitant les bords du Parana, du Paraguay et de l'Uruguay. Ils ont dans leurs traits généraux quelque chose qui rappelle les hommes de race mongolique : leur tête est arrondie, leur face circulaire, leurs yeux sont petits, souvent relevés à l'angle externe; leurs cheveux longs, droits et noirs; leur barbe rare. Les Botocudos se peignent ordinairement en rouge et en noir, et la peinture est disposée sur leur corps en dessins variés. Ils se passent dans les oreilles et dans la lèvre inférieure de larges disques de bois qui leur donnent des dimensions démesurées ; le disque de la lèvre inférieure est ce que l'on nomme la *botoque.* Les Botocudos habitent, au Brésil, les provinces de Bahia et de Minas-Geraes ; ils sont encore sauvages ; les femmes sont chargées de tous les travaux autres que la chasse, la pêche et la guerre. La guerre est d'ailleurs fréquente, et les hommes y déploient, en même temps qu'un brillant courage, une férocité inouïe. Les armes sont des lances et des flèches armées de plumes dont la pointe est ordinairement en pierre. L'anthropophagie a été longtemps pratiquée par eux. Ils enterrent leurs morts les bras croisés sur la poitrine, les genoux reployés sur le ventre ; le cadavre est placé assis dans une fosse peu profonde, hors de laquelle les genoux finissent ordinairement par faire saillie. Un dais de feuillage orné de plumes et de peaux recouvre la fosse dont les alentours sont soigneusement balayés, afin que l'âme du mort ait plaisir à venir la visiter.

Fig. 24. Matacos. — Ils habitent, dans la république

Argentine, sur les bords du rio Vermejo, et constituent avec un grand nombre d'autres tribus parlant le même idiome le groupe des Matagayos. Ils vivent dans les plaines, où ils forment de petits villages, et sont à la fois agriculteurs, chasseurs et pêcheurs. Leur teint est brun, leur taille assez élevée, leurs muscles bien développés ; ils sont habiles à manier la lance, l'arc et le casse-tête ; leurs femmes sont à demi esclaves. Ils émigrent, pour se louer, au temps des récoltes et reviennent chez eux avec les objets qu'ils ont pu acquérir durant leur expédition. Ils ont encore aujourd'hui conservé toute leur liberté. Ils se rapprochent à certains égards des Botocudos.

Fig. 25. CHIBCHAS. — Les Chibchas florissaient, à l'époque de la conquête espagnole, au nord du Pérou, sur les plateaux orientaux de la Cordillère. Ils avaient atteint une civilisation élevée, mais bien différente de celle des Incas. L'autorité était répartie entre les caciques ou chefs de tribus, au-dessus desquels étaient deux rois ayant chacun leur territoire, mais dont l'un, le *Bogota*, avait pris la prédominance. Les États des deux princes étaient séparés par celui du grand-prêtre, élu par les caciques, et chef d'un puissant corps de prêtres héréditaires. Les Chibchas adoraient plusieurs dieux parmi lesquels le Soleil, et probablement aussi la Lumière et la Lune. Ils avaient construit des voies de communication, tenaient des marchés et possédaient une monnaie d'or. Leurs vêtements consistaient en une cotte et une cape de coton que les femmes revêtaient d'une seconde cape ; leur coiffure était en roseaux tressés. Ils savaient peindre sur étoffe, teindre les tissus, fabriquer toutes sortes de bijoux d'or, sculpter sur bois, modeler et façonner de fort belles poteries. Petits de taille, ils avaient le front bas, le nez large, les yeux noirs et horizontaux, les lèvres épaisses et proéminentes. Chez eux l'argent portait intérêt et les débiteurs insolvables étaient obligés d'entretenir des garnisaires doublés parfois d'un jeune ours ou d'un jaguar. Les voleurs étaient condamnés à regarder le roi en face, châtiment qui paraissait terrible en Amérique, mais qui serait sans doute insuffisant en Europe.

Fig. 26. GAUCHOS. — On nomme ainsi les paysans des pampas du Brésil, au nord du Paraguay. Ils paraissent descendre de colons espagnols qui se sont mélangés à tous les degrés avec la population indigène. La race issue de ces mélanges est robuste, énergique, d'une force peu commune, mais grossière et farouche. Les Gauchos passent leur vie à cheval; ils gardent d'innombrables troupeaux qui suffisent à tous leurs besoins, car ils se nourrissent surtout de viande rôtie. Toujours armés, ils tuent fréquemment pour le motif le plus futile quiconque leur a déplu, et comme ils sont extrêmement joueurs les occasions de querelles sont fréquentes. Les Gauchos ne reçoivent d'autre éducation que l'exercice du cheval et du lazzo qu'ils lancent avec une incomparable habileté. Le lazzo est une corde aux deux extrémités de laquelle des poids sont attachés; cette corde vigoureusement lancée contre un animal s'enroule autour de ses membres et le retient prisonnier. Les Gauchos sont d'ailleurs relativement probes et hospitaliers, lorsqu'ils n'ont aucun motif de défiance.

Fig. 27. ARAUCANS. — La physionomie des Araucans

rappelle singulièrement celle des Tartares ; mais leurs yeux sont horizontaux ; leur taille est petite (1^m.62 environ), leur poitrine est très développée et leurs membres sont gros et robustes ; leur teint est jaune, leurs cheveux noirs, raides et assez longs ; leur barbe rare ; leurs pommettes saillantes, leur visage arrondi, leur nez court. Les uns (*Araucanos*) habitent les montagnes du Chili ; ils se livrent à l'exploitation des mines et au travail des métaux ; d'autres (*Pampos*) se sont établis dans la plaine et sont pasteurs ou agriculteurs ; d'autres enfin (*Puelches*) sont nomades et vivent presque autant de rapine que du produit de leurs troupeaux. Les Araucans ont toujours conservé leur indépendance ; ils sont naturellement doux et hospitaliers, d'un courage à toute épreuve, mais cruels, comme la plupart des sauvages, en temps de guerre. Ils sont effectivement demeurés presque aussi sauvages qu'à l'époque où leur pays fut découvert ; le fond de leur religion est une croyance aux sorciers. Les Araucans occupent au nord du Chili la région qui fait face à l'île Chiloé.

Il faut rattacher aux Araucans les **Fuégiens** ou **Pécherais**, habitants de la Terre de Feu, qui ont les caractères physiques de leurs voisins, mais naviguent presque constamment, tandis que ceux-ci n'ont jamais possédé le moindre bateau. Les Fuégiens, dont une famille a été récemment montrée à Paris, comptent parmi les hommes dont le développement intellectuel est le plus faible. Leurs femmes sont chargées de tous les travaux ; les hommes se bornent à pêcher ; ils mangent à peu près tous les animaux ou les débris d'animaux qu'ils rencontrent, souvent sans se donner la peine de les faire cuire, et partagent avec leurs chiens, toujours nombreux, leur ignoble nourriture. Ce sont d'ailleurs des êtres inoffensifs.

Fig. 28. PATAGONIENS OU PATAGONS. — On a fait quelquefois des Patagons, dont le nom local est Téhuelches, un peuple de géants habitant l'extrémité sud de l'Amérique. Les hommes atteignent, en effet, communément $1^m.90$ de hauteur et leurs proportions sont parfaitement régulières ; la physionomie des Patagons est cependant peu sympathique : le teint est olivâtre, le front bas et proéminent ; les yeux noirs et un peu bridés extérieurement ; le nez épaté, les lèvres épaisses, les cheveux raides et abondants, la barbe rare. La chasse et le commerce des peaux sont les principales ressources de ces hommes, qui n'ont généralement pour vêtements que des peaux de bêtes à poil tourné en dedans.

Fig. 29. OMAGUAS. — Indiens de l'Amazone du type des Guaranis.

PLANCHE XIII

ANIMAUX DE L'AMÉRIQUE DU NORD.

Fig. 1. Pétrels. — Les Pétrels, Palmipèdes voisins des albatros, mais plus petits, ne plongent pas et nagent à peine, mais leur vol puissant et rapide leur permet de parcourir d'énormes distances en rasant la mer sur laquelle ils semblent marcher, d'où leur nom de Pétrels ou *Petits Pierres*, rappelant l'épisode de saint Pierre marchant sur les eaux.

Dans les jours de tempête et d'ouragan, on voit les Pétrels accourir en grand nombre près des navires, se jouer au milieu de l'écume des flots et courir sur les vagues. Quoique la chair de cet oiseau soit d'un goût peu agréable, elle est cependant précieuse pour les habitants des îles des mers australes, et l'huile que contiennent leurs tissus est utilisée pour l'alimentation et l'éclairage.

Fig. 2. Morses. — Les Morses habitent par bandes immenses les mers Polaires arctiques, et sont surtout nombreux aux environs du Spitzberg, de la Nouvelle-Zemble et des côtes sibériennes. Ils se nourrissent de crabes et de coquillages et aiment à jouer au milieu des eaux, tantôt plongeant, tantôt voguant sur un glaçon.

Les Morses sont activement chassés dans l'Amérique du Nord à cause de leurs belles défenses d'ivoire qui les distinguent des phoques leurs proches parents, de leur peau épaisse fournissant d'excellent cuir, et de l'huile que contient leur chair. Chaque année, des marins cherchent à surprendre les Morses, malgré les sentinelles que ces animaux mettent autour de leur campement, leur coupent la retraite, et les attaquent à coups de lance, ou, montés sur des chaloupes, les poursuivent en mer, armés de gaffes et de harpons.

Les Morses ont le caractère doux et inoffensif, mais ils deviennent furieux dès qu'ils se sentent attaqués. Réunis contre l'ennemi commun, ils poursuivent les barques, tâchent de les faire chavirer ou les mettent en pièces des coups de leur robuste mâchoire; les marins n'ont alors d'autre ressource que de fuir à force de rames, afin d'échapper à cette bande acharnée.

Fig. 3. Bœuf musqué. — Le Bœuf musqué habite l'Amérique sous le cercle polaire, où il vit par troupes pouvant atteindre cent individus. Sa taille, beaucoup plus petite que celle du bœuf commun, le fait plutôt ressembler à un énorme mouton; son poil est long et abondant, les bases de ses larges cornes viennent se rejoindre sur le front. Ainsi que les chèvres, le Bœuf musqué grimpe sur les rochers pour brouter les plantes et les jeunes pousses qui composent sa nourriture. Cet animal descendait autrefois beaucoup plus loin du pôle; on l'a cru un moment près de disparaître.

Fig. 4. Baleine franche. — La Baleine franche, que l'on rencontre dans presque toutes les mers du Nord, est le plus grand animal de la création ; son corps mesure communément vingt mètres de longueur ; son poids peut atteindre cent mille kilogrammes, et trois hommes pourraient se tenir debout dans ses immenses mâchoires. Celles-ci sont dépourvues de dents ; mais elles portent de longues lames cornées, implantées verticalement, que l'on appelle des *fanons*. Ces lames juxtaposées forment une espèce de crible au travers duquel passe l'eau de mer qui abandonne dans la bouche tout ce qu'elle contient d'aliments. Ces aliments sont d'ailleurs des animaux de très petite taille, notamment de petits crustacés voyageant par bancs immenses. L'étroitesse du gosier de la Baleine s'oppose à ce qu'elle avale des proies plus volumineuses que le poing.

La Baleine n'étant pas un poisson, mais bien un mammifère, est obligée de venir chercher l'air en nature à la surface de l'eau ; elle respire alors bruyamment en lançant en l'air deux énormes jets de vapeur, tandis qu'un coup de sa queue fait bouillonner la mer et pourrait renverser une chaloupe.

La pêche de la Baleine a été depuis l'antiquité pratiquée par tous les peuples du Nord, quoiqu'elle expose aux plus grands dangers les marins assez hardis pour l'entreprendre. Chaque année, des expéditions sont dirigées vers les mers Polaires : les baleiniers se servent tantôt de harpons lancés à la main, tantôt d'armes à feu, pour se rendre maîtres du monstrueux mammifère. La Baleine produit une énorme quantité d'huile ; sa chair, conservée et glacée, nourrit les populations polaires ; ses os servent à construire les cabanes des Esquimos, et ses fanons, que nous désignons sous le nom de baleines, se vendent un prix élevé.

Fig. 5. NARVAL. — Le Narval a un peu la forme du marsouin, mais il se distingue par les curieuses dents qui arment sa mâchoire supérieure : l'une de ces dents reste courte et atrophiée, tandis que l'autre s'allonge démesurément et ressemble à une épée d'ivoire dont l'animal se sert pour perforer ses ennemis et les déchirer avant de s'en nourrir. Cet ivoire, d'une finesse extrême, se vend à des prix fort élevés.

Les Narvals vivent en nombreuses troupes dans les parages du Groenland et de l'Islande, où ils sont activement pêchés par les habitants de ces pays, très friands de leur chair et de l'huile qu'elle contient.

Fig. 6. PINGOUINS. — Les Pingouins habitent presque exclusivement les pays froids, où ils vivent en bandes au bord de la mer et le long des rochers.

Ces singuliers palmipèdes, dont les deux petites ailes servant de nageoires ressemblent à des bras, marchent le corps droit, alignés comme des soldats. A certaines époques de l'année, les Pingouins se rassemblent en grandes troupes et construisent en commun des sortes de retranchements divisés en petits carrés, où chaque famille élève ses petits. Ces oiseaux sont si abondants dans les mers arctiques, que leurs œufs, ramassés par milliers, forment en grande partie la nourriture des peuples voisins du rivage et des îles où ils vont pondre.

Fig. 7. LOUTRE MARINE. — La Loutre marine se trouve au Kamtschatka et sur les côtes de l'océan Pacifique boréal. D'habitudes exclusivement maritimes et de mœurs douces, elle diffère encore des autres espèces par la beauté de sa fourrure, très recherchée en Europe et en Asie. Cette Loutre, dont la physionomie rappelle un peu celle des phoques, peut dépasser un mètre de long.

Fig. 8. Phoques du Groenland. — Les Phoques du Groenland atteignent fréquemment deux mètres de long et constituent l'une des plus précieuses ressources pour les habitants des régions polaires. La chasse au Phoque est presque l'unique occupation des Groenlandais, habitués dès l'enfance aux dangers auxquels elle expose. Ils se nourrissent de sa chair, s'éclairent avec l'huile que contient abondamment son corps, confectionnent des vêtements et des couvertures avec sa peau; ses tendons servent de fil, et les membranes mêmes de l'intérieur de son corps, préparées et séchées, sont utilisées, grâce à leur transparence, pour fermer les ouvertures des tristes cabanes des Groenlandais.

Fig. 9. Chien des Esquimos. — Les Chiens des Esquimos sont de petite taille; leur poil est long et touffu, leurs oreilles petites et dressées, leur queue relevée en panache. Ces Chiens sont des auxiliaires des plus précieux pour leurs maîtres qu'ils accompagnent dans toutes leurs expéditions, tantôt les aidant dans leurs chasses périlleuses sur les neiges, tantôt tirant les traîneaux.

Fig. 10. Lynx du Canada. — Le Lynx du Canada se rapproche beaucoup du chat par sa forme et sa souplesse, mais sa taille est plus grande, son pelage plus long, et ses oreilles se terminent par deux pinceaux de poils. Le Lynx aime les forêts et grimpe lestement aux arbres, afin d'y poursuivre les petits mammifères dont il fait sa proie ou de détruire les nids.

Fig. 11. RATON LAVEUR. — Le Raton laveur, ainsi nommé parce qu'il a la singulière habitude de tremper ses aliments dans l'eau avant de les manger, habite exclusivement l'Amérique. Sa forme et ses mœurs le rapprochent du blaireau; son pelage est abondant, et ses pattes, armées d'ongles robustes et aigus, lui permettent de grimper aux arbres, où il lui arrive de prendre les œufs et les petits oiseaux dans les nids; toutefois sa nourriture se compose généralement de végétaux et de fruits. Les Ratons sont fort intelligents. Pris jeunes, on peut les apprivoiser facilement et leur apprendre divers exercices.

Fig. 12. SARIGUES. — Les Sarigues appartiennent exclusivement au nouveau monde et sont assez abondantes depuis les États-Unis jusqu'à la Patagonie.

Ces animaux grimpeurs sont de la taille du chat et se nourrissent de petits quadrupèdes, d'oiseaux, d'œufs, d'insectes et de fruits. Ce sont des Marsupiaux, et à peu près les seuls que l'on rencontre en dehors de l'Australie et des îles voisines; comme la plupart des mammifères de cet ordre, ils ont sous le ventre une sorte de sac où leurs petits se réfugient lorsqu'ils sont menacés de quelque danger.

Fig. 13. CASTORS. — Les Castors, de l'ordre des Rongeurs, se rencontrent dans les cinq parties du monde et habitent les contrées marécageuses entrecoupées de rivières et de lacs; ils sont surtout abondants au Canada et dans quelques autres parties de l'Amérique du Nord. La taille de ces intéressants animaux peut atteindre six décimètres de long ; leurs formes sont trapues ; leur queue, longue et large, est aplatie en forme de spatule d'apparence écailleuse, et leur sert de truelle lorsqu'ils construisent leurs demeures ; leurs pieds sont palmés, ce qui fait d'eux d'excellents nageurs.

Les Castors se réunissent par bandes de deux à trois cents individus pour entreprendre de grands travaux destinés à prévenir l'inondation de leurs demeures. On les voit jeter sur les rivières des digues ayant trente mètres de longueur, formées d'arbres sciés à coups de dents, de branches entrelacées, de poteaux enfoncés dans le lit de la rivière ; le tout maçonné avec de la terre délayée ; le village est ensuite construit sur pilotis ; chaque cabane se compose d'un magasin contenant des vivres, et de chambres séparées par des cloisons, où plusieurs couples de Castors vivent ensemble dans la meilleure intelligence.

Dans tous les pays, les Castors sont chassés avec ardeur en raison de la qualité de leur fourrure, et il est à craindre que leur espèce ne vienne à complètement disparaître.

Fig. 14. ONDATRAS. — Les Ondatras ou Rats musqués, fort abondants dans toute l'Amérique du Nord et surtout au Canada, ont à peu près la taille du lapin ; mais leurs pieds de derrière à demi palmés et leur queue comprimée les rapprochent beaucoup des castors dont ils ont les mœurs aquatiques et les habitudes. Ainsi que ces derniers, ils se réunissent et construisent aux bords des rivières des cabanes en forme de dôme, formées de joncs et de terre délayée. Ces cabanes contiennent des gradins sur lesquels se place l'animal et dont les supérieurs, par une singulière prévoyance de notre Rongeur, ne sont atteints que dans les crues tout à fait extraordinaires.

Dès les premiers jours du printemps, les Ondatras quittent leur village et vivent dans les champs, où les mâles continuent à errer pendant toute la saison chaude, tandis que les femelles retournent de bonne heure au village pour donner naissance à leurs petits et les allaiter.

Fig. 15. VISON. — Le Vison d'Amérique est identique au Vison de France, qui a lui-même beaucoup de ressemblance avec le putois; sa fourrure est recherchée et se vend assez cher dans le commerce de pelleteries. Le Vison est aquatique comme la loutre, quoique à un moindre degré; il a aussi les pieds à demi palmés; sa taille ne dépasse guère celle d'un rat noir.

Fig. 16. ÉCUREUIL NOIR. — Cet Écureuil américain ne diffère de l'Écureuil français que par la couleur de son pelage, qui est noir au lieu d'être roux.

Fig. 17. DINDON. — Le Dindon est originaire de l'Amérique septentrionale, et se trouve encore en abondance sur les bords du Mississipi et de l'Ohio. Son plumage est brun foncé à reflets métalliques; sa taille, notablement plus grosse que celle des Dindons domestiques, et ses formes lourdes, lui font préférer la course au vol. Les Dindons se nourrissent de toutes sortes de graines et d'insectes. Quand la nourriture n'est plus suffisamment abondante dans les contrées qu'ils habitent, ils se réunissent en bandes et opèrent des migrations, afin de trouver un endroit plus fertile. La chair des Dindons sauvages est, dit-on, supérieure à celle des Dindons domestiques.

Fig. 18. URSON. — L'Urson, sorte de porc-épic, habite

l'Amérique septentrionale, et recherche les forêts de pins pour se nourrir de l'écorce de ces arbres ; le dessous des racines lui sert de retraite. Lorsqu'il se sent traqué, cet animal se roule en boule, présentant, ainsi que le porc-épic, les piquants dont sa peau est armée : les sauvages chassent l'Urson pour se nourrir de sa chair, et se font des fourrures de sa peau, après en avoir retiré les dards.

Fig. 19. PIGEONS VOYAGEURS. — Les Pigeons voyageurs d'Amérique ne doivent pas être confondus avec ceux qui ont rendu de si grands services à Paris assiégé, et qui sont une simple variété du Pigeon domestique. Le Pigeon américain est une espèce particulière, aux formes sveltes, à la queue étagée ; il est remarquable par l'extrême rapidité de son vol, par ses émigrations périodiques et par le nombre immense des individus qui s'unissent pour voyager ensemble. Ces oiseaux parcourent facilement un kilomètre à la minute ; c'est par milliers qu'ils se rassemblent, et lorsqu'ils arrivent au terme de leur voyage leur nombre est tel, qu'après en avoir fait ample provision, on abandonne la plupart de ceux qu'on a tués aux cochons que l'on veut engraisser.

Fig. 20. BISON. — Le Bison habite toutes les parties de l'Amérique septentrionale, principalement le Missouri et les montagnes Rocheuses. Il dépasse beaucoup la taille du bœuf, auquel il ressemble cependant. Ses formes sont trapues ; la tête et les épaules sont garnies d'une laine épaisse, tandis que le restant du corps n'est couvert que d'un poil ras et noir. Au printemps, les Bisons se réunissent en bandes qui comptent parfois vingt mille individus, et traversent le pays du midi au nord, dévastant tout sur leur passage. D'un caractère sauvage et farouche, le Bison n'attaque pas l'homme, mais devient redoutable dès qu'il se sent poursuivi.

Fig. 21. LOUP DES PRAIRIES. — Le Loup rouge ou Loup des prairies habite les plaines immenses de l'Amérique septentrionale, où il vit en bandes et fait la chasse aux cerfs, aux daims, n'hésitant même pas à se jeter sur les bisons lorsque ceux-ci s'éloignent du troupeau.

Fig. 22. MARMOTTE DE LA LOUISIANE OU CHIEN DES PRAIRIES. — L'animal auquel on donne le nom de Chien des prairies est une sorte de Marmotte, et on le désigne plus justement sous le nom de Marmotte de la Louisiane. Il a la taille d'un lapin et aime à se dresser verticalement sur son train de derrière, demeurant ainsi parfois assez longtemps dans une immobilité complète. Il pousse de temps à autre une sorte d'aboiement qui lui a valu son nom vulgaire. Les Chiens des prairies vivent dans les plaines du haut Missouri, où ils se nourrissent d'herbes, de racines et de pommes de pin. Ils se réunissent en sociétés et se creusent des terriers si rapprochés les uns des autres qu'ils constituent de véritables villages, où règne une animation extrême. Une sorte de hibou et une espèce de grenouille viennent souvent leur demander l'hospitalité; mais leurs villages sont souvent ravagés par les serpents à sonnettes, qui en détruisent parfois tous les habitants.

La Marmotte de la Louisiane ne présente d'intérêt qu'en raison de ses mœurs sociables; on ne la chasse pas, et les trappeurs lui accordent une sorte de protection.

Fig. 23. TÉTRAS CUPIDON. — Le Tétras Cupidon habite

le nord de l'Amérique, où il se nourrit de baies, d'insectes et de vermisseaux. Son nid est fait sur le sol et les œufs déposés sur des herbes ou des feuilles sèches. Dès leur naissance, les petits Tétras courent autour de leur mère, qui les entoure de sollicitude. Leur chair est fort estimée, mais ces oiseaux au caractère farouche se laissent rarement approcher des chasseurs.

Fig. 24. Saumon. — Le Saumon séjourne alternativement dans les fleuves et dans la mer; jeune, il vit isolé; plus tard, au contraire, il se réunit par bandes immenses qui remontent les fleuves pour pondre et qu'on peut facilement capturer à l'aide de grands et solides filets.

Les Saumons se servent de leur queue comme d'une rame pour franchir les cataractes et remonter les chutes d'eau : si la chute est trop rapide, ils la sautent; leur corps se courbe, puis se détend comme un ressort, et, d'un bond prodigieux, les Saumons se trouvent au delà de l'obstacle qui s'opposait à leur passage. Ils sont tout aussi abondants en Europe qu'en Amérique.

Fig. 25. Aigle a tête blanche. — L'Aigle à tête blanche est un des plus grands rapaces américains. Il appartient au genre des Pygargues, ou aigles pêcheurs, auquel appartient aussi l'orfraie du nord de l'Europe que l'on voit sur nos côtes. Comme les autres Pygargues, l'Aigle à tête blanche se nourrit presque exclusivement de poissons, qu'il sait très bien guetter du haut des airs et sur lesquels il se précipite avec une incroyable rapidité; il s'attaque même aux phoques qu'il réussit quelquefois à traîner sur le rivage. Il construit son nid sur les cimes les plus élevées. Au grand regret de Franklin, l'Aigle à tête blanche a été choisi pour emblème par les États-Unis d'Amérique.

Fig. 26. MORUES. — Les Morues sont extrêmement abondantes dans le voisinage de la Nouvelle-Angleterre, de la Nouvelle-Écosse, du cap Breton et surtout de Terre-Neuve.

Ce poisson essentiellement marin se nourrit de poissons plus petits, de crabes et de mollusques; mais sa gloutonnerie est telle qu'il avale tout ce qui se trouve à sa portée.

La pêche de la Morue est chaque année l'objet de nombreuses expéditions de la part des peuples européens et américains. Quelques nations, notamment l'Angleterre et la Hollande, ont retiré et retirent encore de cette pêche des profits considérables.

Fig. 27. COUGOUAR. — Le Cougouar ou Puma, de la famille des Chats, se rapproche un peu du lion par les formes générales, et on le désigne quelquefois sous ce nom. Il est cependant beaucoup plus petit et n'a pas de crinière; mais sa couleur est d'un fauve uniforme comme celle du lion. Il habite le Paraguay, le Brésil, la Guyane, le Mexique et les États-Unis, où il fait de grands ravages parmi les troupeaux, car il égorge toujours de nombreuses victimes avant d'en dévorer une. Le Cougouar n'attaque jamais l'homme; pris jeune, il s'apprivoise facilement, s'attache à son maître et le suit comme un chien.

Fig. 28. OCELOT. — L'Ocelot ou Chat-Tigre est un carnassier au pelage gris foncé sur lequel se détachent de grandes taches fauves bordées de noir; la taille de cet animal peut atteindre un mètre. De mœurs nocturnes, l'Ocelot ne sort que le soir pour chasser les singes, les rongeurs ou les oiseaux, car il grimpe aux arbres avec une grande agilité. Il n'a rien de terrible et s'attache aisément à l'homme.

Fig. 29. Ours grizzly. — L'Ours grizzly habite les grandes forêts des États-Unis ; on le nomme encore Ours féroce, car il ne craint pas de s'élancer au milieu des immenses troupeaux de bisons pour y choisir une victime, qui, malgré la force dont elle est douée, se défend à peine, tant est grande la terreur qu'inspire cet Ours aux autres animaux. L'Ours grizzly est le plus grand de tous les Ours et il est peut-être aussi l'un des plus carnassiers ; il est fort redouté des trappeurs, qui ont souvent maille à partir avec lui.

Fig. 30. Ours noir. — L'Ours noir d'Amérique, bien loin d'avoir les instincts féroces de l'Ours grizzly, ne vit au contraire que de végétaux et de poisson. Au lieu de se défendre lorsqu'il se voit attaqué par l'homme, cet Ours bénin ne songe qu'à fuir et à grimper au sommet d'immenses pins dont les cavités le cachent aux regards. Les Américains chassent l'Ours noir pour sa chair succulente et sa belle fourrure.

Fig. 31. Cochenille. — La Cochenille, insecte suceur, voisin des pucerons, fort abondant en Amérique sur les cactus à raquettes ou nopals, fournit la matière colorante fort employée sous le nom de carmin.

Fig. 32. Axolotl. — L'Axolotl est une sorte de grosse salamandre originaire des lacs des environs de Mexico, mais qui a été transportée en France, où elle se reproduit avec la plus grande facilité.

Le caractère le plus frappant des Axolotls est de porter

en arrière de la tête de longues houppes charnues qui sont des organes de respiration aquatique, des branchies. Les salamandres ont des branchies semblables dans leur jeune âge, mais elles tombent de bonne heure; ces organes persistent, au contraire, toute la vie chez les Axolotls. Toutefois, on a été vivement surpris de voir quelques-uns de ces animaux, conservés en captivité au Muséum de Paris, perdre leurs branchies et subir alors, dans leur couleur, dans leur forme extérieure et jusque dans leur dentition, une métamorphose complète les rapprochant d'autres salamandres déjà connues, les amblystomes. Les Axolotls transformés ne pondent que difficilement, et l'on ignore sous quelle influence s'accomplissent les changements, en apparence accidentels, qu'ils subissent. Cette métamorphose exceptionnelle est l'un des plus curieux phénomènes qu'ait présentés l'histoire des animaux.

Fig. 33. CERF DE VIRGINIE. — Le Cerf de Virginie, fort abondant aux États-Unis, est à peu près de la taille de notre daim, et ses mœurs sont semblables à celles des cerfs européens. Les Américains du Nord chassent ces jolis animaux avec passion et en détruisent beaucoup.

Fig. 34. SERPENT A SONNETTES. — Le Serpent à sonnettes doit son nom aux petites capsules emboîtées les unes dans les autres qui terminent sa queue. Lorsque l'animal se remue, on entend un bruit sec annonçant son approche; s'il est effrayé il demeure immobile, mais agite sa queue avec une extrême rapidité, produisant ainsi un bruit semblable à celui de feuilles sèches que l'on broie. Ce reptile recherche les endroits chauds, escarpés, pierreux. Quelquefois on le voit près des fontaines, où il cherche à saisir les animaux dont il se nourrit. Le Serpent à sonnettes est le plus dangereux de tous les reptiles. Sa morsure amène presque toujours une mort rapide pour les hommes et pour les plus robustes animaux. Il dépasse deux mètres de long.

Fig. 35. ANTILOPE FOURCHUE. — Cette Antilope est remarquable par ses cornes fourchues se renouvelant périodiquement comme celles des cerfs, au lieu de demeurer attachées à la tête durant toute la vie de l'animal, comme celles des autres Antilopes. Il est voisin de notre chamois.

Fig. 36. TORTUE SERPENTINE. — La Tortue serpentine, aussi nommée Tortue à queue, se rencontre dans les marais, les étangs, les cours d'eau peu rapides; elle nage habilement, marche assez bien à terre, et se nourrit de poissons que son bec tranchant lui permet de dépecer facilement. — Elle est immédiatement reconnaissable à sa queue proportionnellement beaucoup plus longue que celle des autres Tortues, et surmontée le long de sa ligne médiane d'une crête dentelée.

Fig. 37. CAÏMANS. — Les Alligators ou Caïmans sont fort nombreux en Amérique, surtout au Mexique et dans le voisinage du Mississipi. Les Caïmans passent toute la mauvaise saison sous la vase, et ne reprennent leur activité qu'au printemps. Lorsque les eaux des lacs baissent rapidement, laissant au fond une grande quantité de poissons, les Caïmans, en foule serrée, poursuivent ces victimes sans défense et en font une effroyable consommation. Leur voracité est grande; ils mangent quelquefois des enfants et même des hommes, lorsqu'un accident met ces derniers sans défense à leur portée : ordinairement ils n'attaquent pas l'homme.

Fig. 38. OISEAU MOQUEUR. — L'Oiseau moqueur, ou *Merle polyglotte,* est une espèce de Merle que ses aptitudes musicales ont fait quelquefois placer fort au-dessus du rossignol. Il a la singulière faculté d'imiter, avec une étonnante perfection, le chant des oiseaux ou même les cris des animaux qui vivent autour de lui. Comme le rossignol, il est devenu le protégé des habitants de son district, et il établit son nid au voisinage des maisons sans être jamais inquiété.

PLANCHE XIV

ANIMAUX DE L'AMÉRIQUE DU SUD.

Fig. 1. — Le Condor, ou grand Vautour des Andes, habite l'Amérique méridionale, principalement le Pérou, le Chili, la Bolivie, où il vit à toutes les altitudes, tantôt au bord de la mer, tantôt aux sommets les plus élevés des Andes, dans la région des neiges éternelles. D'Orbigny l'a vu à près de 8 000 mètres de hauteur. Son cou est nu, entouré seulement à sa base d'une belle collerette de plumes blanches; son bec est surmonté d'une sorte de crête charnue; son plumage est d'un noir bleuâtre, avec les pennes des ailes blanches. Son corps, de l'extrémité du bec à celle de la queue, a 1^m.20 de longueur; ses ailes, jusqu'à 4 mètres d'envergure. Ce magnifique oiseau, le plus grand des oiseaux de proie, plane dans les airs et vole avec une aisance et une rapidité sans pareilles : ses ailes paraissent à peine se mouvoir. Sa vue est si perçante qu'il distingue une proie alors que nos yeux ne peuvent l'apercevoir lui-même à la hauteur où il se trouve. Le Condor se nourrit principalement d'animaux morts. C'est pourquoi on le voit suivre les caravanes dans l'espérance que quelques bêtes resteront en chemin. Il ne se fait pas faute, cependant, d'achever les victimes que la fatigue a trop affaiblies pour qu'elles puissent lui résister. Lorsqu'il en trouve l'occasion, il se gorge au point de ne pouvoir plus prendre son essor. C'est alors qu'à l'aide d'un lazzo on peut s'en emparer.

Une autre espèce de Condor, au collier bleu ardoisé, habite les mêmes régions et remonte jusqu'au Mexique : c'est le *Sarcoramphe pape* ou *Roi des Vautours.*

Fig. 2. VIGOGNE. — La Vigogne est la plus petite espèce du genre Lama; ses formes sont plus fines que celles du lama ordinaire; sa taille ne dépasse guère celle de la brebis; l'épaisseur et la finesse de sa toison, plus douce que celle même des mérinos, l'utilité de sa peau, font de la Vigogne un gibier très recherché. Chaque année on organise de grandes battues pour les traquer jusqu'au sommet des plus hautes montagnes. On chasse leurs troupeaux dans des enceintes d'où ils ne peuvent s'échapper, et on les massacre par centaines. Ce charmant animal, doux et inoffensif, s'apprivoise facilement, et pourrait être une source de richesse si l'on s'appliquait à le domestiquer.

Le genre Lama est représenté, dans l'Amérique méridionale, par plusieurs espèces dont nous aurons à parler plus loin. Les animaux qui le composent étaient, avant l'introduction de nos animaux domestiques, les plus grands ruminants de l'Amérique méridionale. Par leur conformation, ils sont proches parents des chameaux de l'ancien monde; mais ils sont plus petits et dépourvus de bosse.

Fig. 3. MOUFETTES. — Les Moufettes, voisines des blaireaux et des gloutons, ont un pelage soyeux et fourni comme celui des martres; leur queue est touffue et relevée en panache. Ces animaux habitent les deux Amériques; lorsqu'on les poursuit, ils répandent un liquide d'une si horrible puanteur qu'il devient pour elles un moyen de défense des plus efficaces. On raconte que des personnes sont demeurées malades plusieurs jours pour en avoir été infectées.

Fig. 4. Agouti. — L'Agouti est fort abondant aux Antilles et dans toute l'Amérique méridionale, où il remplace notre lièvre comme gibier. C'est un rongeur de la même taille; mais ses pattes sont plus fines, plus longues, et ses formes plus élégantes; ses oreilles plus courtes, sa queue presque nulle, son pelage à la fois plus raide, plus luisant et d'un brun doré. Les Agoutis se tiennent dans les bois et établissent leur demeure dans les troncs d'arbres ou les fentes des rochers. Ils sont de mœurs douces, vivent par couples, s'apprivoisent facilement, et leur chair exquise est appréciée des Américains, comme l'est chez nous celle du lièvre.

Fig. 5. Boa. — Les Boas ont le corps comprimé et la queue prenante; ce sont, après les pythons d'Afrique, les plus grands des serpents. Les Boas constrictors dépassent 4 mètres de long. On les trouve dans les forêts, où ils grimpent sur les arbres, afin de se précipiter de là sur les petits animaux qui passent à leur portée. Une fois enlacée dans les replis du reptile, la victime est bientôt étouffée, écrasée et dévorée la tête la première. La déglutition est une opération pénible, suivie d'une digestion non moins difficile pendant laquelle l'animal demeure souvent plongé dans une sorte de torpeur. On peut alors l'approcher sans risque et le tuer. Le Boa constrictor est d'ailleurs lâche et paresseux; il est fort rare qu'il s'attaque aux gros animaux et à l'homme : il n'est nullement venimeux. Les Boas pondent dans le sable des œufs à coque membraneuse que le soleil se charge de faire éclore.

Fig. 6. ALPACA. — L'Alpaca est une sorte de lama; il est bien plus grand que la vigogne, et peut atteindre la taille d'un petit âne. Son corps est couvert de poils longs, épais, très résistants, très fins, employés à faire de très bons tissus, qui portent d'ailleurs le nom de l'animal. Le caractère doux et timide de l'Alpaca le rend facile à domestiquer; il s'attache à son maître, mais souffre difficilement les soins d'un étranger.

Fig. 7. LAMA. — Le Lama approche de la taille d'un petit cheval. C'est la bête de somme par excellence pour les habitants du Pérou et des Cordillères, car la sûreté de son pied le rend fort utile en lui permettant de transporter des fardeaux dans de hautes montagnes. Toutefois, il n'est pas très fort; son allure est assez lente, et son obstination rappelle tout à fait celle de nos baudets. Sa peau donne un cuir estimé, son poil sert à tisser des étoffes, et la chair des jeunes Lamas est fort bonne à manger. Les Lamas affectionnent les hauts plateaux des Andes; ils vivent par troupes. Ceux qui ont été domestiqués vont chaque jour, sans gardiens, prendre leur nourriture, et rentrent le soir dans leurs parcs.

Fig. 8. PÉCARI. — Le Pécari, fort commun dans l'Amérique méridionale, est une sorte de petit sanglier à odeur fétide et pénétrante, mais qui n'en est pas moins un bon gibier quand on le débarrasse, dès qu'il est tué, des glandes qui produisent l'humeur odorante. Les Pécaris vivent en troupes dans les bois, où ils se nourrissent de racines et de petits fruits. Leur estomac est divisé en compartiments qui rappellent ceux de l'estomac des ruminants. Ils n'ont que trois doigts aux pieds de derrière, et leur queue est presque nulle. Malgré leur régime herbivore, les Pécaris sont parfois dangereux à rencontrer ; ils se défendent énergiquement et avec un ensemble parfait contre tout ce qu'ils considèrent comme ennemi.

Fig. 9. TAMANOIR. — Le Tamanoir, ou grand Fourmilier, est un des animaux les plus étranges de l'Amérique du Sud. Sa taille est celle d'un chien ; son pelage, raide et assez long, est gris, avec une bande noire de chaque côté ; le corps, terminé en arrière par une queue longue et touffue, porte en avant une très petite tête allongée en un museau cylindrique, à l'extrémité de laquelle s'ouvre une bouche dont les dimensions sont extraordinairement réduites. Les yeux sont petits, et les quatre membres se terminent par des ongles exceptionnellement robustes et allongés, tellement que l'animal, gêné dans sa marche par ces appendices, ne peut appuyer que sur la tranche de son extrémité antérieure, comme s'il était pied-bot. Le Tamanoir est dépourvu de dents ; c'est donc un *édenté* typique ; il ne vit que de fourmis et de termites dont il s'empare en dévastant à coups d'ongles les habitations de ces animaux, et en étendant au milieu de la population d'insectes sa longue langue couverte d'une salive visqueuse. Cette salive est produite par des glandes énormes qui forment comme un plastron au devant du cou et de la poitrine de l'animal.

Fig. 10. COCHONS D'INDE. — Les Cochons d'Inde, fort

abondants dans l'Amérique méridionale, sont de jolis mammifères qu'on s'est plu à introduire dans presque tous les pays. Plus petits que les lapins, ils sont aussi plus féconds, se nourrissent de même, et atteignent rapidement leur taille définitive; leur chair est d'un goût agréable. Le pelage de nos Cochons d'Inde domestiques est généralement mélangé de blanc, de noir et de roux. On considère comme la souche sauvage de cette espèce l'*Aperea* du Brésil, dont la teinte est uniforme.

Fig. 11. Aï. — L'Aï partage avec son congénère l'*Unau* la qualification de *Paresseux*. Ces animaux se distinguent surtout l'un de l'autre parce que les membres du premier sont terminés par deux ongles énormes constituant de puissants crochets, tandis que ceux du second en possèdent trois; de là les noms de *Paresseux didactyle* et de *Paresseux tridactyle* sous lesquels on les désigne souvent. L'Aï et l'Unau appartiennent à l'ordre des Édentés : ils possèdent cependant des molaires cylindriques avec lesquelles ils broient les feuilles et les jeunes branches dont ils font leur nourriture ; quelques-uns possèdent aussi des canines. Ces singuliers animaux vivent exclusivement sur les arbres; leurs mouvements, à terre, sont lents et embarrassés ; leurs membres antérieurs beaucoup plus longs que les postérieurs, l'écartement considérable de ceux-ci, la longueur démesurée des ongles, sont pour eux autant de causes de gêne ; sur les arbres, ils retrouvent leurs avantages sans cependant se mouvoir jamais avec une grande rapidité. Leur face est courte, leur tête arrondie, leurs yeux dirigés en avant, leurs mamelles pectorales, et par tous ces caractères ils se rapprochent des singes; mais ils s'éloignent de ces animaux par leur dentition spéciale, la structure de leurs membres, leur estomac composé, comme celui des ruminants, la faiblesse de leur intelligence, et le nombre des vertèbres de leur cou, qui est de six chez l'Unau, de neuf chez l'Aï, tandis que chez tous les autres mammifères ce nombre est invariablement de sept. Le pelage des paresseux est grossier et l'animal à quelque distance semble couvert de foin; leur queue est presque nulle; ils ne font qu'un petit qu'ils portent sur le dos. Tous sont essentiellement nocturnes et poussent fréquemment le cri *aï-aï* qui a valu son nom à l'un d'eux.

Fig. 12. COATI. — Les Coatis habitent les parties chaudes de l'Amérique, le Mexique et le Pérou, la Guyane, le Brésil, le Paraguay; leur taille est un peu supérieure à celle du chat; leurs pieds sont armés de longues griffes qui leur permettent de grimper rapidement aux arbres afin de chercher les oiseaux, les œufs, les insectes et les fruits qui composent leur nourriture; de caractère docile, les Coatis s'apprivoisent facilement et s'attachent aux personnes qui prennent soin d'eux. Ce sont des carnassiers plantigrades, voisins des ratons, dont ils ont les mœurs et dont ils se distinguent surtout par leur longue queue et leur museau en forme de groin très proéminent.

Fig. 13. HOCCOS. — Les Hoccos ne sont pas sans quelque analogie avec les Dindons, dont ils se distinguent par l'absence d'éperons et par la houppe de plumes qui surmonte leur tête; ils vivent en troupes nombreuses dans les forêts de l'Amérique méridionale où ils trouvent les baies et les graines dont ils se nourrissent; de mœurs très douces, ils s'élèvent facilement et deviennent familiers comme le sont nos oiseaux de basse-cour. Leur chair exquise constitue un gibier fort apprécié. Il est regrettable qu'on n'ait fait aucune tentative suivie soit pour les domestiquer, soit pour les acclimater en Europe d'une façon définitive.

Fig. 14. KINKAJOU. — Les Kinkajous vivent à la Guyane, au Brésil, au Pérou. Ce sont franchement des carnassiers plantigrades, mais leur habitude de grimper sur les arbres, leur queue prenante comme celle des sapajous, et la prestesse de leurs mouvements, leur donnent quelque chose de la physionomie des singes. Les Kinkajous sont nocturnes et ont à peu près la taille de nos chats.

Fig. 15. HARPIE. — Les Harpies sont de grands oiseaux de proie voisins des aigles, dont ils dépassent la taille et dont ils se distinguent par la huppe de plumes qu'ils portent sur le derrière de la tête. Les Harpies adultes mesurent un mètre cinquante de long depuis l'extrémité du bec jusqu'à celle de la queue. Leur vigueur est extraordinaire : elles s'attaquent au plus gros gibier et n'épargnent même pas l'homme, si l'on en croit les récits des indigènes. Elles habitent l'Amérique méridionale, dans les forêts, au bord des fleuves, et mangent en temps ordinaire des agoutis, des singes, des faons, etc.

Fig. 16. ALOUATE. — Ces petits singes, dont la taille ne dépasse pas cinquante centimètres, sont de tous les animaux ceux dont la voix est le plus puissante : de là leur nom de Singes hurleurs. Ils font à certaines heures le plus épouvantable vacarme dans les forêts de la

Guyane, du Brésil, du Paraguay, qu'ils remplissent de leurs cris. Ils doivent leur voix extraordinaire à ce que, chez eux, l'os hyoïde, qui soutient le larynx, est très volumineux et creusé de façon à devenir une sorte de tambour qui renforce les sons de la façon la plus énergique. Cet os hyoïde fait en avant du cou une forte saillie dissimulée par une barbe longue et épaisse. Il existe plusieurs espèces d'Alouates; ces animaux vivent surtout près des fleuves et se tiennent sur les arbres, où leur queue prenante d'une grande vigueur leur permet de se mouvoir avec agilité. On les apprivoise difficilement, et d'ailleurs ils sont l'objet de fables semblant indiquer qu'ils causent aux indigènes une sorte de superstitieuse terreur.

Fig. 17. Toucan. — Aucun oiseau, sauf peut-être le calao, ne possède un bec aussi disproportionné que celui des Toucans. Ce bec énorme, orné de vives couleurs, dentelé sur ses bords, a près de la moitié du volume de l'oiseau, qui est lui-même de la grosseur d'une pie. Il est d'ailleurs creux, rempli d'air, sans quoi il deviendrait une gêne considérable pour l'animal. La langue des Toucans est remarquable par les barbelures qu'elle porte sur ses bords et qui la font ressembler à une plume. Ces oiseaux appartiennent à l'ordre des Grimpeurs, vivent d'insectes et de fruits mous, et sont parés des plus brillantes couleurs. On en connaît d'assez nombreuses espèces.

Fig. 18. Gymnote, ou Anguille électrique. — La Gymnote, ou Anguille électrique, est un des poissons les plus singuliers. Vivant dans les étangs de l'Amérique méridionale, elle ressemble tout à fait à nos grosses anguilles et peut atteindre près de deux mètres de long; mais ce qui la rend le plus remarquable, c'est sa puissance électrique, telle qu'une seule décharge, que le poisson donne à volonté, peut engourdir et priver de sentiment un homme ou un cheval. Ces monstrueuses Anguilles, très abondantes dans les eaux stagnantes de l'Amérique centrale, se défendent ainsi contre les ennemis qui envahissent leur domaine, et paralysent les poissons qui composent leur nourriture. Elles sont certainement plus dangereuses que les torpilles ; toutefois leur puissance s'épuise rapidement et elles ne peuvent produire un grand nombre de décharges répétées. On profite de cette circonstance pour s'en emparer. On fait entrer des chevaux ou des mulets dans les eaux qu'elles habitent; ceux-ci reçoivent les premières décharges et succombent quelquefois; mais les poissons, devenus impuissants et effrayés du trépignement des chevaux, fuient bientôt devant ceux-ci et s'approchent du bord où on les prend avec des harpons.

Fig. 19. VAMPIRES. — Les Vampires, sortes de chauves-souris de l'Amérique méridionale, se sont fait une terrible réputation par leur habitude de s'abattre sur les animaux domestiques afin de leur sucer le sang ; ils s'attaquent même aux hommes endormis en plein air ou dans les cases; leur morsure peut amener de dangereuses inflammations. Ils ont la gueule extrêmement fendue, la langue hérissée de papilles cornées, les mâchoires armées de canines dépassant la lèvre ; leur envergure est de trente à quarante centimètres ; leur nez est surmonté d'un appendice en forme de fer de lance.

Fig. 20. OUISTITI. — Les Ouistitis, petits singes de la grosseur d'un écureuil, particuliers à l'Amérique, sont surtout abondants au Mexique, au Pérou, au Paraguay, où ils se tiennent par petites bandes dans les forêts, sautant de branche en branche et cherchant des insectes, des œufs d'oiseaux dont ils se nourrissent de préférence, s'emparant même parfois de petits oiseaux dont ils sucent la cervelle. Les pattes des Ouistitis s'éloignent de celles des singes ordinaires, parce qu'au lieu d'être terminées par des ongles, elles sont garnies, sauf au gros orteil, de longues griffes dont ils s'aident pour grimper aux arbres; ils sont gracieux, intelligents et doux; on les apprivoise facilement.

Fig. 21. CAPYBARA. — Le Capybara ou *Cabiai* est le plus grand des rongeurs vivants; il dépasse de beaucoup un mètre de longueur et cinquante centimètres de hauteur. Ses pieds postérieurs présentent une demi-palmure qui dénote ses habitudes aquatiques. Il vit, en effet, en famille, sur le bord des rivières, et se jette à l'eau au moindre danger. Les formes des Cabiais sont massives; leur tête est grosse, leur queue presque nulle; ils s'apprivoisent aisément. On les trouve en abondance à la Guyane et sur les bords de l'Amazone où ils se creusent des terriers. Leur nourriture est exclusivement végétale.

Fig. 22. SAVACOU. — Le Savacou, oiseau de l'ordre des Échassiers, habite l'Amérique équatoriale, et se tient au bord des rivières afin de pêcher les poissons et les mollusques dont il se nourrit. Il semble représenter en petit dans l'Amérique du Sud le Balæniceps d'Afrique, cet

se distingue comme lui par l'étrangeté de son bec qui semble composé de deux larges cuillers appliquées l'une contre l'autre, et dont la supérieure possède à son extrémité deux dents aiguës; cet oiseau a de larges ailes, la queue courte, la tête ornée d'une belle huppe noire; sa taille est à peu près celle d'une poule.

Fig. 23. JABIRU. — Le Jabiru, habitant de l'Amérique méridionale, se rapproche des cigognes par ses mœurs et ses formes; vivant dans les marais, il se nourrit de petits animaux aquatiques que son énorme bec va chercher au fond de l'eau où sous la vase du rivage.

Fig. 24. LAMANTIN. — Les Lamantins sont des mammifères aquatiques de l'ordre des Cétacés, mais au lieu de se tenir exclusivement dans la mer, ils remontent les fleuves et sont essentiellement herbivores. Ils atteignent jusqu'à trois mètres de long. Leur laideur est peu commune; leur tête est terminée par un informe groin; leurs yeux sont très petits; leurs membres antérieurs munis d'ongles rudimentaires; leur queue aplatie et de forme ovale. Ils ont des mamelles pectorales, ne font qu'un seul petit, qu'ils portent parfois sur leur nageoire antérieure, et ressemblent ainsi grossièrement à une femme allaitant son enfant. De là les noms de *sirènes* ou de *femmes de mer* sous lesquels on les désigne quelquefois. On chasse les Lamantins à cause de l'huile qu'ils fournissent, et aussi à cause de leur chair qui ressemble à celle du porc.

Fig. 25. CAMICHI CORNU. — Les Camichis sont des échassiers voisins des outardes. Le Camichi cornu, oiseau de l'Amérique méridionale, de la grosseur d'un dindon, a le bec plus court que la tête, les ailes larges et armées à l'épaule de deux éperons ; les doigts séparés et munis d'ongles pointus. Ces oiseaux vivent par couples et se portent une étonnante affection mutuelle ; ils aiment les lieux marécageux ou le bord des cours d'eau où ils se nourrissent d'herbes et de graines aquatiques. Le Camichi cornu se distingue par la tige en forme de corne qu'il porte sur la tête.

Fig. 26. JAGUAR. — Le Jaguar, ou Tigre d'Amérique, est le carnassier le plus robuste et le plus féroce du nouveau monde ; on le trouve dans toute l'Amérique méridionale, surtout au Paraguay et à la Plata, et dans l'Amérique septentrionale jusqu'au Mexique. C'est, après le lion et le tigre, le plus grand des félins ; sa robe fauve, ornée de taches disposées en cercles ou en ellipses, rappelle celle de la panthère plutôt que celle du tigre.

Ainsi que le tigre, le Jaguar passe la journée à dormir dans sa tanière, toujours établie dans les épaisses forêts coupées de cours d'eau ; dès le coucher du soleil, il commence la chasse, et ne craint pas d'attaquer les plus gros animaux, buffles, chevaux ou crocodiles, car sa force et son agilité sont extrêmes ; les hommes mêmes traversant ces parages ne sont pas en sûreté derrière le feu des campements ; le Jaguar tombe sur sa victime, et d'un seul coup de patte lui brise la colonne vertébrale. Le nombre de ces animaux redoutables diminue heureusement, grâce aux chasses organisées par les indigènes.

Fig. 27. TAPIR. — Le Tapir américain vit depuis l'isthme de Panama jusqu'au détroit de Magellan ; il est surtout abondant au Paraguay, dans le Brésil et la Guyane. D'une nature timide et sauvage, ce Tapir, plus petit que celui de l'Inde, recherche les retraites les plus profondes, pour y passer la journée; dès le coucher du soleil, il parcourt la forêt, se jette dans les cours d'eau ou se tient enfoncé dans les marais, broutant les bourgeons et les branches du rivage. Le Tapir n'attaque jamais l'homme ou les animaux, mais il se défend résolument lorsqu'il est poursuivi et tâche de faire face à ses ennemis. On le chasse activement dans l'Amérique méridionale pour sa chair et surtout sa peau, forte et épaisse, utile à différents usages. Une seconde espèce de Tapirs vit dans les Cordillères.

Fig. 28. PERROQUET VERT. — Les Perroquets verts, qui disputent le premier rang pour l'intelligence et l'aptitude à parler au perroquet gris ou jaco d'Afrique, habitent l'Amérique du Sud où il en existe un assez grand nombre d'espèces. Tout le monde connaît leur bec gros et arrondi, leur langue épaisse, et leurs pattes qui leur servent de mains, tant ils sont habiles à prendre de petits objets et à les retourner en tous sens. Les Perroquets verts volent peu et descendent rarement à terre ; aidés de leur bec et de leurs pattes, ils grimpent de branche en branche. Fort abondants en Amérique, les Perroquets vivent ordinairement en bandes nombreuses, chacun caquetant et criant le plus possible. Ces oiseaux essentiellement frugivores sont très friands d'amandes qu'ils épluchent avec soin avant de les manger.

Fig. 29. ARA. — Les Aras, également de l'Amérique du Sud, sont les plus gros et les plus beaux des Perroquets. On les distingue au premier coup d'œil à leur taille et à leur queue longue et étagée ; leur corps est paré des plus belles couleurs : il en est de bleus et jaunes, d'autres verts et rouges. De tous les perroquets ce sont les plus familiers; ils s'attachent à leur maître, sont jaloux de ses caresses, et n'abandonnent jamais la maison lorsqu'on les laisse en liberté. Mais ils n'apprennent jamais à parler, et leur nom rappelle le cri qu'ils émettent le plus habituellement.

Fig. 30. IGUANE TUBERCULEUX. — Les Iguanes sont des lézards très inoffensifs dont quelques espèces parviennent à une assez grande taille. L'Iguane tuberculeux, assez commun dans la plus grande partie de l'Amérique méridionale, atteint jusqu'à soixante-quinze centimètres de long. Il est reconnaissable à l'espèce de poche qu'il porte sous le cou et à la côte écailleuse qui marque la ligne médiane de son dos et se prolonge jusqu'à l'extrémité de la queue. L'Iguane tuberculeux est de couleur verte tachée de brun; il a un régime végétal et on le chasse assez fréquemment, sa chair étant bonne à manger.

Fig. 31. GUANACO. — Le Guanaco est une espèce de lama sauvage que l'on chasse pour sa chair et pour sa peau.

Fig. 32. NANDOUS. — Les Nandous ressemblent beaucoup aux autruches, quoique de taille beaucoup plus petite. Ils habitent les vallées du Brésil, du Chili, du Pérou et de la terre de Magellan, se rassemblant en bandes, et vivant au milieu des troupeaux de bœufs et de moutons. Les Nandous se nourrissent d'herbages et de fruits; leur course est rapide, et lorsqu'une rivière se trouve sur leur chemin, ils nagent assez bien pour la traverser. D'un caractère doux et paisible, ces animaux deviennent très familiers. On peut les laisser en liberté sans crainte de les voir s'échapper. Leur plumage est grisâtre, plus uniformément fourni que celui de l'autruche, dont ils se distinguent encore par leur petite taille, par leurs pattes terminées par trois doigts au lieu de deux.

Fig 33. MANCHOT. — Les Manchots ont une grande analogie avec les pingouins ; leurs ailes atrophiées et couvertes de petites plumes semblables à des écailles sont impropres au vol, et l'animal s'en sert comme de nageoires. Les Manchots, sont en effet, des oiseaux aquatiques par excellence ; leurs pattes palmées et placées à l'extrémité de leur corps rend leur marche difficile, tandis qu'ils peuvent nager et plonger avec rapidité. Ces oiseaux, extrêmement abondants dans les îles des mers australes, se laissent facilement approcher des marins qui visitent ces parages, et qui, les voyant le corps dressé, réunis en bandes sur les côtes, les ont souvent pris de loin pour des attroupements d'indigènes.

Fig. 34. BASILIC. — Les Basilics sont des lézards voisins des iguanes, reconnaissables à la crête membraneuse, en forme de nageoire, soutenue par les apophyses épineuses des vertèbres, qui, chez le mâle, court le long de la ligne médiane du dos et de la queue. La tête se prolonge en arrière en une espèce de capuchon écailleux. Le Basilic est brun fauve en dessus, blanchâtre en dessous. Il ne dépasse pas 80 centimètres de long. C'est un animal complètement inoffensif, et à qui son aspect étrange a seul pu faire donner le nom qu'il porte et qui s'appliquait, dans l'imagination des savants du moyen âge, aux reptiles les plus venimeux.

Fig. 35. PODOCNEMIS. — Sorte de tortue américaine qui habite les Guyanes et le nord du Brésil ; sa taille est grande, et sa carapace, très déprimée, est dépourvue de carène dans sa partie médiane ; le dessus du corps est brun mêlé de roussâtre, le dessous jaune tacheté de brun. Les Podocnémis ont la tête un peu déprimée, le front creusé d'un large sillon longitudidal, deux barbillons sous le menton, la queue courte et les pattes palmées ; les postérieures portent au talon deux grandes écailles minces et arrondies. Les mœurs de ces animaux sont encore inconnues.

Fig. 36. CYGNE A COU NOIR. — Le Cygne à cou noir ne mérite d'être signalé qu'en raison de l'élégance de sa forme et du contraste que fait la blancheur de son corps avec la couleur noire de son cou.

Fig. 37. COQ DE ROCHE. — Ces beaux oiseaux de la Guyane appartiennent à la même famille de Passereaux que les merles et les loriots. Ils sont d'assez grande taille, vivent de fruits, et sont extrêmement sauvages. Le Coq de roche orangé est remarquable par la teinte uniformément orangée et brillante de son plumage et par la belle huppe de plumes, formant une sorte de casque en demi-cercle, qui orne sa tête. Ils sont de la taille d'un pigeon.

Fig. 38. MYGALE AVICULAIRE. — La Mygale aviculaire est une énorme araignée, de la grosseur du poing, assez commune dans les parties chaudes de l'Amérique ; elle se nourrit en général d'insectes, mais se jette aussi sur les petits reptiles, les jeunes oiseaux et même les poulets. C'est un dangereux ennemi pour les jolis oiseaux-mouches, qu'elle chasse volontiers durant la nuit. La morsure de cette gigantesque araignée paraît être fort douloureuse. Les cocons où elle enferme ses œufs ont la grosseur d'une noix.

Fig. 39. Oiseau-Mouche Sapho. L'Oiseau-Mouche Sapho est un des plus jolis parmi ses charmants congénères ; son petit corps frêle est recouvert de plumes fines, aux couleurs éclatantes ; les indigènes font de ces plumes rares non seulement un objet de parure, mais souvent, en variant les couleurs, ils exécutent des ouvrages fort curieux. Ces gracieux animaux s'apprivoisent facilement ; mais leur délicatesse résiste rarement aux changements de climat.

Fig. 40. Viscaches. — Les Viscaches appartiennent à l'ordre des Rongeurs ; elles ont le mufle large, les pieds de derrière beaucoup plus longs que ceux de devant, et sautent avec agilité ainsi que le font les gerboises. Les Viscaches vivent en abondance dans les Pampas de l'Amérique du Sud, principalement à la Plata, où elles se creusent des terriers, vivent par bandes, comme les lapins, et se nourrissent de feuilles et de racines. Les Américains poursuivent activement les Viscaches pour s'emparer de leur belle fourrure.

Fig. 41. Lièvre des Pampas. — Ce nom, que l'on donne aussi à la Viscache, est celui d'un autre Rongeur commun en Patagonie et qui est un gibier recherché.

Fig. 42. Iriambou. — L'Iriambou est un petit gallinacé du Brésil à queue courte, à bec allongé, à cou grêle et très développé. Il se plaît dans les buissons les plus épais, court avec une grande rapidité, et dépose ses œufs, qui sont très nombreux, dans des trous qu'il creuse dans la terre.

Fig. 43. Tatou. — Les Tatous, au lieu d'être recouverts de poils comme les autres mammifères, ont une peau écailleuse leur servant de carapace et sous laquelle ils se pelotonnent lorsqu'ils se sentent attaqués. Ces animaux vivent dans les plaines de l'Amérique méridionale, où ils se creusent, à l'aide de leurs ongles robustes, des terriers composés d'une chambre et de galeries; les Tatous se nourissent d'animaux morts, de végétaux et d'insectes.

Bien qu'ils appartiennent à l'ordre des Édentés, en raison de l'absence des dents incisives à leurs deux mâchoires, ils possèdent un très grand nombre de dents molaires toutes semblables entre elles.

PLANCHE XV

VÉGÉTAUX D'AMÉRIQUE.

Fig. 1. Tulipier de Virginie. — Le Tulipier de Virginie est un arbre voisin des magnolias. Ses feuilles, partagées en trois lobes, sont assez épaisses et luisantes; ses grandes et belles fleurs rappellent un peu nos tulipes, et c'est de cette ressemblance que l'arbre a tiré son nom. Le Tulipier est assez souvent cultivé chez nous pour l'ornement des jardins et pourrait facilement s'y acclimater. Il prospère dans les bonnes terres couvertes ou exposées au nord, et se reproduit soit par graines, soit par marcottage. Son écorce, sa racine, sont aromatiques, et on les administre avec quelque succès comme fébrifuges. Ses graines sont considérées comme un condiment apéritif.

Fig. 2. Érable a sucre. — Cet Érable, voisin des Érables bien connus de nos pays, ajoute aux qualités ordinaires de ces arbres celle de produire un suc chargé de sucre que l'on peut extraire par de simples incisions pratiquées dans le tronc. Il forme en Amérique des bois entiers que l'on exploite pour se procurer le sucre qu'ils produisent. Quelques autres espèces du genre Érable paraissent posséder les mêmes propriétés.

Fig. 3. Magnolier. — Les Magnoliers ou *Magnolia*,

dont tout le monde connaît le superbe feuillage et les magnifiques fleurs blanches et parfumées, sont originaires, les uns des parties chaudes de l'Amérique du Nord, les autres de l'Asie tropicale. On en connaît un assez grand nombre d'espèces de ces deux provenances. L'une des plus belles espèces américaines, le Magnolia à grandes fleurs, atteint dans son pays jusqu'à 25 mètres de hauteur; ses feuilles, épaisses et luisantes, ressemblent un peu à celles du laurier amandier; ses fleurs, d'un blanc pur, ont jusqu'à 25 centimètres de diamètre, et apparaissent souvent, même en Europe, dès le premier printemps; les fruits qui leur succèdent sont des espèces de cônes de 12 centimètres de long. Le Magnolier à grandes fleurs a été introduit en Europe en 1732; les premiers qui aien été cultivés en France ont été plantés à Nantes : on en a obtenu un assez grand nombre de variétés très différentes les unes des autres.

Fig. 4. GENÉVRIER DE VIRGINIE. — Le Genévrier de Virginie, voisin de l'espèce indigène connue sous le nom de sabine, est un grand arbre à feuilles petites, d'un vert sombre, à bois très dur et résistant très bien à la décomposition. Aux États-Unis, ce bois est très employé pour les constructions navales ; on le débite aussi en assez grande quantité pour la fabrication des crayons : c'est le bois rouge dans lequel on enferme la plombagine. Le Genévrier de Virginie croît très bien en France et pourrait être utilisé dans les terrains stériles, comme les sapins.

Fig. 5. WELLINGTONIA GÉANT. — Les *Wellingtonia*, de la famille des Conifères, sont les plus grands des arbres connus. Ils sont voisins des cèdres. Fort peu nombreux, il en existe encore un certain nombre sur les côtes de Californie. Leur tronc atteint jusqu'à 40 mètres de diamètre et 150 mètres de hauteur. On a pu convertir l'un d'eux, coupé et égalisé, en une sorte de salle de bal en plein air. Il avait environ quatre mille ans d'existence.

Fig. 6. TAXODIER DISTIQUE. — Les Taxodiers appartiennent à la famille des Cyprès. Le Taxodier distique, ou *Cyprès chauve*, croît sur les montagnes du Mexique jusqu'à une hauteur de plus de 2000 mètres; il affectionne particulièrement les endroits humides et le bord des cours d'eau. Ses dimensions peuvent aussi devenir considérables. Le *Cyprès de Montézuma*, des jardins de Chapultepec, au Mexique, a 13 mètres de circonférence; un autre individu, près d'Oxaca, en a jusqu'à 39. Sur les racines des gros individus poussent assez souvent des espèces d'excroissances creuses pouvant s'élever à près de 2 mètres au-dessus du sol et dont on fait des ruches d'abeilles. Le Cyprès chauve s'acclimate facilement en Europe, où il pourrait rendre des services; autrefois on l'employait presque exclusivement, à la Louisiane, pour la construction des maisons; on s'en sert fréquemment pour le bordage des navires, ou même pour construire de légères embarcations.

Fig. 7. CARYA. — Les Caryas, arbres voisins de nos noyers, sont tous propres à l'Amérique septentrionale, où il en existe plusieurs espèces. Ils fournissent d'excellent bois de charpente et de menuiserie.

Fig. 8. SUMAC. — Les Sumacs sont des arbres ou des arbrisseaux de la famille des Anacardiacées. Les feuilles d'une espèce indigène, le *Sumac des corroyeurs*, étaient autrefois employées pour le tannage des peaux. Le *Sumac de Virginie* ou *Sumac amarante*, représenté dans cette figure, est originaire de l'Amérique septentrionale; mais il est aujourd'hui acclimaté en Europe, et on le trouve dans presque tous les jardins. Tout le monde connaît ses grandes feuilles composées rappelant celles du frêne ou du vernis du Japon, et formées de dix à douze folioles pointues et dentelées, ainsi que ses épis coniques d'un rouge vif. En Amérique, son écorce sert pour le tannage des peaux; on fait de la limonade avec ses fruits. Il trace comme l'acacia, et sa culture devient souvent incommode à cause de sa trop grande facilité de reproduction.

Fig. 9. ELODIE DES MARAIS. — Petite plante des marais, originaire du Canada et spontanément acclimatée en Europe depuis longtemps. On l'appelle quelquefois la *peste des eaux*, à cause de la faculté inouïe avec laquelle elle se propage et de la peine qu'on a à en débarrasser les pièces d'eau où elle a commencé à se développer.

Fig. 10. EPHEDRA. — Les Ephedra appartiennent à l'une des familles les plus intéressantes de la classe des Conifères, celle des gnétacées. Leur port rappelle souvent, — et c'est le cas pour l'*Ephedra americana*, — celui d'une prêle rameuse. Ce sont des arbustes affectionnant surtout les plages maritimes; leur fruit est une sorte de baie d'un goût aigrelet assez agréable. Il existe sur nos côtes plusieurs espèces d'*Ephedra*; le fruit de notre *Ephedra distachya* est connu sous le nom de *raisin de mer*.

Fig. 11. CAOUTCHOUC. — Les *Siphonia* sont l'une des espèces d'arbres qui fournissent le caoutchouc; de là le nom de *Siphonia elastica* qu'ils portent en botanique. Ce sont des arbres de la Guyane et du Brésil, de la famille des Euphorbiacées et très voisins des *Jatropha* ou *Maniocs*, qui fournisent la fécule de ce nom et le tapioca. Leurs branches n'ont de feuilles qu'à leur extrémité; ils atteignent jusqu'à 20 mètres de haut. On extrait de leur tronc par des incisions un suc laiteux dont les globules contiennent la substance bien connue sous le nom de caoutchouc ou gomme élastique. Ce suc laiteux est recueilli au pied de l'arbre, que l'on a incisé jusqu'aux branches, dans des moules de terre ou dans des flacons que l'on envoie ensuite en Europe. Le caoutchouc est obtenu en desséchant ce suc. Le fruit des Siphonia est, paraît-il, bon à manger, et a le goût de la noisette.

Fig. 12. COURBARIL. — Les Courbarils sont des arbres résineux de la famille des Papilionacées, fournissant une substance particulière connue sous le nom de *Copal tendre*. Ce copal sert à la fabrication des meilleurs vernis siccatifs.

Fig. 13. SALSEPAREILLE. — La Salsepareille, très employée en médecine comme sudorifique et diurétique, est fournie par plusieurs espèces de *Smilax* dont précisément ne fait pas partie celle que l'on désigne sous le nom *Smilax Salsepareille*. Cette dernière espèce croît dans le sud des États-Unis, qui ne fournit pas de Salsepareille au commerce, et ce sont trois autres espèces croissant dans les forêts du Mexique, sur les bords de l'Amazone ou dans la Guyane, qui sont importées pour les usages pharmaceutiques. Quoi qu'il en soit, les Smilax sont des arbrisseaux grimpants, appartenant à la même famille botanique que les asperges à feuilles en forme de cœur ou de fer de flèche, et s'accrochant à l'aide de vrilles comme le fait la vigne. Il existe plusieurs espèces de Smilax en Asie : il y en a d'européennes.

Fig. 14. SOLEIL. — Le *Soleil, Grand-Soleil,* ou *Tournesol* des jardins, est originaire du Pérou. Cette grande et belle plante de la famille des Composées est devenue presque spontanée en France ; on la trouve dans tous les jardins comme plante d'ornement, et on la cultive quelquefois pour extraire l'huile que contiennent ses graines. Ses fleurs doublent facilement, et il en existe une variété tout à fait naine. Plusieurs autres espèces d'Hélianthes existent en Amérique et nous aurons occasion de reparler du *Topinambour* qui appartient aussi à ce genre.

Fig. 15. TABAC. — Le Tabac appartient à la famille des Solanées, qui comprend aussi les pommes de terre, la douce-amère, les *Datura ;* il est voisin de plantes fréquemment cultivées comme plantes d'agrément, les Pétunias. C'est un grand et beau végétal herbacé, aux larges feuilles, aux fleurs jaunes ou rouges. Il est originaire des parties chaudes de l'Amérique, où les indigènes en *fumaient* déjà les feuilles lors de la découverte du nouveau monde par Christophe Colomb. On sait combien cet usage s'est rapidement répandu chez nous, ainsi que celui de *priser* le tabac en poudre, ou même, parmi les marins, les soldats et quelques corps d'ouvriers, celui de le *chiquer.* La culture du Tabac réussit parfaitement en France, où elle est soumise à une législation toute spéciale en raison du monopole du gouvernement relativement à la préparation et à la vente du Tabac aux consommateurs. Certains départements sont seuls autorisés à cultiver en grand cette plante de luxe : ce sont ceux du Nord, du Pas-de-Calais, du Lot-et-Garonne et de l'Ille-et-Vilaine. L'introduction du Tabac en Europe date de 1518 ; des graines furent envoyées par Christophe Colomb, et la plante ne fut d'abord cultivée que pour ses vertus médicinales dont Jean Nicot se fit le défenseur enthousiaste ; en 1604, son usage était tellement répandu que Jacques Ier crut devoir l'interdire. Le monopole du gouvernement français date de cette époque ; il fut un moment suspendu par l'Assemblée constituante (1791), mais fut rétabli en 1810 et n'a pas cessé depuis. Il rapporte annuellement au trésor une centaine de millions.

Fig. 16-19. CIERGES DU PÉROU. — Ces superbes Cactus aux grandes fleurs tubuleuses sont remarquables par leur forme. Ils s'allongent en longs prismes anguleux couverts d'épines, et ne sont pas sans quelque ressemblance avec des candélabres ; de là le nom de *Cierges* sous lequel on les désigne souvent. Ces plantes ne sont cultivées qu'en raison de leur aspect étrange et de leurs magnifiques fleurs.

Fig. 20. NOPAL. — Le Nopal est aussi un Cactus qui rappelle entièrement par son aspect le figuier de Barbarie ou *Cactus Opuntia*, si commun aujourd'hui sur nos côtes méditerranéennes. C'est sur ses raquettes que vit la cochenille d'où on tire une couleur rouge si estimée.

Fig. 21. MELOCACTUS. — Les Melocactus, voisins d'ailleurs des *Cierges* et des *Opuntia*, se distinguent par leur tige courte, presque sphérique et marquée de côtes comme un melon : on en connaît plusieurs espèces qui sont souvent cultivées en serre. Ils sont, comme tous les Cactus, originaires des parties chaudes de l'Amérique.

Fig. 22. AGAVE GÉANT. — Remarquable seulement par les fortes dimensions de sa hampe florale.

Fig. 23. AGAVE MEXICAIN. — L'*Agave mexicain, Agave de Cuba* ou *Maguay,* ainsi nommé du nom des régions où il croît spontanément, est relativement petit. Ses feuilles fournissent, comme celles des autres Agaves, des fibres assez résistantes dont on fait des cordes et des tissus grossiers ; mais, en outre, elles contiennent un jus sucré qu'on laisse fermenter et qui produit alors une liqueur rappelant le cidre. Les fleurs du Maguey sont blanches et parfumées.

Fig. 24. COTONNIER EN ARBRE. — Nous avons déjà rencontré une espèce de Cotonnier qui est une herbe annuelle ou un arbrisseau ligneux à la base et pouvant atteindre deux mètres d'élévation. L'espèce dont nous avons à parler maintenant est un petit arbre de cinq à six mètres de haut, originaire des parties chaudes de l'Asie, de l'Inde notamment, et qui a été transporté de bonne heure en Amérique où sa culture a toujours été florissante. Il porte des fleurs rouges, et le coton qui recouvre sa graine est de très bonne qualité.

Fig. 25. IPÉCACUANA. — L'Ipécacuana est fourni par plusieurs espèces de Rubiacées, de Violariées, d'Asclépiadées et d'Euphorbes. Celle qui est ici représentée est l'Ipécacuana du Brésil, où elle habite les forêts et les vallées ombragées. C'est une plante herbacée fournissant de longues tiges souterraines ou rhizomes. Ce sont ces rhizomes desséchés et pulvérisés qui fournissent la poudre d'Ipécacuana employée en médecine pour provoquer des vomissements. La tige aérienne est peu élevée et couverte de feuilles ovales ou oblongues, légèrement velues en dessous, presque épineuses en dessus.

Fig. 26. ACAJOU. — Le bois d'Acajou, si employé en ébénisterie à cause de sa belle couleur rouge, est fourni par un arbre de fortes dimensions, assez grand pour qu'on puisse creuser dans son tronc des pirogues tout d'une pièce. Il appartient à un genre et à une famille spéciale, celle des Cédrélacées, dont il est l'unique espèce. Ses feuilles sont composées comme celles de l'*Acacia*, ses fleurs disposées en panicules comme celles du sureau ; ses fruits sont des capsules dures contenant un grand nombre de graines ; l'écorce de l'Acajou est employée comme fébrifuge aux Antilles.

Fig. 27. BOIS DE CAMPÊCHE. — L'arbre qui fournit le bois de Campêche appartient à la famille des Légumineuses ou Papilionacées ; il atteint jusqu'à vingt mètres de haut et croît naturellement sur les côtes du Mexique, près de Campêche. On l'a naturalisé aux Antilles. Ses feuilles sont composées, formées de trois ou quatre paires de petites feuilles opposées ; ses fleurs sont jaunes, parfumées, disposées en petites grappes. Ses fruits sont des gousses courtes et larges, s'ouvrant par la surface des valves. Le jeune bois est de couleur jaunâtre ; le bois parfait est d'un rouge foncé. Il doit cette teinte à une substance rouge nommée *hématine*, soluble dans l'eau bouillante et l'alcool et fournissant une fort belle teinture. Le bois de Campêche est lui-même susceptible d'un beau poli, et on s'en sert pour fabriquer divers objets de luxe.

Fig. 28. ROCOUYER. — La matière colorante connue sous le nom de *Rocou*, dont on se sert pour teindre la soie en orangé et le coton en chamois, est fournie par un bel arbuste, le Rocouyer, type d'une petite famille voisine de celle qui comprend le Tilleul. Le Rocou entoure les graines mûres de ce végétal, et on l'extrait soit en broyant ces graines, les passant au tamis et laissant reposer la liqueur, soit en les lavant avec soin, ce qui donne un produit bien supérieur. Le Rocou est exploité à la Guyane, au Mexique, aux Antilles et au Brésil ; la Guyane en exporte pour cent cinquante mille francs par an environ. La couleur du Rocou passe facilement à l'air.

Fig. 29. CHOU PALMISTE. — Le bouquet terminal des jeunes feuilles de ce Palmier est comestible et jouit d'une certaine estime parmi les gastronomes américains. L'arbre qui fournit ce singulier Chou est condamné à mort quand on coupe le Chou qui le surmonte ; c'est un des plus beaux Palmiers, il peut atteindre quarante-cinq mètres de hauteur.

Fig. 30. CARLUDOVICA. — La plante dont il est ici question appartient à la famille des Pandanées. Ses feuilles découpées en lanières se replient sur elles-mêmes en séchant, de manière à prendre une forme presque cylindrique ; elles sont employées pour faire les chapeaux dits de Panama.

Fig. 31. PHYTELEPHAS. — Les Phytelephas, qui fournissent l'*ivoire végétal*, appartiennent aussi à la famille des Pandanées et sont originaires du Pérou. Ce sont de petits Palmiers dont les fruits atteignent cependant un volume considérable. Les fruits contiennent quatre graines, dites *Noix de Corozo*, de *Tagua*, ou *Marrons de coco*, dont la plus grande dimension est de quatre à cinq centimètres ; ces graines durcissent à leur maturité dans toute leur épaisseur et peuvent alors prendre le poli de l'ivoire ; on les emploie à la place de cette dernière substance pour toutes sortes d'ouvrages de tabletterie. Le mot Phytelephas rappelle cette circonstance et peut se traduire par *arbre-éléphant*.

Fig. 32. ARBRE A LA VACHE. — L'Arbre à la vache de l'Amérique méridionale doit son nom à ce qu'il s'échappe de son tronc, quand on y fait des incisions, un liquide ayant tout l'aspect et les propriétés nutritives du lait. Il partage cette utile particularité avec le Hya-Hya (*Tabernæmontana utilis*), autre arbre de la Guyane. L'*Arbre à lait*, par une singulière coïncidence, est très voisin de l'*Arbre à pain* ou *Jaquier* dont nous avons précédemment parlé.

Fig. 33. CALEBASSE. — Les Calebasses, qui servent aux Américains à faire des vases de toute espèces, qu'ils ornent de toutes sortes de dessins, sont l'enveloppe ligneuse du fruit d'un arbrisseau que l'on doit considérer comme le type d'une petite famille particulière voisine de celle des Solanées. Ses feuilles sont alternes ; ses fleurs assez grandes, d'un blanc violacé et d'une odeur désagréable. Les indigènes américains attribuent à la pulpe de ses fruits toutes sortes de propriétés médicinales.

Fig. 34. PAPAYER. — Le Papayer est un arbre appartenant à une famille voisine de celle des Cucurbitacées et croissant dans l'Amérique tropicale ; il s'est répandu en

Asie et en Afrique. On le recherche à cause de son fruit, de la grosseur et de la forme d'un melon, et que l'on peut manger cru ou cuit après l'avoir coupé par tranches. Le tronc et les feuilles contiennent un suc riche en une substance particulière, la *papaïne*, voisine par sa composition des substances animales, et qui agit sur ces dernières à peu près comme le ferment du suc gastrique, la *pepsine*. On a considéré la papaïne comme une espèce de pepsine végétale, et on l'administre dans certains cas pour aider aux digestions difficiles. On plonge quelquefois en Amérique dans le suc du papayer les viandes que l'on veut attendrir. Cet arbre a un port tout à fait remarquable; il s'allonge en un tronc cylindrique que termine souvent une simple couronne de feuilles, comme on le voit dans les palmiers. Il peut s'élever jusqu'à dix mètres de haut. Ces arbres sont de deux sortes, les uns ne portent que des fleurs mâles, les autres que des fleurs femelles.

Fig. 35 à 38. ANONACÉES. — Les Anona sont de petits arbres ou arbrisseaux, type d'une famille spéciale et dont plusieurs sont cultivés à cause de leur excellent fruit. Le fruit de l'*Anona squamosa*, aussi nommé *Assier*, ou *Pommier de cannelle*, est souvent désigné sous le nom de *Cœur de bœuf*, ainsi que celui de l'*Anona reticulata* (fig. 38), aussi appelé *Cachiman*; le fruit du *Corossolier* ou *Cachiman épineux* (*Anona muricata*, fig. 36), est particulièrement estimé. On mange également le fruit du *Chérimolier* (fig. 37).

Ces fruits sont des fruits composés ressemblant un peu à ceux de l'ananas.

Fig. 39. SPONDIAS. — Les Spondias sont des arbres des parties chaudes de l'Amérique et des Antilles, à feuilles alternes, composées, à fleurs blanches, produisant des fruits assez semblables à des prunes, mais contenant un noyau à cinq loges. Les fruits du Spondias rouge sont parfumés, un peu acides, et servent à faire des confitures et des gelées; ceux du *Spondias jaune* ou *Mombin* ressemblent un peu à une prune mirabelle, mais n'ont pas à beaucoup près une saveur aussi agréable. Les Spondias jaunes poussent de bouture avec une extraordinaire facilité : une branche, fût-elle chargée de fruits, s'enracine comme une jeune pousse. Le fruit du *Spondias doux* est de la grosseur d'un citron et a un goût de pomme reinette; mais il a un noyau hérissé d'épines, et l'on ne doit pas y mordre sans précaution.

Fig. 40. MAMMÉE. — Arbre de l'Amérique tropicale, appartenant à la famille des Guttifères, dont l'arbre à gomme-gutte est le type.

Fig. 41. AVOCATIER. — L'Avocatier est voisin des lauriers; c'est un arbre de l'Amérique tropicale, ayant pour fruit une baie contenant un seul noyau et dont la pulpe, enfermée sous une écorce résistante, verte ou violette, est fondante comme du beurre, d'une saveur particulière, un peu fade, mais qu'on relève avec du sucre ou du jus de citron. L'Avocatier, dont les branches sont cotonneuses dans leur jeunesse, peut atteindre 15 mètres de haut; il est commun aux Antilles et est aussi cultivé à l'île de France.

Fig. 42 et 43. SAPOTILLIER. — Les Sapotilliers sont spontanés dans les forêts montagneuses de la Jamaïque et du Venezuela, mais ils sont répandus aujourd'hui dans toutes les contrées intertropicales. Leur taille est élevée, leurs feuilles elliptiques avec un léger duvet roux sur le pétiole; les fleurs sont disposées en ombelles. Leur fruit est considéré comme un des meilleurs des régions intertropicales. Ce fruit a environ le volume d'une pomme; de même que nos nèfles, il n'est bon que lorsqu'il est devenu blet : aussi les Sapotes sont-elles quelquefois appelées nèfles d'Amérique. On prétend que ces fruits attirent une grande quantité de chauves-souris. Leur graine est considérée comme souveraine contre certaines maladies de vessie; on en retire une espèce d'huile. Les Sapotilliers ne peuvent être plantés près des habitations, à cause de l'odeur forte qu'ils répandent le matin ou quand le temps est humide. Leur culture est très difficile pendant les premières années.

Fig. 44. POMME D'ACAJOU. — La *Pomme d'acajou* est le fruit de l'*Anacardium occidentale*, qui n'a rien de commun avec l'arbre dont on fait le bois d'acajou. C'est une sorte de fruit allongé, ayant exactement la forme d'une poire; ce fruit contient une amande en forme de rein qui est la *noix d'acajou*, longue de 4 ou 5 centimètres. De la pulpe du fruit on extrait une huile vésicante employée en pharmacie, tandis que l'amande donne une huile douce, comestible. L'*Anacardium occidentale*, type d'une famille spéciale, est cultivé dans les Antilles et dans une grande partie de l'Amérique du Sud.

Fig. 45. GOYAVE. — Le Goyavier est un arbre de la famille des Myrtacées qui croît dans l'Amérique méridionale et dans l'Inde. Son fruit, la *goyave*, est une baie fort recherchée à cause de sa saveur agréable ; ses racines sont astringentes et quelquefois employées en Amérique contre la dysenterie.

Fig. 46. LE CACAOYER. — Le *Cacao*, qui sert de base à la fabrication du chocolat, est la graine d'un arbre de l'Amérique centrale, dont le port rappelle celui de nos cerisiers. Ses graines sont contenues, au nombre de 30 à 40, dans une enveloppe cornée, ligneuse, de forme ovoïde côtelée à la surface, et contenant une pulpe légérement acide dans laquelle les graines sont enfoncées. Le fruit du Cacaoyer ainsi constitué est assez gros, puisqu'il mesure de 1 à 2 décimètres de longueur et de 5 à 6 centimètres dans sa plus grande épaisseur ; il est jaune ou rouge à l'état frais ; brun quand il est desséché ; on lui donne le nom de *cabosse*. Les Cacaoyers sont cultivés dans toute la partie tropicale de l'Amérique et des Antilles ; leurs plantations doivent être abritées contre le vent ; on les défend ordinairement en les entourant de grands arbres plus résistants. Il existe plusieurs espèces de Cacaoyers fournissant un grand nombre de variétés. Leurs graines féculentes, parfumées, teintes en brun par une matière colorante spéciale, contiennent aussi en abondance une matière oléagineuse, qui rancit très difficilement à l'air, conserve l'odeur du chocolat, et se trouve dans le commerce sous le nom de *beurre de cacao*. Ce beurre est employé en pharmacie ; on l'extrait par la pression des graines du Cacaoyer, qui en fournissent à peu près la moitié de leur poids.

Avant d'être livrées au commerce, les graines de Cacao doivent subir une sorte de courte fermentation, soit dans de grandes auges en bois, soit dans des fosses souterraines où on les recouvre de sable fin. Pour les faire servir à la fabrication du chocolat, on les torréfie légèrement, puis on les broie avec les deux tiers de leur poids de sucre pilé ; la pâte ainsi obtenue est fortement pressée, puis séchée à l'étuve ; c'est elle qui constitue le *chocolat pur;* mais on vend sous ce nom des produits beaucoup plus compliqués, qui, d'ailleurs, n'en sont pas moins appréciés. La consommation annuelle du chocolat en France est d'environ huit millions de kilogrammes, représentant une valeur de quinze à seize millions de francs.

Fig. 47. Palmier vinifère de Maurice. — Le suc de ce Palmier, qui appartient au genre *Mauritia,* contient une quantité assez considérable de sucre ; il est par conséquent susceptible de fermenter et de fournir une sorte de vin.

Fig. 48. Palmier a huile. — Ce Palmier fournit l'huile d'Assay, employée au Brésil pour l'éclairage.

Fig. 49. Ouatier ([1]). — Les Ouatiers sont ainsi nommés à cause de la substance cotonneuse qui recouvre extérieurement leurs grandes et belles fleurs blanches ou roses. Ce sont de grands arbres de l'Amérique tropicale, aux feuilles composées formées de trois à sept folioles

---

[1] Par suite d'une erreur typographique les trois noms correspondant aux figures 49, 52 et 53, ont été transposés dans l'*Atlas ;* il faut lire : 49, *Ouatier* — 52, *Vellosia ;* — 53, *Arbre-Tonneau ;* dans la légende au bas de la page, il faut aussi supprimer les nombres 53 et 46 en avant des mots *Vellozia aloefolia* et *Madia.*

partant d'un même point. Le tronc est élevé, presque
cylindrique, et se divise brusquement au sommet en un
grand nombre de branches. Ces arbres sont quelquefois
cultivés en Europe comme arbres d'ornement.

Fig. 50. VICTORIA REGIA. — Le *Victoria regia* est
une magnifique espèce de Nénuphar qui fut découverte
en 1827 par Alcide d'Orbigny dans les grands fleuves de
la Guyane et du Brésil. Ses feuilles, flottantes comme
celles du nénuphar ne mesurent pas moins de 1 à 2 mètres de diamètre ; elles sont vertes en dessus, rouges
en dessous et légèremeut relevées sur leur bord ; les
fleurs sont blanches sur leur circonférence, rouges au
centre, et atteignent trois décimètres de diamètre; elles
ressemblent d'ailleurs a celles des nénuphars. Ce fruit
est charnu, globuleux, hérissé de piquants, surmonté
d'une sorte de godet. Les graines qu'il contient peuvent
être mangées rôties comme celles du *maïs* ; aussi les
Guaranis appellent-ils quelquefois la Victoria maïs
d'eau. Les serres du Muséum d'histoire naturelle de Paris,
celles du Jardin botanique de Kiew, ont possédé ou possèdent encore des *Victoria regia* vivants.

Fig. 51. VANILLE. — Les gousses de Vanille, qui fournissent un parfum si recherché, sont les fruits de plusieurs
espèces d'Orchidées grimpantes des régions chaudes de l'A-
sie et de l'Amérique : c'est surtout au Mexique que la Vanille est exploitée. Elle croît dans les lieux humides et ombragés, et s'attache à l'aide de racines aériennes au tronc
des arbres, ce qui lui permet, malgré sa consistance herbacée, de s'élever fort haut. Le parfum de la Vanille est
dû à la présence d'une substance particulière, la *vaniline*,

qui, avec le temps, vient se déposer en cristaux à la surface des gousses; celles-ci constituent alors la *Vanille givrée,* particulièrement estimée. On a réussi à extraire la vaniline de divers végétaux et même à la préparer artificiellement. La Vanille est employée comme aromate dans la confiserie et la pâtisserie, où l'on en fait une consommation considérable. On ne transporte les gousses de Vanille qu'après les avoir enduites d'huile d'acajou, afin qu'elles conservent leur mollesse.

Fig. 52. VELLOZIA ALOEFOLIA. — Les Vellozia, aussi appelés Lis-en-arbres, sont le type d'une petite famille de plantes monocotylédones voisine de celle des broméliacées : ce sont de petits arbres propres au Brésil, et qui croissent particulièrement dans les pentes montagneuses de la province des Diamants. Leur port est particulièrement remarquable; leurs tiges, qui poussent en se bifurquant successivement, sont nues et portent seulement au sommet un bourgeon de feuilles allongées, raides, pointues et agglutinées à leur base par une substance résineuse particulière. Les fleurs sont grandes et varient du blanc au violet en passant par le bleu.

Fig. 53. ARBRE-BOUTEILLE (*Chorisia ventricosa*). — Ces arbres du Brésil n'ont de particulier que la forme étonnante de leur tronc, renflé en forme de tonneau ou de bouteille. Ils sont voisins, d'ailleurs, des Bombax. Leurs feuilles sont composées, à folioles disposées comme celles de nos marronniers d'Inde, pointues, dentées en scie; ils produisent de magnifiques fleurs pourpres.

Fig. 54. ANANAS. — L'Ananas, dont tout le monde connaît le fruit exquis, est originaire des régions chaudes de l'Amérique méridionale. L'Ananas est le type de la famille des Broméliacées, voisine de celle des Liliacées. C'est une plante vivace, peu élevée, ressemblant un peu à un pied d'agave ou de yucca dont les feuilles seraient plus flexibles. La hampe qui porte le fruit est surmontée d'un bouquet de feuilles plus petites que les feuilles radicales. Le fruit, souvent très gros, de couleur jaune et d'une saveur particulière, est un fruit composé, d'ailleurs fort complexe. Il ressemble un peu à un cône de conifère dont toutes les parties, au lieu d'être ligneuses, seraient charnues et succulentes. C'est l'un des meilleurs fruits des pays chauds, et l'Ananas a été pour cette raison propagé partout où sa culture était possible. Dès 1594, il était importé aux Indes par les Portugais : on en cultive en France un assez grand nombre dans les serres.

Les feuilles de l'Ananas fournissent des fibres textiles d'une grande finesse et d'une solidité remarquable. On en fait aux Philippines des étoffes transparentes d'une très grande finesse, connues sous le nom de *batiste d'ananas*. Les câbles faits avec ces fibres sont beaucoup plus résistants que les câbles ordinaires. Plusieurs autres Broméliacées américaines fournissent aussi des fibres textiles d'une certaine valeur. Telles sont les *Bromelia pigna, sylvestris, pinguis, sagenaria*, etc.

Fig. 55. ARAUCARIA DU BRÉSIL. — Comme leur nom l'indique, certains *Araucaria* sont originaires du pays des Araucans, le Chili. L'espèce du Brésil est différente de celle du Chili et se fait remarquer par son port tout à fait étrange. Comme celles des sapins, les branches sont disposées très régulièrement en cercle autour du tronc;

mais les branches inférieures se détruisent peu à peu tandis que les supérieures s'allongent, s'étalent et retombent de manière que l'arbre semble aller en s'évasant de la base au sommet. Les Araucaria sont de très grands arbres de la famille des Conifères, aux feuilles relativement larges, assez longues, étalées, ovales, pointues au sommet. Les fleurs mâles et les fleurs femelles se développent sur des individus différents. Les cônes mûrs atteignent le volume de la tête d'un enfant et renferment des graines comestibles, plus grosses que celles de notre pin pignon.

Fig. 56. ALSOPHILA PALEOLATA. — La plupart des Fougères arborescentes du genre *Alsophila* sont américaines; on en connaît une quarantaine d'espèces : l'*Alsophila paleolata* est ici représentée comme un exemple de ces magnifiques végétaux.

Fig. 57. AROÏDÉES. — Les Aroïdées sont une grande famille de plantes monocotylédones dont le type est le *Gouet* ou *pied-de-veau* de nos pays, dans lequel les enfants vont découvrir une sorte de massue rougeâtre qu'ils comparent à un pendant d'oreille. Dans les pays chauds, et notamment dans l'Amérique méridionale, les Aroïdées peuvent prendre un bien plus grand développement : quelques-unes de leurs espèces deviennent alimentaires, comme le *Xanthosoma edule* ou les *Caladium* qui fournissent une fécule estimée ; le chou caraïbe, légume estimé aux Antilles, est fourni par une autre espèce de *Xanthosoma;* au contraire, les feuilles du *Dieffenbachia Seguimæ* sont tellement vénéneuses qu'elles produisent quand on les mâche un gonflement de la langue pouvant même amener la mort.

Fig. 58. ORCHIDÉES. — Les Orchidées comptent aussi parmi les plantes les plus remarquables ; il en existe plusieurs genres dans nos pays dont les fleurs, toujours singulières, sont souvent élégantes ; mais les fleurs les plus belles et les plus suavement parfumées sont produites par les Orchidées des pays chauds. Dans les forêts de l'Amérique tropicale, un nombre considérable d'espèces poussent en parasites sur d'autres végétaux et notamment sur le tronc des arbres ; elles ont en général l'aspect le plus bizarre. Les Orchidées sont surtout cultivées comme plantes d'agrément ; elles possèdent à juste titre le don de passionner les horticulteurs, qui en font de superbes collections.

Fig. 58. LIANES. — Les Lianes font aussitôt penser aux forêts vierges : ces deux idées semblent inséparables. L'un des caractères les plus frappants des forêts de l'Amérique tropicale est, en effet, l'abondance de ces étranges végétaux, dont les tiges grêles, ligneuses, résistantes, capricieusement contournées, grimpent le long des arbres, enlacent les troncs gigantesques, s'accrochent aux branches et aux rameaux, s'élèvent ainsi, toujours bizarrement sinueuses, jusqu'aux plus hautes cimes ; puis, se laissant retomber, arrivent tout droit vers le sol, courent à sa surface, viennent se nouer à quelque géant nouveau de la forêt, recommencent leur ascension, s'arrêtent, remontent, rattachent étroitement une branche à une autre, établissant ainsi entre les diverses parties de leur domaine des liens sans nombre, créant des haies naturelles, des fourrés impénétrables, des barrières que rien ne saurait traverser, et semblant tisser à travers la forêt quelque trame gigantesque dont chaque fil est vivant et peut à un certain moment se couvrir de fleurs et de fruits. Les vignes, les clématites de nos pays, végètent à peu près comme les Lianes des forêts vierges ; mais, grêles et fragiles, elles ne nous donnent qu'une idée bien imparfaite de la puissante végétation de leurs robustes sœurs américaines. Le mot de Liane ne représente pas, du reste, une famille botanique déterminée ; il s'applique à toutes les plantes qui ont le mode de végétation que nous venons de décrire, et ces plantes appartiennent à des familles assez nombreuses dont les principales sont indiquées dans la légende de la planche.

Fig. 60. ESPÈCES DIVERSES DE FIGUIERS. — Il en existe diverses espèces en Amérique comme dans toutes les parties tropicales du globe.

Fig. 61. CHATAIGNIER DU BRÉSIL. — L'arbre auquel on donne le nom vulgaire de *Châtaignier du Brésil* appartient à la famille des Myrtacées et n'a de commun avec les Châtaigniers que l'apparence de son fruit, qui est comestible et fournit une huile douce et très abondante. Le Châtaignier du Brésil croît en grande quantité à la Guyane ; ses fruits sont importés en France.

Fig. 62. ARBRE A CIRE — Le *Ceroxylon andicola* est l'un des palmiers qui fournissent de la cire : on recueille cette substance à la surface de ses feuilles et de sa tige ; ce singulier végétal habite le Pérou et la Nouvelle-Grenade. Son tronc, qui demeure toujours très grêle, peut atteindre jusqu'à soixante mètres de hauteur.

Fig. 63. MADI OU MADIA. — Le *Madi* ou *Madia du Chili* donne des graines d'où l'on extrait une huile comestible assez estimée. C'est une plante herbacée, ressemblant beaucoup à un petit tournesol, et dont on a essayé la culture en France; mais on n'a pas donné suite à l'expérience, cette plante ayant dans nos climats le défaut de ne pas mûrir toutes ses graines en même temps.

Fig. 64. TOPINAMBOUR. — Le Topinambour, qui est entré chez nous dans la grande culture, est aussi une composée voisine du tournesol; elle appartient même au genre botanique dont le grand Soleil des jardins est le type, mais n'atteint pas d'aussi belles dimensions. En revanche, il produit des tubercules souterrains qui sont en tout analogues aux pommes de terre qu'ils peuvent remplacer. Toutefois ces tubercules ne contiennent pas de fécule, comme ceux de la pomme de terre, mais une substance particulière, l'*inuline*, soluble dans l'eau et voisine de l'amidon par sa composition chimique. Les tiges des Topinambours et leurs tubercules servent surtout à la nourriture des bestiaux.

Fig. 65. PATATE. — La Patate comestible est produite par une plante voisine de nos liserons, originaire de l'Inde, mais cultivée dans tous les pays chauds. La tige de la Patate est rampante et s'enroule rarement autour des autres plantes; elle se couvre de belles feuilles diversement découpées, d'un décimètre de longueur; ses fleurs, groupées par trois ou quatre, sont de couleur pourpre; la racine de la Patate est un gros tubercule, féculent et d'un goût agréable lorsqu'il est cuit. Certaines Patates, les *ignames*, pèsent jusqu'à quatre kilogrammes; leur goût est analogue à celui de la pomme de terre, mais plus sucré; leur chair est aussi plus aqueuse. Leur acclimatation en France, préconisée par M. Decaisne, a été tentée avec succès; toutefois, elle y fleurit et fructifie rarement et on la reproduit à l'aide de boutures; les tubercules peuvent être récoltés en août et en septembre. Les fanes, comme celles de la pomme de terre, peuvent être données aux bestiaux.

Fig. 66. Coca. — Les feuilles de l'*Erythroxylon Coca*, du Pérou et de la Bolivie, sont utilisées à la manière de celles du thé et donnent une infusion qui jouit de propriétés très analogues à celle dont on fait en Angleterre un si grand usage. L'Erythroxylon Coca est un arbrisseau à feuilles entières, ovales, présentant ce caractère particulier d'être parcourues dans toute leur longueur par trois nervures se réunissant à la base et au sommet de la feuille. La Bolivie seule produit plus de 5 millions de kilogrammes de feuilles de Coca, et on commence à cultiver ce végétal en Corse.

Fig. 67. Maté. — Le Maté donne aussi des feuilles employées en guise de thé. C'est un arbre très voisin du houx de nos pays; mais ses feuilles, ovales et pointues au sommet, au lieu d'être épineuses, sont simplement dentelées sur leur bord. Le Maté peut atteindre 10 mètres de haut. Il croît surtout dans le Parana, l'Uruguay et le Paraguay. Ses feuilles épaisses sont légèrement grillées et ensuite broyées pour être plus tard consommées. Dans l'Amérique du Sud, les colons boivent généralement une infusion de Maté avant chaque repas ; la consommation totale de ces feuilles s'élève à huit millions de livres anglaises par an. On a tenté récemment d'introduire en

Europe l'usage du Maté, dont le principe actif n'est autre chose que de la théine.

Fig. 68. ARAUCARIA DU CHILI. — C'est la première espèce d'Araucaria connue. Ses feuilles sont courtes et lâchement imbriquées, au lieu d'être étalées comme dans l'espèce brésilienne, et son port est moins caractéristique. Il est surtout abondant dans l'île Chiloé. On l'a importé fréquemment en France où il résiste parfaitement à nos hivers ordinaires. Il ressemble du reste beaucoup à l'Araucaria brésilien.

Fig. 69. QUINQUINA. — Ces arbres précieux, dont l'écorce fournit le fébrifuge par excellence, un des rares médicaments dont l'effet soit certain, la *quinine*, ces arbres poussent dans les Andes depuis douze cents mètres jusqu'à trois milles mètres d'altitude. Ils appartiennent à la famille des Rubiacées, se divisent en plusieurs espèces, et peuvent d'ailleurs présenter un port très différent suivant la région dans laquelle ils poussent et les conditions dans lesquelles ils se développent. Ce sont tantôt des arbres magnifiques, tantôt de modestes arbrisseaux. L'écorce de Quinquina nous vient principalement de la Nouvelle-Grenade, de la république de l'Équateur, du Pérou et de la Bolivie. C'est dans ces dernières contrées que pousse le *Cinchona Calisaya* représenté dans la figure. Diverses espèces de Quinquina ont été acclimatées depuis une trentaine d'années à Java, à Ceylan, à la Martinique, à la Réunion, ainsi que sur les côtes du Bengale et de Malabar. Pour récolter le Quinquina, il faut abattre les arbres, enlever ensuite l'écorce au couteau et la faire sécher. On distingue les Quinquinas en trois sortes : Quinquinas gris, jaunes ou rouges. Le Calisaya fournit une des variétés de Quinquina jaune. Deux alcaloïdes sont contenus dans les écorces de Quinquina : la *quinine* et la *cinchonine*; les proportions de ces substances varient dans les diverses sortes commerciales, dont chacune est indiquée pour un usage médical particulier.

Fig. 70. Gynérium. — Tout le monde connaît aujourd'hui cette magnifique Graminée dont les grands panaches blancs font à l'automne l'ornement de nos jardins; elle est voisine des roseaux.

Fig. 71. Dactylis cæspitosa. — C'est l'une des Graminées qui forment le fond des prairies de la Patagonie.

Fig. 72. Hêtre antarctique. — Cet arbre représente, dans le voisinage du cap Horn, le Hêtre si connu de nos pays. Il est remarquable de retrouver deux formes du même genre, se correspondant exactement, dans les parties similaires des deux hémisphères. Le fait n'est cependant pas isolé, et de nombreuses formes animales et végétales se répètent ainsi dans les régions boréales et australes de notre globe, séparées par l'immense étendue des zones tempérées et de la zone torride où rien ne leur ressemble.

FIN

TABLE DES MATIÈRES

GÉNÉRALITÉS. — Races humaines . . . . page   4
             — Les Animaux 12
             — Les Végétaux. 34

PLANCHE   I. — Races humaines d'Europe. 40
          II. — Les Animaux de l'Europe. 49
        III. — Végétaux d'Europe. 63
        IV. — Peuples d'Afrique 77
         V. — Animaux d'Afrique 92
        VI. — Végétaux de l'Afrique. 108
       VII. — Peuples de l'Asie. 124
      VIII. — Animaux d'Asie 138
        IX. — Plantes d'Asie 153
         X. — Plantes d'Australie 171
         X. — Races humaines de l'Océanie. . . . 178

PLANCHE XI. — Animaux de l'Océanie . . . . . page 185
        XII. — Les Hommes d'Amérique. 205
       XIII. — Animaux de l'Amérique du Nord . . 220
       XIV. — Animaux de l'Amérique du Sud . . . 236
       XV. — Végétaux d'Amérique. 255

INDEX ALPHABÉTIQUE

Abyssins, p. 81.
Acacia à longues épines, 119.
Acacia de girafe, 118.
Acacias divers, 176.
Acacia du Nil, 113.
Acajou, 263.
Acanthe, 71.
Acanthophis austral, 188.
Aï, 241.
Aigle à tête blanche, 230.
Aigle fauve, 142.
Ailante, 158.
Agave, 74.
Agave géant, 262.
Agave mexicain, 262.
Agouti, 238.
Akkas, 86.
Albatros, 198.
Aloès commun, 119.
Aloès féroce, 120.
Alouate, 243.
Alpaca, 239.
Alsophila paleolata, 274.
Ananas, 272.
Anarhynque frontal, 202.
Anhinga, 106.
Anonacées, 266.
Antechinus à pieds jaunes, ou Musaraigne à bourse, 191.
Antilope caama, 104.
Antilope fourchue, 234.
Apache, 210.
Aptéryx, 202.
Ara, 249.
Arabes, 134.
Arachide, 113.
Araignée épineuse, 145.
Aralia, 158.
Araucans, 217.
Araucaria, 173.
Araucaria du Brésil, 273.
Araucaria du Chili, 279.

Arbre-Bouteille, 174.
Arbre à cire, 276.
Arbre à encens, 155.
Arbre à gomme-gutte, 166.
Arbre à gomme laque, 159.
Arbre à la vache, 265.
Arbre à myrrhe, 155.
Arbre à pain ou Rimier, 172.
Arbre à thé, 156.
Arbre-Bouteille, 272.
Arbre du voyageur, 122.
Argali, 138.
Argus, 147.
Arménien, 129.
Aroïdées, 274.
Asa fœtida, 153.
Ashantis, 82.
Aurochs, 53.
Australien, 180.
Autruche, 96.
Avocatier, 267.
Axis, 145.
Axolotl, 232.
Aymara, 213.

Babiroussa, 150.
Babongos, 85.
Baleine franche, 221.
Balæniceps, 93.
Bambou, 159.
Bananier, 117.
Banksia, 174.
Bannacks ou Bannocks, 206.
Baobab, 118.
Bari ou Béri, 78.
Basilic, 251.
Berbères, 77.
Bison, 228.
Boa, 238.
Bœuf musqué, 221.
Bois de Campêche, 263.
Bongos, 87.

INDEX ALPHABÉTIQUE

Borassus éthiopien, 114.
Boschimans, 90.
Botocudo, 214.
Bouleau nain, 63.
Bouquetin, 55.
Bruyères, 121.
Buffle, 59.
Buffle, 102.
Buis, 155.

Cacaotier, 269.
Cachalot à grosse tête, 203.
Caféier, 116.
Caïmans, 234.
Calao, 146.
Calebasse, 265.
Caméléon, 58.
Camichi cornu, 247.
Camphrier, 164.
Canne à sucre, 111.
Cannellier, 168.
Caoutchouc, 258.
Câprier, 74.
Capybara, 246.
Cardère à foulons, 64.
Carludovica, 264.
Caroubier, 75.
Carthame, 65.
Carya, 257.
Casoar, 149.
Casse, 112.
Castors, 225.
Céraste, 95.
Cercopithèque, 93.
Cèdre du Liban, 154.
Cerf de Virginie, 233.
Chacal, 61.
Chameau, 140.
Chamois, 55.
Chat sauvage, 53.
Châtaignier, 67.
Châtaignier du Brésil, 276.
Chêne liège, 75,
Chèvre de cachemire, 141.
Chevrotain porte-musc, 142.
Chibchas, 216.
Chien des Esquimaux, 224.
Chimpanzé, 99.
Chinois, 131.
Chou palmiste, 264.
Cierges du Pérou, 261.

Cigogne, 61.
Circassiens, 48.
Coati, 242.
Cobra-capello, 145.
Coca, 278.
Cochenille, 232.
Cochon de terre, 100.
Cochons d'Inde, 240.
Cocotier, 171.
Cocotier des Seychelles, 122.
Comanche, 209.
Condor, ou grand vautour des Andes, 236.
Congo, 89.
Coq de Bankiva, 149.
Coq de roche, 252.
Corète potagère, 157.
Corypha, 175.
Cotonnier, 157.
Cotonnier en arbre, 262.
Couagga, 97.
Courbaril, 259.
Coudou, 106.
Cougouar, 231.
Crocodile, 93.
Cycas, 165.
Cygne à cou noir, 252.
Cygne noir, 196.
Cyprès, 70.

Dacotah, 208.
Dactylis cæspitosa, 280.
Dammara, 177.
Darfour, 79.
Dasyure, 190.
Dattier, 108.
Dayaks, 137.
Desman, 141.
Didunculus à bec de chouette, 192.
Dindon, 227.
Dingos ou chiens sauvages, 187.
Dinkas, 86.
Doum, 108.
Dragonnier et ses fleurs, 112.
Dragon volant, 143.
Dravidien, 131.
Dromadaire, 92.
Durio, 169.

Echidné, 193.
Ecureuil, 138.

INDEX ALPHABÉTIQUE. 285

Ecureuil noir, 227.
Eucalyptus globuleux, 175.
Eider, 52.
Elan, 53.
Eléide de Guinée, 115.
Eléphant d'Afrique, 97.
Eléphant d'Asie, 148.
Elodie des marais, 258.
Emeu, 187.
Ephedra, 258.
Erable à sucre, 255.
Espagnols, 46.
Esquimos, 205.
Esturgeon, 59.
Euphorbe tétragone, 120.

Falcunculus, 180.
Fanti, 90.
Fellahs, 78.
Femme mogni, 210.
Figuier, 72.
Figuier des Banyans, 160.
Figuier de Barbarie, 73.
Figuiers (espèces diverses), 276.
Figuier sacré, 160.
Filao, 174.
Flammant, 56.
Fleur géante de Rafflesia, 165.
Fougères arborescentes, 174.
Fougères comestibles, 177.
Foulbes, Foulahs, Fellatas ou Peuls, 79.
Freycinetia de Banks, 177.
Fruit du citrus decumana, 168.
Fruit du gouro, 116.

Gallas, 82.
Gambir, 167.
Garance, 65.
Gauchos, 217.
Gavial, 150.
Gazelle, 94.
Gerboise, 140.
Genévrier de Virginie, 256.
Géorgiens, 128.
Gingembre, 162.
Gin-Seng ou Panax, 154.
Girafe, 105.
Giroflier, 169.
Glouton, 51.
Gnaphalium, 66.

Gnou, 105.
Gorfou doré, 199.
Gorille, 98.
Goura couronné, 186.
Gouri, 129.
Goyave, 268.
Grand Martin-chasseur géant, 196.
Grecs, 47.
Grenadier, 72.
Grenouille volante, 145.
Grue, 60.
Grue couronnée, 106.
Guanaco, 250.
Gutta-Percha, 166.
Gymnote, ou Anguille électrique, 244.
Gynérium, 280.
Gypaète, 54.

Hamadryas, 92.
Haoussa, 79.
Harpie, 243.
Hattérie ponctuée, 202.
Henna ou Henné, 115.
Hémione, 139.
Hermine, 139.
Héron Goliath, 107.
Hêtre antarctique, 280.
Hibiscus, 156.
Hindou, 130.
Hippopotame, 98.
Hoccos, 242.
Hottentots, 90.
Hovas, 91.
Huachipairi, 214.
Hutte de gazon, instrument à faire du feu et poterie des Kaivavas, 206.
Hyène tachetée, 102.

Ibis, 94.
Ichneumon, 100.
Igname, 116.
Iguane tuberculeux, 250.
Indien pied-noir, 208.
Indigotier, 111.
Ipécacuana, 262.
Iriambou, 253.
Iroquois, 208.
Insulaires des îles Pelew, 179.
Italiens, 46.

INDEX ALPHABÉTIQUE.

Ixia, 119.

Jabiru, 247.
Jaguar, 248.
Japonais, 127.
Jaquier, 164.

Kakatoès à huppe jaune, 188.
Kakatoès de Banks, 188.
Kakatoès pygmée, 187.
Kalmouks, 126.
Kanguroo des Arbres, 187.
Kanguroo géant, 194.
Kanguroo rat, 200.
Kanoris, 83.
Kinkajou, 243.
Kirghises, 124.
Koala, 197.
Koriaks, 125.
Kurde, 128.

Lama, 239.
Lamantin, 247.
Laos, 136.
Lapons, 40.
Laurier, 73.
Laurier à camphre, 164.
Lemmings, 50.
Lémurien, 107.
Léopard, 97.
Lianes, 275.
Lichen d'Islande, 63.
Lichen des Rennes, 63.
Lièvre des pampas, 253.
Lion, 101.
Li-tschi, 158.
Lotus, 110.
Lotus sacré, 161.
Loup, 52.
Loup des prairies, 229.
Loutre marine, 223.
Lynx du Canada, 224.

Madi ou Madia, 276.
Magot, 58.
Magnolier, 255.
Magyars, 44.
Maïs, 68.
Malais, 133.
Mammée, 267.
Manchot, 251.

Manglier, 114.
Mangue, 169.
Manioc, 115.
Marabout, 96.
Marmotte, 56.
Marmotte de la Louisiane, ou Chien des prairies, 229.
Marsiléa velue, 172.
Mataco, 215.
Maté, 278.
Mégapode, 190.
Mélocactus, 261.
Melon, 156.
Ménure Lyre, 180.
Mésembryenthèmes, 121.
Mexicain, 210.
Microglosse noir, 185.
Moloch, 188.
Monbouttous, 83.
Morses, 220.
Morues, 231.
Mouettes, 51.
Moufettes, 237.
Moufflon, 54.
Mûrier à papier, 159.
Mûrier blanc, 69.
Muscadier, 168.
Mygale aviculaire, 252.
Myrmécobie, 190.
Myrthe, 72.

Nandous, 250.
Napo, 214.
Narval, 223.
Naturels de la Nouvelle-Guinée, 181.
Naturels des Carolines, 178.
Naturels des îles Sandwich, 179.
Naturel des îles Viti, ou Fidjien, 183.
Naturels de Samoa, 178.
Nègres du Dahomey, 77.
Négrito, 134.
Néo-Calédonien, 182.
Néo-Zélandais ou Maoris, 184.
Nestor, 200.
Nilgau, 151.
Nootka, ou naturels de Vancouver, 207.
Nopal, 261.
Notornis de Mantell, 201.

INDEX ALPHABÉTIQUE.

Nubiens, 80.
Nyam-Nyam, 84.

Ocelot, 231.
Ocyphaps huppé, 180.
Odjibwae ou Chippeways, 208.
Oiseaux de Paradis, 186.
Oiseau moqueur, 235.
Oiseau-mouche Sapho, 253.
Olivier, 70.
Omaguas, 219.
Ondatras, 226.
Oranger, 71.
Orang-outang, 147.
Orchidées, 275.
Ornithorynque, 195.
Orseille, 113.
Ostyaks, 124.
Otarie, 197.
Ouatier, 270.
Ouistiti, 246.
Ours aux longues lèvres, 143.
Ours blanc, 49.
Ours brun, 54.
Ours Grizzli, 232.
Ours noir, 232.
Outardes, 55.

Pahoutes, 206.
Palmier à huile, 270.
Palmier arékier, 163.
Palmier à vin, 114.
Palmier éventail ou Chamærops humilis, 75.
Palmier Talipot, 163.
Palmier vinifère de Maurice, 270.
Pandanus, 123.
Paon, 152.
Papayer, 265.
Papyrus, 110.
Patagoniens ou Patagons, 219.
Patate, 277.
Pawni en costume de guerre et Pawni fumant le tomahawk, 210.
Pécari, 239.
Pélargonium, 122.
Pélicans, 57.
Péramèle, 192.
Percnoptère, 95.
Perroquet vert, 249.
Persans, 129.

Pétauriste-Ecureuil, 197.
Pétauriste pygmée, 191.
Pétrels, 220.
Pétrogale, 193.
Phacochère, 101.
Phalangiste Renard, 192.
Phoques, 49.
Phoques du Groenland, 224.
Phormium tenax, 176.
Phytelephas, 264.
Pigeons voyageurs, 228.
Pin cembro, 67.
Pingouins, 223.
Pin pignon ou Parasol, 70.
Pin pumilio, 66.
Pintade, 101.
Pistache, 69.
Pistachier, 69.
Platane, 67.
Podarge huméral, 197.
Podocnemis, 252.
Poivrier noir, 169.
Pomme d'acajou, 268.
Porc-épic, 60.
Protéacées, 120.
Pyrèthre, 153.
Python, 99.

Quichuas, 212.
Quinquina, 279.

Raton laveur, 225.
Renne, 50.
Rhinocéros, 105.
Rhinocéros indien, 148.
Rhododendron, 66.
Rhubarbe, 153.
Ricin, 118.
Riz, 109.
Rocouyer, 264.
Rotang, 161.
Roussette, 147.
Russes, 41.

Safran, 65.
Sagoutier, 162.
Saïga, 55.
Salicorne, 64.
Salangane, 145.
Salsepareille, 259.
Samoyèdes, 40.

Sapotillier, 267.
Sarcophile Ourson, 200.
Sarigues, 225.
Saumon, 230.
Savacou, 246.
Scandinaves, 41.
Schoschones, 207.
Scolopendre, 103.
Scorpion, 58.
Sépulture, hutte et danse des buffles chez les Mandans, 206.
Serbes, 44.
Serpentaire, 95.
Serpent à sonnettes, 233.
Sésame, 110.
Soleil, 260.
Somali, 82.
Sorgho, 109.
Souahili, 89.
Spondias, 267.
Stapélia, 121.
Strigops, 201.
Sumac, 257.
Sycomore, 109.

Tabac, 260.
Tahitiens, 180.
Tamanoir, 240.
Tamarinier, 108.
Tanana, 207.
Tapir, 248.
Tapir indien, 149.
Taro, 173.
Tartares, 45.
Tatou, 254.
Taxodier distique, 257.
Tek, 165.
Termite, 104.
Tétras Cupidon, 229.
Thylacyne ou Loup zébré, 200.
Tibétains, 136.
Tigre, 151.
Tisserand, 146.

Topinambour, 277.
Tortue éléphantine, 107.
Tortue grecque, 61.
Tortue serpentine, 234.
Touareg, 80.
Toucan, 244.
Tongouses, 125.
Tsiganes, 43.
Tui, 201.
Tulipier de Virginie, 255.
Turcomans, 135.
Turcs, 45.

Urson, 227.
Usbeks, 126.

Vampires, 245.
Vanille, 271.
Vautour auriculaire, 102.
Vellozia aloefolia, 272.
Ver à soie, 143.
Victoria regia, 271.
Vigogne, 237.
Viscaches, 253.
Vison, 227.

Wapiti, 211.
Wellingtonia géant, 256.
Welwitschia, 119.
Wombat, 196.

Xanthorrhée arborescente, 173.

Yack, 141.
Yoloffs, 77.

Zamia, 117.
Zèbre, 104.
Zébu, 144.
Zébu des brahmanes, 144.
Zibeline, 138.
Zoulous, 88.

Paris. — Typographie du MAGASIN PITTORESQUE (J. Charton)
Rue de l'Abbé-Grégoire, 15

www.ingramcontent.com/pod-product-compliance
Lightning Source LLC
Chambersburg PA
CBHW070750170426
43200CB00007B/725